"Choo es una mujer de [D...] en el primer lugar. El Seño[r ...] El nivel de intimidad que Choo halló con el Señor descansa en el precipicio que hay entre el cielo y la tierra. Este libro hace que el lector viaje más allá de las puertas de perlas. La sala del trono de Dios ya no será un lugar indefinido ni ambiguo, sino más bien un lugar de encuentro muy atractivo y viable con nuestro Señor Jesucristo. Este es un libro que deben leer las personas que hayan dudado de la autenticidad de lo que nos aguarda más allá del velo."

—BILL WOLFSON
Pastor Principal, Church For All Nations
Parkland, Washington

"Choo Thomas, quien sé es una mujer piadosa, me obsequió un resumen del manuscrito de *¡El cielo es tan real!*, y lo leí en varias ocasiones. Estoy convencido de que ella ha tenido una experiencia auténtica y sobrenatural con nuestro Señor Jesucristo en el reino espiritual. Transportada al cielo, Choo fue testigo de sucesos actuales y futuros que los cristianos fieles, los creyentes infieles y los no creyentes enfrentarán cuando dejen este mundo. Como resultado de estas cosas, considero que la fresca unción del Espíritu Santo vino sobre Choo. En *¡El cielo es tan real!*, Choo enfatiza la importancia de la obediencia absoluta hacia nuestro Señor si es que deseamos agradarle y ser usados por Él. Esta obra es tanto una descripción vívida de lo que Choo vio en el cielo como una ilustración gráfica de cómo todos debemos vivir mientras estemos en la tierra."

—WALKER V. FREDERICK
de Church Of All Nations y
Capellán Voluntario de la cárcel Pierce County, Washington

"En una ocasión, un hombre sabio dijo: "No hay nada más poderoso que una idea que le ha llegado su hora". Sin embargo, más poderoso que la hora correcta para una idea buena lo es la hora señalada por el Hijo de Dios para regresar. Él advierte que cuando regrese, su pueblo debe estar preparado para Él. "Por tanto, también vosotros estad preparados; porque el Hijo del Hombre vendrá a la hora que no pensáis", dice Jesús en Mateo 24:44. Por los últimos siete años, el Señor Jesús le ha dado a Choo Thomas visiones y visitaciones celestiales para, de este modo, usarla para preparar a su pueblo para el momento de su regreso en la próxima época. Este libro puede ayudar a prepararlo para que no tema cuando Jesús venga. ¡Démosle la bienvenida con alegría y expectación!"

—ROSEMARY LAMBERT
Pastora de oración e intercesión de la iglesia
Puget Sound Christian Center en Tacoma, Washington

"Hemos sido amistades íntimas de Choo Thomas durante años. Ella es una cristiana genuina, y su libro es el resultado de sus experiencias. Jesús la usa para alcanzar a mucha gente. Jesús viene pronto por su pueblo."

—GEORGE Y LORRAINE FERRA

"Hace alrededor de dos años que conozco a Choo Thomas. He observado su gran amor por el Señor, y su obediencia y dedicación a Él. Hemos platicado sobre el amor que Dios tiene para cada uno de nosotros, y de la manera en que Jesús quiere que crezcamos en Él. Choo es el tipo de testigo de Dios que hace que nos interesemos en conocer cada vez más de Dios. Por haber hablado con Choo, sé que quiero ser lo bastante bueno como para unirme a ella en ese glorioso reino del cual me ha platicado tanto. Gracias, Choo."

—BETTY GEIER
Hermana en Cristo

"Por varios años, Choo y su esposo, Roger, forman parte de la Church For All Nations. Conozco a Choo como una cristiana comprometida, una mujer de carácter bondadoso, comprometida totalmente con su esposo y fiel en asistir a los servicios de adoración los domingos en la mañana. Ella tiene el deseo de ver que los demás conozcan a Jesús como su Salvador y Señor."

—PASTOR RAYMOND WUERCH
Pastor Asociado, Church For All Nations

¡EL CIELO ES TAN REAL!

CHOO THOMAS

CASA
CREACIÓN

La mayoría de los productos de Casa Creación están disponibles a un precio con descuento en cantidades de mayoreo para promociones de ventas, ofertas especiales, levantar fondos y atender necesidades educativas. Para más información, escriba a Casa Creación, 600 Rinehart Road, Lake Mary, Florida, 32746; o llame al teléfono (407) 333-7117 en Estados Unidos.

¡El cielo es tan real! por Choo Thomas
Publicado por Casa Creación
Una compañía de Charisma Media
600 Rinehart Road
Lake Mary, Florida 32746
www.casacreacion.com

A menos que se indique lo contrario, todos los textos bíblicos han sido tomados de la versión Reina-Valera, de la *Santa Biblia*, revisión 1960. Usado con permiso.

Originally published in English under the title:
Heaven Is So Real!
Copyright © 2003, 2006 by Choo Thomas
Published by Creation House and Charisma
House, Charisma Media Companies,
Lake Mary, FL 32746

Previamente publicado en tamaño regular,
ISBN: 978-1-59185-844-7, copyright © 2005

Traducido por: Claudia A. Acosta
Director de diseño: Bill Johnson

Library of Congress Control Number: 2011927999
ISBN: 978-1-61638-524-8

11 12 13 14 15 * 5 4 3 2 1
Impreso en los Estados Unidos de América

DEDICATORIA

Me gustaría dedicar este libro a nuestro Señor Jesús, quien me escogió para hacer su obra en los últimos tiempos. Él se preocupó de todo lo que este libro necesitaba, desde el comienzo hasta el final del proceso de la publicación. Pasó muchas horas conmigo, en un período de siete años de preparación, para poder publicar este libro y entrenarme para mi ministerio.

Impresionante Dios, yo te alabo, Señor. Te doy tantas gracias, Espíritu Santo, por haberme ayudado a escribir *¡El cielo es tan real!* Sin tu ayuda, no hubiera podido hacer nada. Te doy a ti todo el crédito.

Al Padre, Hijo y Espíritu Santo doy toda la gloria por este libro. Mi oración es que, todo aquel que lo lea, te glorifique Señor. Te amo y te alabo, Señor.

RECONOCIMIENTOS

Quiero dar las gracias a Lloyd Hildebrand por el gran servicio que me ha brindado en dos áreas: la de creer en este libro y la de ayudarme a escribirlo.

Después que el Señor me enseñó las revelaciones divinas que tienen su cronología en *¡El cielo es tan real!*, tenía una inmensa carga por comunicar mis experiencias a otras personas. Pero sentía mucha inseguridad sobre mis propias habilidades para hacerlo. Además de mi propia desconfianza, me pregunté dónde iba a encontrar a alguien que me ayudara a escribir el libro, y si me creería cuando oyera mis revelaciones sobre el cielo; a pesar de que el Señor me había dicho que Él cuidaría de cada detalle relacionado a este libro.

Es ahí cuando el Señor me trajo a Lloyd. Él me pidió el manuscrito, y después de leer mi primer bosquejo, decidió ayudarme a escribir este libro. Lloyd me dijo que creía en todo lo que decía el manuscrito y que pensaba que sería un libro muy emocionante de escribir. En particular, dijo que él pensaba que el segmento sobre el rapto sería el más grandioso.

Lloyd es un escritor excelente, lleno del Espíritu Santo. Gracias, Lloyd, Dios te bendiga.

Quiero expresar un agradecimiento muy especial a mi esposo, Roger. Como el inglés es mi segundo idioma, y Roger está ya acostumbrado a mi manera de escribir, él me ayudó con la ortografía y la gramática a lo largo del libro. De esa manera, Lloyd pudo entender mejor lo que yo intentaba expresar.

Sinceramente, aprecio mucho todo el trabajo que él ha realizado. Y aprecio especialmente su apoyo en todo lo relacionado a este libro. Roger ha estado siempre dispuesto a hacer cualquier cosa que se necesite hacer, así también su apoyo en todas las áreas de mi ministerio. Fue muy paciente conmigo y nunca se quejó durante mis siete años de preparación para el ministerio.

Gracias, cariño. El favor de Dios está sobre ti.

Contenido

Primera parte: Visitaciones y visiones

Segunda parte: Preparación y unción

Tercera parte: Tres años de entrenamiento ministerial

PRÓLOGO

¡El cielo! Sólo la mención de esta palabra conmueve lo más profundo del corazón y la mente de la gente. Cantamos canciones sobre él, oímos sermones sobre él, y tenemos seres amados allá. Un día esperamos nosotros mismos ir allá. ¿Pero qué tan real es el cielo?

El cielo es tan real para la autora por sus encuentros con Jesucristo. Este libro revela la historia personal de la hermana Choo Thomas, quien ha viajado al cielo varias veces con Jesús, y Él la ha llevado a conocer el cielo. Leerá sobre su gran fe en cuanto al cielo y el reino de Dios, que hará que creyentes se den cuenta de la importancia de tener un encuentro personal con Dios y recibir respuestas de Él por medio de la oración. Con tales experiencias, la gente llegará a entender la importancia de una vida de fe.

Yo he leído este libro en inglés tres veces, y he recibido mucha revelación sobre el cielo, y debo decir que he sido muy bendecido. En realidad, me impactó e inspiró tanto la lectura de este libro, que lo hice traducir al coreano para que el pueblo coreano lo lea y sea bendecido. Entre los libros religiosos, éste ha llegado a ser el libro número uno y el mejor vendido en Corea.

Por favor, no considere este libro una tesis teológica ni un libro de doctrina. Sólo léalo y disfrute de él como una experiencia personal de la autora y un testimonio sobre lo que ella ha visto y oído en el cielo.

Sea usted creyente o no, ¡*El cielo es tan real!* es una historia que le conmoverá e inspirará, siempre y cuando lo lea con un corazón abierto. Este libro le ayudará a entender con más claridad las grandes bendiciones que Dios ha preparado para sus hijos en el cielo eterno.

—Dr. David Yonggi Cho
Pastor principal
Yoido Full Gospel Church
Seúl, Corea

9

PREFACIO

En este libro estaré compartiendo con usted las experiencias que he tenido en el cielo con Jesús. Desde el principio, quiero que entienda las circunstancias que rodean cada una de estas visitas al cielo. Un pasaje de la primera carta del apóstol Pablo a los cristianos en Corinto ayudará a aclarar esto:

> "He aquí, os digo un misterio: No todos dormiremos; pero todos seremos transformados, en un momento, en un abrir y cerrar de ojos, a la final trompeta; porque se tocará la trompeta, y los muertos serán resucitados incorruptibles, y nosotros seremos transformados. Porque es necesario que esto corruptible se vista de incorrupción, y esto mortal se vista de inmortalidad…entonces se cumplirá la palabra que está escrita: Sorbida es la muerte en victoria."
> —1 Corintios 15:51-54

Este trozo de las Escrituras se refiere a los últimos tiempos, cuando aquellos que conocen al Señor irán para morar con Él para siempre. Cuando esto suceda, nuestros cuerpos mortales serán transformados en cuerpos celestiales incorruptibles. Cada vez que he ido al cielo con Jesús, este cambio se ha producido realmente. Dios me daría un cuerpo nuevo, un cuerpo en el cual mi aspecto era notablemente parecido al de cuando era una adolescente. Algunas veces esta transformación ocurriría en alguna playa en la tierra donde Él me acompañaba. Otras veces estaría vestida con mi cuerpo incorruptible en mi dormitorio.

La gente muchas veces me pregunta: "¿Tus experiencias en el cielo eran como visiones o sueños?" o "¿has estado realmente allí?". Mi única respuesta a esas preguntas es que yo sé que he visto el cielo, y sé que el cielo es muy real. Si colocamos mis experiencias en la categoría de sueños, visiones o experiencias reales sobrenaturales, dejaré esto a los teólogos. Lo único que puedo decir es que todo era muy real para mí.

Cada vez que el Señor me ha visitado, he estado reposando sobre mi cama bajo el control total de la unción del Espíritu Santo. Cada vez, justo antes de que Él me visite, mi cuerpo terrenal tiembla y se sacude por lo menos veinte minutos. Yo no entiendo todo acerca de esto, pero sé que Él está derramando su poder sobre mi ser. A veces, estos períodos de preparación duran media hora o más.

Por favor, no me pregunte por qué esto es necesario, porque sólo Él sabe la razón para cada experiencia. Él simplemente me ha dicho, una y otra vez, que Él está preparándome para el ministerio al cual me ha llamado.

Normalmente cuando esto ocurre, mi cuerpo se sacude y mi estómago se encoge. Unos profundos gemidos emergen desde lo profundo de mi espíritu, y sudo profusamente. Yo creo que estos gemidos son los que el apóstol Pablo describía: "Y de igual manera el Espíritu nos ayuda en nuestra debilidad; pues qué hemos de pedir como conviene, no lo sabemos, pero el Espíritu mismo intercede por nosotros con gemidos indecibles" (Romanos 8:26).

Yo creo que el sudor es provocado por la fuerte unción del Señor. La Biblia muchas veces describe la presencia de Dios en términos de fuego, calor y gloria, y ahora sé lo que estas imágenes significan. Yo personalmente he experimentado el intenso calor de su presencia.

Generalmente, estas manifestaciones son seguidas rápida y repentinamente por una tremenda sensación de tirón desde mi interior y una sacudida desde afuera. Luego, veo mi cuerpo transformado con el Señor en la playa terrenal. Después que Él me lleva al cielo, volvemos siempre a la misma playa de donde empezamos.

Cuándo y cómo ocurrió, admito que no lo entiendo completamente. Mi cuerpo terrenal ha permanecido en la cama durante cada una de mis visitas al cielo. Durante estas experiencias he sido a la vez una participante y una observadora.

He podido ver cada experiencia con los ojos de mi cuerpo terrenal. He podido observar todo lo acontecido: cuando fui con Jesús a la playa, cuando mi cuerpo fue transformado y cuando Él me acompañó al cielo.

Mi cuerpo terrenal muchas veces reacciona a mis experiencias en el cielo mientras están ocurriendo. Éste participa en la danza, el júbilo, la alabanza, la risa, el llanto y otras manifestaciones que ocurren en mi cuerpo transformado.

Cuando mi cuerpo transformado está feliz, mi cuerpo físico reacciona con felicidad. Cuando mi cuerpo celestial está triste, mi cuerpo físico reacciona con lágrimas. Cuando mi cuerpo transformado canta, mi cuerpo físico también; cuando mi cuerpo transformado danza, en mi cuerpo físico muevo mis manos; cuando mi cuerpo transformado se ríe, mi cuerpo físico se ríe. Cuando en mi cuerpo transformado, luciendo como mujer joven, estoy hablando con el Señor, mi cuerpo terrenal responde con palabras tiernas de mi corazón, y mis labios y mi cabeza se mueven en consecuencia.

Observo mi cuerpo transformado mientras camino con el Señor en el cielo. Cuando canto canciones de gozo y alabanza, puedo ver la felicidad reflejada en mi cara. Mi voz emana, milagrosamente, desde mi cuerpo terrenal.

Cuando, en mi cuerpo transformado, asciendo y desciendo del cielo, mi cuerpo físico siente como si fuera levantado y gentilmente bajado. Estas sensaciones duran sólo un segundo. A veces, cuando mi cuerpo físico se siente como si fuera elevado desde mi cama, grito atemorizada.

Aunque puedo ver las facciones de mi cara en mi cuerpo transformado bastante claras, no puedo ver la cara del Señor. Sin embargo, puedo ver su cabello, sus manos y su vestido, y puedo notar que Él es de gran estatura. Su cabello ondulado está partido en el centro, cae hasta la altura de su cuello, formando una onda hacia dentro. Su cabello es blanco como seda. La piel de sus manos es de color olivo, y sus dedos son largos y finos.

Puedo ver cómo se mueve la boca del Señor cuando me habla. Por su estatura y silueta pareciera un hombre joven, quizás entre treinta o cuarenta años. Su altura pareciera ser de aproximadamente seis pies.

Aunque no puedo distinguir las facciones específicas de su cara, sí puedo percibir cuando Él está enojado, feliz, triste o preocupado. Sé que es muy gentil y amoroso, y le gustan los momentos de juego y diversión. Hay que recordar, sin embargo, que estoy observando el cuerpo espiritual del Señor (igual como soy capaz de ver mi cuerpo espiritual).

Desde el 27 de mayo de 1996, el Señor me ha traído a la playa terrenal cada lunes temprano en la mañana, cumpliendo una promesa que Él me hizo. Frecuentemente, hemos caminado juntos por la arena. Algunas veces, me ha levantado en sus brazos y me ha dado vueltas como a una niña. Durante esos momentos de esparcimiento, el Señor y yo hemos disfrutado grandemente la presencia mutua, y nos hemos reído con auténtico gozo.

El Señor tiene una personalidad muy humana, a pesar de que Él es el Hijo de Dios. Le amo más que a mi propia vida. Es una persona de muy pocas palabras. Cuando habla, siempre lo hace con un propósito. Sólo comparte las cosas que Él piensa son importantes que sepamos.

Cuando desaparece, después de las estimulantes visitas al cielo, mi cuerpo transformado desaparece también, y mi cuerpo físico está libre para moverse según sus propias necesidades y deseos. Al llegar a este punto, mi cuerpo se siente relajado y descansado.

Después de estas maravillosas experiencias, puedo levantarme de la cama inmediatamente si así lo deseo, pero normalmente me quedo acostada, reflexionando sobre las maravillosas experiencias que acabo de ver y vivir. Luego, escribo estas experiencias en mi diario.

Me asombra que el Señor me haya llamado a escribir este libro. Soy una coreanoamericana para quien el uso de la lengua inglesa es algo limitado. Sin embargo, el Señor me escogió para hacer su trabajo. Él me dijo que dijera todo lo que he experimentado y oído, y que éste es el propósito del libro.

Cuán agradecida me siento por el privilegio de tener este anticipo de gloria y poder compartirlo con usted. Dios quiere que le deje saber que Él ha preparado ya un lugar para usted en el cielo, si sólo cree en su Hijo y lo recibe como su Salvador y Señor personal.

Yo sólo deseo hacer la voluntad del Señor. Mi oración para usted, mientras lee este libro, es la misma oración del apóstol Pablo que escribió en su carta a sus queridos hermanos y hermanas de Éfeso:

> "Que el Dios de nuestro Señor Jesucristo, el Padre de gloria, os dé espíritu de sabiduría y de revelación en el conocimiento de él, alumbrando los ojos de vuestro entendimiento, para que sepáis cuál es la esperanza a que él os ha llamado, y cuáles las riquezas de la gloria de su herencia en los santos, y cuál la supereminente grandeza de su poder para con nosotros los que creemos, según la operación del poder de su fuerza, la cuál operó en Cristo, resucitándole de los muertos y sentándole a su diestra en los lugares celestiales, sobre todo principado y autoridad y poder y señorío, y sobre todo nombre que se nombra, no sólo en este siglo, sino también en el venidero."

— EFESIOS 1:17-21

Sólo pido que reciba este libro de la misma manera en que fue escrito, con una mente totalmente abierta al Señor y su voluntad.

Evalúe mis experiencias a la luz de la Palabra de Dios. Creo que encontrará que las cosas que comparto sobre el cielo y mis experiencias con el Señor son totalmente bíblicas.

—Choo Thomas
Tacoma, Washington
Febrero de 1997

INTRODUCCIÓN

"En la casa de mi Padre muchas moradas hay; si así no fuera, yo os lo hubiera dicho; voy, pues, a preparar lugar para vosotros."

Juan 14:2 (énfasis añadido)

A través de una declaración profética, dada por un pastor llamado Larry Randolph, Dios me habló directamente el 3 de diciembre de 1995. El pastor Randolph profetizó:

"He visto la bendición del Señor en el campo del ministerio profético y al Señor abriendo tu espíritu en gran manera en el ministerio profético, los sueños y las palabras de sabiduría…Vi al Señor hablándote en temporadas nocturnas, entre las once de la noche y las tres de la mañana…Él comenzará a despertarte y visitarte, te dará sueños, visiones, y entendimiento…Dios me ha dicho que tú eres una de las hijas sobre quienes Él ha puesto su Espíritu para que profeticen".

El pastor Randolph me habló estas palabras durante un servicio especial de domingo en la iglesia Puget Sound Christian Center en Tacoma, Washington. Mientras él hablaba, la conocida unción del Espíritu Santo brotó de lo profundo de mi espíritu y mi cuerpo empezó a temblar y agitarse bajo el poder de Dios.

Comencé a llorar de alegría y gratitud al darme cuenta de que Dios me había elegido para ser una de sus siervas en estos últimos tiempos. El Señor me inundó con su amor y el calor de su presencia hizo que experimentara un descanso tal, como si estuviera sobre una cama de plumas en un día de verano.

Me acordé de las palabras del profeta Joel:

"Y después de esto derramaré mi Espíritu sobre toda carne, y profetizarán vuestros hijos y vuestras hijas; vuestros ancianos soñarán sueños, y vuestros jóvenes verán visiones. Y también sobre los siervos

y sobre las siervas derramaré mi Espíritu en aquellos días. Y haré
prodigios en el cielo y en la tierra."
—JOEL 2:28-30

¿Podría ser posible, pensé, que estas palabras proféticas estaban
siendo cumplidas aquí y ahora? ¿Era yo una de las siervas del Señor
quienes verían maravillas en el cielo y en la tierra?

Qué honor era el ser seleccionada como un recipiente del amor,
la gracia y el poder del Señor en estos últimos días. Ciertamente, este
llamado profético del Señor no era algo que yo hubiera elegido para
mí misma, porque soy generalmente una persona muy tímida. Pronto
aprendí que toda timidez y vergüenza desaparecen cuando experimento
la unción del Espíritu Santo.

Recuerdo otro texto de las Escrituras:

"No me elegisteis vosotros a mí, sino que yo os elegí a vosotros, y os
he puesto para que vayáis y llevéis fruto, y vuestro fruto permanezca;
para que todo lo que pidiereis al Padre en mi nombre, él os lo dé."
—JUAN 15:16

Obviamente, Dios estaba escogiéndome para ir adelante en su
nombre llevando fruto que permaneciera. Él estaba enseñándome el
poder de la oración y la importancia de acercarme más a Él.

"Permaneced en mí, y yo en vosotros. Como el pámpano no puede
llevar fruto por sí mismo, si no permanece en la vid, así tampoco
vosotros, si no permanecéis en mí. Yo soy la vid, vosotros los pámpa-
nos: el que permanece en mí, y yo en él, éste lleva mucho fruto;
porque separados de mí nada podéis hacer."
—JUAN 15:4-5

La rebosante alegría y la ardiente unción del Espíritu Santo conti-
nuaban y se intensificaban mientras el pastor seguía con su declaración profética. Literalmente me sentía que estaba ardiendo. El pastor
Randolph continuó:

"A veces se ha malentendido la manera en que respondes a Dios o
cómo te comunicas con Dios. El Señor dice que Él va ha quitar el
malentendido…no dirán: "Ella es un enigma". Dirán: "Ella es diferente"…Es una diferencia divina"…Dios te ha dado una singulari-
dad. Él va a ministrarte en una manera única. Él va a hablarte cosas

que sólo los amigos las dirían a sus amigos. Él te compartirá secretos en las temporadas nocturnas."

Ser una amiga íntima de Dios, como Abraham, ha sido el deseo de mi corazón desde que me convertí al Señor. Valoro esos momentos a solas con el Señor. Conozco su voz, y cuando mi corazón está quieto delante de Él, Él puede hablarme: "Mis ovejas oyen mi voz, y yo las conozco, y me siguen" (Juan 10:27).

A través de este mensaje tan convincente de Dios, sabía que el Padre estaba contestando el clamor de mi corazón –conocerlo mejor y desarrollar una relación más íntima y personal con Jesús. Me sentía volando como un águila mientras escuchaba a Dios hablándome por medio del pastor Randolph:

"No es presumiendo de lo que Dios te da; es manteniendo secretos. Dios va a decirte cosas sobre otras personas que tú nunca dirás. Orarás e intercederás por ellos y los levantarás en oración, porque serás una amiga de Dios, y esto es ser un verdadero profeta. Simplemente ser un amigo de Dios. Un amigo de Dios. Él va a decirte secretos sobre la vida de otras personas y sobre cosas que Él está haciendo en la tierra. Así que prepárate para una unción profética fresca que vendrá sobre tu vida en 1996. En el año nuevo, mientras esperas delante del Señor, Dios va a poner un espíritu fresco sobre ti, una unción profética vendrá sobre ti."

Sabía que estas palabras eran preciosas y de un significado profundo, aunque no entendía todo lo que ellas implicaban. Me sentía como barro en las manos del divino Alfarero, como que Él estaba arreglándome, moldeándome y formándome en preparación para un ministerio especial que comenzaría en un futuro muy próximo. Mientras giraba en el torno del alfarero, bajo una unción poderosa del Espíritu de Dios, sentí que importantes cambios estaban ya ocurriendo en lo profundo de mi espíritu.

El poco temor que me quedaba fue pronto apagado por el aceite del Espíritu que parecía gotear sobre todo mi ser. Mi mente intentaba encontrar su camino dentro del antiguo canal de preguntas, porque no me sentía digna de recibir un llamado tan maravilloso y un mensaje personal.

¿Cómo puede Dios usarme a mí?, pensé. *Soy coreanoamericana, y mi dominio del inglés no es tan fluido como debería ser. ¿Por qué me escogería Dios para ser su amiga? ¿Por qué a mí?*

Todo era tan sorprendente, pero aunque yo era una nueva creyente, había aprendido la verdad de las palabras de Jesús: "…separados de mí nada podéis hacer" (Juan 15:5). Decidí en ese instante aceptar el mensaje del Señor por fe, y de corazón oré: *Padre, gracias por darme esta palabra. Siempre te diré que sí.*

Este era mi compromiso, aunque no entendía completamente todo lo que el Señor estaba diciendo. Sin embargo, una cosa sí entendí: que Él tendría que prepararme para el ministerio para el cual me guiaba.

Recordé las palabras de uno de mis versículos favoritos: "Fíate de Jehová de todo tu corazón, y no te apoyes en tu propia prudencia. Reconócelo en todos tus caminos, y Él enderezará tus veredas" (Proverbios 3:5-6).

Muy poco sabía hacia dónde me guiarían estas veredas, pero estaba firme en mi resolución de confiar en el Señor sin apoyarme en mi propio entendimiento. Después de todo, ¿no es ésta la esencia de la vida espiritual? Somos seres espirituales en un viaje humano. Nuestra verdadera esencia es nuestro espíritu. El cielo es nuestro verdadero hogar, y como he descubierto, el cielo es muy real.

Desde el momento en que Dios me llamó al ministerio profético, he aprendido que muchos creyentes verdaderamente no creen. Algunos no están seguros si el cielo realmente existe. A otros parece no importarle. Demasiados pasan por la vida como si este mundo fuera el único que existiera.

Dios me ha enseñado una realidad totalmente diferente. Él me ha llevado al cielo en diecisiete ocasiones diferentes, y quiere que le deje saber a toda la gente que *¡el cielo es tan real!* Cuando nosotros verdaderamente entendemos esto, todo cambia en nosotros, nuestras motivaciones, actitudes, valores, relaciones, sueños, planes y perspectiva. Mi oración es que usted capte algo más que una vislumbre del cielo mientras lee este libro, y que cambie –como fui yo– y experimente la seguridad de saber que Jesús ya ha preparado un lugar para usted y sus seres queridos.

—Choo Thomas
Tacoma, Washington
Febrero de 1997

PRIMERA PARTE

Visitaciones y visiones

Capítulo 1

CAMINO AL CIELO

Prosigo a la meta, al premio del supremo
llamamiento de Dios en Cristo Jesús.

FILIPENSES 3:14

M i nombre es Choo Nam Thomas y soy coreanoamericana. Soy la única hija de mis padres, quienes fallecieron, y tengo dos hermanos: uno menor y otro mayor que yo. Estoy casada, y tengo un hijo y una hija ya casados. Soy abuela de dos nietos y dos nietas.

En Corea, mi familia no era religiosa en manera alguna. Nunca había oído de Jesús hasta que fui a la iglesia. Hasta entonces, sólo había oído sobre la iglesia y Dios.

Me convertí al Señor en febrero de 1992. Literalmente, me enamoré de Jesús después de asistir un par de veces a la iglesia. Cuando supe lo que Él hizo por mí, decidí entregarle toda mi vida.

Dios respondió a mis oraciones, y esto permitió que mi fe se fuera fortaleciendo más cada día. Rápidamente comencé a diario a perder mis antiguos deseos. Sólo podía pensar en Jesús cada momento en que estaba despierta. Tenía tanto temor de Dios, que era incapaz de hacer algo concientemente en contra de su voluntad. Mi deseo era sólo agradarlo a Él, y aprender lo más posible acerca de Él para poderle hablar a otros.

UNA VISIÓN Y EL FUEGO DE DIOS

Recibí el fuego del Espíritu Santo mientras estaba orando en mi casa en 1994. Aproximadamente un mes más tarde, vi la presencia del

21

Señor mientras adoraba en la iglesia Neighborhood Assembly of God en Tacoma, Washington. Él estaba sentado cerca del púlpito. Tenía sus piernas cruzadas, y lo podía ver tan claramente como si fuera una persona real, a excepción de su cara.

Lo percibí con el pelo blanco como la seda y llevaba una túnica de color blanco puro. Después de verlo por casi cinco minutos, mi cuerpo ardía con un gozo inexplicable y quedé totalmente comprometida con Jesús. Después de esta experiencia que cambió mi vida, mi familia y yo comenzamos a asistir a la iglesia Puget Sound Christian Center en Tacoma, Washington.

El Domingo de Resurrección de 1995, tuve otra experiencia espiritual profunda. Mientras asistíamos al primer servicio, mi cuerpo empezó a agitarse violentamente y tuvimos que quedarnos para el segundo servicio. Estaba experimentando el mismo fenómeno conocido entre los cuáqueros y los primeros pentecostales.

Desde entonces, mi cuerpo nunca ha dejado de agitarse en la iglesia o durante mi tiempo de oración en mi casa. Dos semanas después de esta experiencia del Domingo de Resurrección, recibí el don de lenguas en mi casa y comencé a cantar en el Espíritu. Mientras veía una cruzada de Benny Hinn por televisión, me puse en pie y levanté mis manos en oración. Entonces caí al suelo y permanecí ahí por casi tres horas. La unción del Espíritu Santo era tan fuerte que no podía levantarme, y todo lo que podía hacer era cantar, hablar en lenguas y reír.

Desde entonces, durante cada servicio de adoración, puedo ver la presencia del Señor Jesús en la iglesia. Las visiones del Señor que recibo continuamente no son tan intensas como la primera, pero sí son igual de reales.

Un vaso dispuesto

Creo que estas emocionantes y extrañas experiencias son la forma en que Dios me está preparando para la obra a la cual me ha llamado. Tengo un fuerte deseo de recibir los dones de sanidad y ganar almas, pero no sé cómo servirle, salvo compartir con todos quién es Jesús.

Al principio, algunos miembros de mi familia y amigos rechazaron mi mensaje y no les gustaba que yo siempre hablara de Jesús. Sin embargo, ahora las cosas son diferentes. No importa con quien esté, sólo quiero hablar del Señor, y Él me ha dado el privilegio de guiar a mucha gente a Él, incluyendo a mis parientes y amigos. Todos mis seres queridos ahora son salvos.

Jesús está siempre en mis pensamientos y mi boca. Cuando se presentan tiempos difíciles, pienso acerca de lo que Jesús hizo por nosotros. Cuando me acuerdo de todo lo que Él ha hecho, me doy cuenta de que nada es demasiado difícil para mí. Cuando alguien me lastima, simplemente medito sobre todo lo que Jesús hizo por mí en el Calvario, y me lleno de paz al instante.

Antes de la primera visita que el Señor me hizo, tenía unos sueños muy especiales con las nubes. Estos sueños me recordaban algo que mi padre una vez compartió conmigo. Me dijo que mi madre había soñado con nubes. También, con frecuencia, me mencionaba que mi madre había tenido un sueño especial conmigo, antes de que ella estuviera embarazada de mí. Me dijo que ella nunca olvidó un sueño sobre un día despejado que, de repente, se puso muy nublado. Las nubes vinieron hacia la parte delantera de la casa. Una de ellas entró en el cuarto donde ella estaba dormida y llenó el cuarto con un resplandor blanco.

Mi madre estuvo enferma la mayor parte de su vida, y murió cuando apenas tenía cuarenta años. Nunca compartió esos sueños y visiones conmigo, pero mi padre me habló muchas veces de ellos, especialmente el de las nubes. Nunca los tomé en serio, hasta que tuve mi propia experiencia con sueños y visiones.

La interpretación de mi padre sobre el sueño de las nubes era que yo hubiera podido llegar a ser muy exitosa si hubiera sido un varón, porque en aquellos tiempos muchos hombres orientales creían que sólo los varones podrían llegar a tener éxito en la vida. Yo creo, sin embargo, que el sueño era una señal del Señor. Al leer este libro, usted entenderá que las nubes han sido una parte importante en la obra de preparación que el Señor ha hecho y continúa haciendo en mi vida.

Desde mi encuentro con Jesús, he tenido un fuerte deseo de orar por otros. He llegado a ser una verdadera guerrera de oración. La oración de intercesión se ha convertido en mi estilo de vida. Asistí con regularidad a un estudio bíblico en una iglesia coreanoamericana por casi un año antes de que mi esposo, Roger, fuera salvo.

No realicé ningún trabajo a tiempo completo en la iglesia, ni aprendí muchos versículos bíblicos; pero aún así, Él me escogió para su especial obra. Según mi Señor Jesús, Él quiso que primeramente llegara a conocerle y aprendiera a obedecerle, que me enfocara sólo en Él. Al mostrarme el cielo y todas las demás visiones que he tenido el privilegio de experimentar, Él empezó a prepararme para el ministerio al cual me ha llamado. Ahora estoy aprendiendo a conocerlo por medio de la oración y el estudio de su Palabra.

Revelación del cielo

El resto de los capítulos de este libro, como usted pronto descubrirá, describen algunos viajes extraordinarios en los cuales Dios me ha llevado desde que entregué mi vida a Él. Dios me pidió que escribiera estas experiencias en este libro, para que otros vean y entiendan. El porqué me eligió para esta importante obra sigue siendo un misterio para mí, pero sí sé que Él quiere que yo advierta a la gente en el mundo, y en la iglesia, que no queda mucho tiempo para que podamos finalizar la obra que Él nos ha llamado a hacer.

El Padre en el cielo quiere que toda la gente sepa cuánto Él le ama y desea bendecirla, si sólo confiaran en Él y obedecieran su Palabra. Él me ha enseñado que muchos creyentes están, en realidad, obrando como ateos, no creen de verdad que hay un cielo. Puedo decir, con toda certeza, que es posible para nosotros –a este lado de la eternidad– saber que el cielo es muy real. Además, ahora sé que nuestro Dios es capaz, como su Palabra dice, de "hacer todas las cosas mucho más abundantemente de lo que pedimos o entendemos, según el poder que actúa en nosotros" (Efesios 3:20).

El propósito de este libro es dar la gloria a Dios: "A Él sea gloria en la iglesia en Cristo Jesús por todas las edades, por los siglos de los siglos. Amén" (Efesios 3:21).

Por favor, lea estas páginas con una mente y un corazón abiertos, y deje que el Señor le hable a usted directamente. Él tiene un plan maravilloso y propósito para su vida. Él ha preparado un hogar para usted en el cielo. Como yo, usted puede descubrir lo emocionante que es saber que usted se dirige a la tierra prometida.

Capítulo 2

TODO PODER EN EL CIELO Y EN LA TIERRA

*Y Jesús se acercó y les habló diciendo: "Toda
potestad me es dada en el cielo y en la tierra".*

MATEO 28:18

El 1996, como había profetizado el pastor Larry Randolph, llegó a ser el año más maravilloso, emocionante, importante y poderoso de mi vida. Todo comenzó en la última noche del año 1995. La unción del Señor fue muy real para mí durante toda la noche. De hecho, su presencia era literalmente tan ardiente que casi no podía respirar. Había experimentado la presencia y el poder del Espíritu Santo anteriormente, pero esta noche era muy diferente. Era un período intenso de amor y emociones, y sentí que algo único, maravilloso y a la vez misterioso, iba a suceder.

Lo que estaba experimentando desafiaba la razón y la lógica, pero la presencia del Señor era tan real que sentía que podría alcanzarlo físicamente y tomar su mano. Esto era una realidad espiritual, que sobrepasaba cualquier cosa que hubiera experimentado jamás en el terreno natural.

Había una expectativa en mi corazón. De algún modo, me di cuenta que lo único que tenía que hacer era continuar esperando en la presencia del Señor, y que Él me hablaría y enseñaría cosas maravillosas. A lo largo de esta larga —pero agradable— noche, me aferré a un versículo bíblico de Jeremías que contiene una promesa de nuestro

Padre: "Clama a mí, y yo te responderé, y te enseñaré cosas grandes y ocultas que tú no conoces" (Jeremías 33:3).

Mientras esperaba con gran ilusión, pude oír los fuegos artificiales y otros fuertes ruidos de la gente que celebraba la llegada del Año Nuevo. Conforme el 1995 daba paso al año 1996, continué esperando durante las horas de la madrugada hasta el amanecer. Nada pasó, pero estaba determinada a escuchar la voz de Dios.

El primero de enero de 1996, era un día frío y húmedo en el noroeste, pero había un gran calor en mi corazón, que ningún viento del invierno podía enfriar. La palabra de Dios habló a mi corazón: "Aguarda a Jehová; esfuérzate, y aliéntese tu corazón; sí, espera a Jehová (Salmo 27:14).

Esperar es una de las cosas más difíciles de hacer en el mundo y, sin embargo, ¡es la clave de tanto poder en la vida espiritual! El Señor quiere que esperemos en su presencia, porque es la manera en que desarrollamos la paciencia que necesitamos para crecer y servir.

Aunque no había dormido nada la noche anterior, el día de Año Nuevo me sentí descansada, gozosa y llena de energía mientras mi familia y yo celebrábamos el día festivo. Desde las nueve hasta las once de la noche de ese día, el calor de la presencia del Señor me recordó una vez más mantener una vigilia nocturna. Dormí brevemente, y entonces me desperté recuperada, deseando oír la voz del Señor.

Ese horario en el que casi no dormía, prosiguió por toda la primera mitad del mes de enero. Todavía no oía al Señor. Sin embargo, sentí por fe que me preparaba para un encuentro personal con Él.

TEMBLOR EN LA NOCHE

El 19 de enero me desperté a las tres de la mañana. Mi cuerpo estaba temblando. Eso nunca me había sucedido mientras dormía. Sin embargo, desde el Domingo de Resurrección de 1995, mi cuerpo había estado temblando durante los cultos de adoración en la iglesia y los momentos de oración personal.

Hay algo en las noches, un tiempo de tranquilidad y poca distracción, que brinda una oportunidad especial para que el Señor se acerque a su pueblo. Este era ciertamente mi caso.

Algunas veces, la unción del Señor venía tan fuerte sobre mí que sentía que iba a desmayarme. En otros momentos, me dejaba sintiéndome mareada y débil. A menudo, quedaba tendida en la cama completamente inmovilizada por el poder de la presencia de Dios. Todo es demasiado maravilloso como para describirlo totalmente, pero intentaré presentarlo como sucedió.

La Biblia está llena de ejemplos de personas que temblaron y se agitaron en la presencia del Señor. Algunas veces, esta manifestación está acompañada de temor, pero la mayoría de las veces se trata de una etapa preparatoria. Dios está a punto de hacer una gran obra a través de un recipiente entregado a Él. Ciertamente, ese fue el caso del profeta Jeremías, quien oyó la voz de Dios preguntándole: "¿A mí no me temeréis? dice Jehová. ¿No os amedrentaréis ante mí?" (Jeremías 5:22).

Quien llegaría a ser conocido como "el profeta llorón" contestó la pregunta de Dios: "A causa de los profetas mi corazón está quebrantado dentro de mí, todos mis huesos tiemblan; estoy como un ebrio, y como hombre a quien dominó el vino, delante de Jehová, y delante de sus santas palabras" (Jeremías 23:9).

La Palabra de Dios nos enseña que el temblor y la agitación son manifestaciones físicas propias de la presencia de Dios. Otros ejemplos se encuentran en Daniel 10:7, Salmo 99:1, 114:7, Habacuc 3:16 y Mateo 28:4; así como Hechos 4:31, uno de mis favoritos: "Cuando hubieron orado, el lugar en que estaban congregados tembló; y todos fueron llenos del Espíritu Santo".

"Quiero hablar contigo"

En la noche del 19 de enero, la presencia del Señor fue tan intensa en mi cuarto que temblé, sudé y me sentí muy débil por más de una hora. Entonces oí algo. ¿Era la voz de mi Señor y maestro?

Giré la cabeza sobre mi almohada para mirar en dirección al sonido, y allí, resplandeciente, estaba una figura con vestiduras blancas. El esplendor que provino de ese visitante desconocido fue tan brillante que no podía ver su rostro, pero en lo profundo de mi corazón sabía que yo había sido bendecida por una visitación especial del Señor.

¿Cómo puede pasarme esto a mí?, pensé, mientras temblaba con más violencia aún, y lloraba con lágrimas de amor y gozo. Era el Señor, el Señor del cielo y de la tierra, y Él voluntariamente, había escogido visitarme de esta manera muy especial. Me sentí tan humilde y pequeña ante su presencia. No pude parar de llorar.

"Choo Nam, hija mía, soy tu Señor, y quiero hablar contigo. Tú has sido mi hija especial por mucho tiempo."

El impacto de su voz, sus palabras, su mensaje me impactó con una fuerza sobrenatural que me dejó tambaleando. Mi cuerpo tembló más fuerte, y sentí mi espíritu elevarse dentro de mí. El don de lenguas comenzó a fluir, seguido por una interpretación clara.

Me moví lo más cerca posible del borde de la cama para no despertar a mi esposo, Roger, quien dormía a mi lado. Por un momento pensé cómo él podía dormir con tanto resplandor en el cuarto y el constante temblor que parecía ser lo suficientemente fuerte como para tumbar la cama. Pero este era un momento especial que yo recibía del Señor. Así que Roger continuó durmiendo.

El Señor habló una vez más con su voz apacible y tranquila, pero a la vez firme: *"Hija, eres una hija tan obediente, y quiero darte dones especiales. Estos dones van a servirme grandemente. Quiero que estés contenta con estos dones".*

Sabía que, en ese momento, Dios me estaba escogiendo para hacer una obra importante para Él, y que esto tendría que llegar a ser mi único propósito. Sabía que no tenía nada que darle, excepto mi corazón y vida, y que estaba dispuesta a hacer cualquier cosa que Él quisiera o ir al lugar que me mandase. Era una noche de compromiso, reto y propósito. Mi maravilloso Señor empezó a revelarme su voluntad.

He reconocido desde entonces que cuando mi cuerpo comienza a temblar desde mi interior hacia fuera, Dios pronto me hablará. También supe entonces que sus palabras serían vida y victoria.

Mi cuerpo dejó de temblar, y caí en uno de los más tranquilos y apacibles sueños que hubiera tenido en muchos años. Durante el siguiente día, me sentí muy ungida y feliz por haber conocido al Maestro cara a cara. En la mañana, le pregunté a Roger si había sentido u oído algo durante la noche. Movió la cabeza y dijo: "Parece que tengo el sueño muy profundo".

Dios me había escogido para una obra específica. Esto era demasiado maravilloso como para imaginarlo y a la vez difícil de expresar. Abrí mi Biblia en el Evangelio de San Juan, y leí estas alentadoras palabras que coincidían con la profecía del pastor Randolph: "No me elegisteis vosotros a mí, sino que yo os elegí a vosotros, y os he puesto para que vayáis y llevéis fruto, y vuestro fruto permanezca; para que todo lo que pidiereis al Padre en mi nombre, él os lo dé" (Juan 15:16).

El Señor me había escogido para ir y llevar frutos que perduren.

Esto es lo que quería más que nada en el mundo. Su Palabra, su presencia, su unción confirmaron el llamado sobre mi vida. Desde ese momento en adelante, me comprometí a obedecer al Señor sin importar las consecuencias.

Entonces mis ojos se enfocaron en los versículos anteriores: *"Vosotros sois mis amigos, si hacéis lo que yo os mando. Ya no os llamaré siervos, porque el siervo no sabe lo que hace su señor; pero os he llamado amigos, porque todas las cosas que oí de mi Padre, os las he dado a conocer"* (Juan 15:14-15).

Dios estaba confirmando su palabra, su rhema, en mí por medio del pastor Randolph, y su *logos*, a través de la Biblia. Recordé las palabras del pastor: "Dios va a decirte cosas sobre personas que nunca repetirás. Orarás, intercederás y levantarás a esas personas en oración, porque vas a ser una amiga de Dios, y eso es ser un verdadero profeta; simplemente ser amigo de Dios. Una amiga de Dios. Él te dirá secretos sobre la vida de otras personas y las cosas que hará en la tierra. Así que, prepárate a recibir una fresca unción profética que vendrá en tu vida".

Ya me estaba ocurriendo, y apenas podía esperar para descubrir lo que Dios me diría próximamente.

Una profecía cumplida

El 20 de enero, me desperté entre las tres y cuatro de la madrugada. La unción de la presencia del Señor me despertó y otra vez vino acompañada de un fuerte calor. Estaba medio dormida, pero, de repente, la voz del Señor me despertó por completo y dijo: *"Hija, voy a visitarte muchas veces antes de que termine esta obra. Por lo tanto, quiero que descanses durante las horas del día. Tengo muchos planes especiales para ti. Voy a usarte en gran manera, pero tardaré un tiempo en prepararte para la obra a la cual te he llamado. Tienes que escribir lo que oyes durante cada una de mis visitas".*

La experiencia en su totalidad me impresionó, y me quedé asombrada al pensar que el Señor me visitaría una y otra vez. Ciertamente, una visita del Señor debería ser suficiente. Sin embargo, dijo que volvería a visitarme personalmente para que pudiera prepararme para la obra que tiene para mí.

Así de rápido como entró, salió de mi cuarto. No podía verlo ni oírlo. El temblor cesó. Sus palabras de sosiego y las visitas maravillosas me dejaron muy feliz, apacible y, desde luego, con curiosidad.

Era como si hubiese escalado una de las montañas altas de mi natal Corea, desde la cual podía ver claramente a miles de millas de distancia, y respirar el aire rico y limpio de las montañas. Mi mente estaba enfocada, mi corazón estaba alegre, me sentía sana y feliz. Había determinado obedecer la voz del Señor y dar un paso a la vez, porque sabía que Él me guiaría en cada paso del camino.

LA HORA DE DAR PODER

Pasó nuevamente la mañana siguiente. Entre las dos y las tres de la madrugada, me desperté repentinamente. Mi cuerpo estaba temblando incontrolablemente y sudaba fuertemente. La unción de la presencia del Señor vino sobre mí.

El Señor dijo: *"Tú eres mi preciada hija. Estaré siempre contigo, dondequiera que estés. Te amo tal como eres".*

Mientras estaba tendida, absorta por cada palabra, me sobrecogía una gran admiración y adoración. Él siguió: *"Te estoy dando el poder que vas a necesitar para la obra a la cual te he llamado. Estoy preparándote para servirme. Tu cuerpo tiembla mientras el poder fluye en ti. Estoy dándote todos los dones espirituales. Estoy soltando tu espíritu para que seas completamente libre para servirme".*

Unos días antes de esto, había tenido un sueño en el cual había subido una montaña. Cuando llegué a la cima podía tocar las nubes. El Señor me recordó ese sueño y me explicó su significado espiritual.

"Irás a esa altura mientras ministres en mi nombre", dijo. Por primera vez, le hice una pregunta durante una de sus visitas.

"Señor", dije, "¿qué quieres que haga? Realmente no sé cómo ministrar".

"Yo te guiaré y te enseñaré lo que quiero que hagas."

"¿Y qué pasará con mi esposo?", le pregunté.

"No te preocupes por él. Yo lo bendeciré y ministraré también."

Una vez más, sus palabras me infundieron tranquilidad, liberación y poder de una manera estupenda. De verdad, sentí que el poder de sus palabras llenaba mi espíritu. Cuando terminó de hablarme esa mañana, el temblor cesó también.

EN FUEGO POR DIOS

Estas maravillosas y nuevas experiencias me llenaban de gozo. Mi corazón estaba muy exaltado, y mi mente se llenó de curiosidad infantil. Así como antes me sentía insegura, ahora me sentía completamente libre. Me di cuenta que mi nuevo futuro sería totalmente diferente, porque todas mis esperanzas y sueños dependerían verdaderamente del Señor. Me sentía realmente viva, y eso superaba todas mis expectativas.

El 25 de enero, desde las tres hasta las cuatro de la madrugada, el Señor habló conmigo. Esta vez me había despertado antes de que Él llegara. Me quedé tendida en mi cama calladamente, esperando otro encuentro con mi Señor y Salvador. El conocido temblor comenzó a las tres de la mañana. Esto significaba que ya pronto el Señor estaría conmigo. Había aprendido a sentir su presencia, y cuando me volteé hacia donde Él normalmente se paraba, lo vi.

Su resplandor, su voz fuerte y su presencia amorosa siempre me transportaban a un mundo diferente. Estoy segura de que era la esfera de la eternidad, donde el tiempo y el espacio tienen poco significado, y lo físico y las cosas materiales no tienen importancia. La esfera del Espíritu, tan brillante y pacífica, era un lugar donde la vida tomaba un nuevo significado y propósito. Era un poco del cielo en la tierra.

El temblor continuó por veinte minutos. Empecé a verlo como una transfusión espiritual. El poder del Espíritu Santo estaba pasando por cada nervio, tendón, músculo y órgano de mi cuerpo. Estaba encendiéndome con fuego del poder de Dios. Esto debe haber sido lo que los discípulos experimentaron el día de Pentecostés, cuando el Señor los bautizó con el Espíritu Santo y fuego. "Y de repente vino del cielo un estruendo como de un viento recio que soplaba, el cual llenó toda la casa donde estaban sentados" (Hechos 2:2). Cuando cae el poder de Dios, cosas maravillosas y extrañas comienzan a pasar en nuestras vidas.

Esa noche, Jesús me habló en su manera inimitable: *"Hija mía, soy tu Señor. Quiero que oigas y recuerdes todo lo que te digo. Cuando lo escribas, usa exactamente mis palabras. Tienes sueño, pero no olvides ningunas de las palabras que te digo. Estaré visitándote muchas veces en el futuro, porque tengo una obra importante para ti. Tú eres la hija que voy a usar para hacer esta obra para mí, así que prepárate".*

Oraciones contestadas

Unos días más tarde, el 28 de enero, me desperté temblando de nuevo. Eran entre las dos y tres de la madrugada. Estaba tan colmada de la presencia del Señor, que me sentía débil. Mi cuerpo tenía tanto calor que sudaba. Pensé que estaba soñando, pero pronto me di cuenta que no era ningún sueño.

"Soy tu Señor, hija mía", dijo Jesús. Entonces miré hacia la ventana, en dirección a su majestuosa voz, y vi su radiante figura de pie.

"Sé que estabas muy deseosa por servirme, pero no sabías cómo servirme. Sé que no quieres sentirte avergonzada cuando vienes delante a mí. Sé todos tus pensamientos y los amo."

Este mensaje de mi Salvador habló claramente a mi corazón. Ahora sabía lo que sólo había creído, que Jesús contesta las oraciones. Había orado para que Dios me ayudara a servirle, pero que no fuera avergonzada cuando me presentara delante de Él. Había dicho tantas veces cuánto quería servirle y siempre le decía que no sabía cómo.

Por esta razón, siempre leo la Biblia en inglés y coreano, para tener el mayor entendimiento posible de la Palabra de Dios y para poder compartirla con otros. Servir al Señor ha sido mi deseo más profundo después de conocer lo que el Señor hizo por mí.

"Hija, tus oraciones han sido contestadas, y me servirás grandemente. Tendrás mucho trabajo que hacer por mí. Lo que harás por mí te agradará. Tú eres mi hija fiel, y por eso te doy esa obra importante."

El temblor se apaciguó, y el Señor se marchó de mi cuarto. Mi pensamiento mostró especial interés por su Palabra: "Y esta es la confianza que tenemos en Él, que si pedimos alguna cosa conforme a su voluntad, Él nos oye. Y si sabemos que Él nos oye en cualquiera cosa que pidamos, sabemos que tenemos las peticiones que le hayamos hecho" (1 Juan 5:14-15).

Ahora sé la verdad de esta maravillosa oración de promesa. Es una infalible promesa de la Palabra de Dios de que Él realmente nos oye cuando oramos según su voluntad, y su voluntad está revelada en la Biblia.

Es su voluntad el que nosotros llevemos muchos frutos que perduren en su nombre. Es su voluntad el que ministremos a otros. Es su voluntad el que creamos cuando oremos. Es su voluntad el que pasemos tiempo en su presencia y esperemos en Él.

Por lo tanto, cuando oro según estos aspectos de su voluntad, como son revelados en su Palabra, sé que Él me oye. Esto es una firme realidad para mí ahora.

Las visitaciones del Señor me daban una confianza cada vez mayor como resultado de pasar tiempo con Dios. Él estaba allí. Él está siempre allí. Sé que nunca me dejará ni abandonará. Él es mi amigo, mi fiel compañero, mi Señor y Maestro. Él es mi amado Salvador.

Sin lugar a dudas, sé que Dios me ama, oye mis oraciones y las contesta. Él conoce mis pensamientos y sentimientos, y le importan.

MUCHAS IGLESIAS POR VISITAR

Al día siguiente, el 29 de enero, me proporcionó una vaga idea sobre los planes de Dios y sus propósitos para el ministerio para el cual estaba preparándome. Llegó temprano en la mañana, justo antes del amanecer, y me dijo: *"Hija, quiero que veas algo"*.

En el espíritu, me transportó a una iglesia desconocida, una iglesia muy grande, llena de hombres de tez oscura. No había mujeres presentes en esa asamblea en particular. Jesús me explicó: *"Visitarás muchas iglesias mientras realices mi obra"*.

Nunca había experimentado algo así. Era como si yo fuera capaz de volar con el Señor a un tiempo y lugar diferentes. Era una sensación increíble. Me dijo más.

"Hija mía, tengo muchas sorpresas para ti. Espera recibirlas todas. Yo estaré contigo en todas partes. Nunca tendrás que preocuparte por nada mientras estás en esta tierra. Quiero que estés feliz todos los días de tu vida."

Entonces desapareció. Después de esta visita, yo sabía que cada visita me proporcionaría nuevas pistas sobre mi futuro. Cuando el Señor me dijo que nunca más tendría que preocuparme por nada me regocijé, porque yo tendía a preocuparme y mostraba inseguridad desde niña. Él estaba sanándome interiormente mientras me preparaba para el ministerio.

La dulzura de su presencia sólo puede ser descrita como una paz total. Me permitió vivir y andar en la verdad de su Palabra: "La paz os dejo, mi paz os doy; yo no os la doy como el mundo la da. No se turbe vuestro corazón, ni tenga miedo" (Juan 14:27).

Capítulo 3

TODO ES POSIBLE

*Y mirándoles Jesús, les dijo: Para los hombres esto
es imposible; mas para Dios todo es posible.*

MATEO 19:26

El 1 de febrero, el Señor me visitó tan pronto me acosté, alrededor de las once de la noche. Debido al temblor de mi cuerpo, Roger ahora dormía en el cuarto de huéspedes. Estuvo bien que hiciera este cambio, porque esa noche en particular la sacudida fue más intensa que nunca antes, y vino acompañada de otras manifestaciones de la presencia del Señor.

Inmediatamente, el Señor me dijo: *"Mi querida hija, tengo que enseñarte mi presencia y hablarte antes de que esta obra empiece".*

Su presencia radiante ha sido siempre sorprendente y brillante, pero esta vez estaba vestido de blanco y brillaba como el sol. Su forma era hermosa a la vista y muy convincente.

Le respondí esta vez hablando en lenguas y cantando en el Espíritu. Mientras cantaba, levantaba mis manos, éstas empezaron a moverse al ritmo del canto. Era como si estuviera danzando, pero permanecía en la cama.

Perdí el control del movimiento de las manos, y las vi moverse de un lado al otro como si fuesen movidas por un viento silencioso. Era el viento del Espíritu de Dios que las movía, y al darme cuenta de esto, me llené de gozo y empecé a reír. Aunque no podía ver la cara del Señor, oía que reía también.

Este fenómeno se conoce como "risa santa" en algunos círculos. Y, sin reserva alguna, puedo decir que sé que eso es una manifestación de la presencia del Señor.

La Biblia nos dice:

> "Cantad alegres a Dios, habitantes de toda la tierra. Servid a Jehová con alegría; venid ante su presencia con regocijo. Reconoced que Jehová es Dios; él nos hizo, y no nosotros a nosotros mismos; pueblo suyo somos, y ovejas de su prado. Entrad por sus puertas con acción de gracias, por sus atrios con alabanza; alabadle, bendecid su nombre. Porque Jehová es bueno; para siempre es su misericordia, y su verdad por todas las generaciones."
> —SALMO 100:1-5

No deberíamos sorprendernos con el gozo y la risa cuando se producen durante los tiempos de alabanza y adoración en la presencia del Señor. Esto es totalmente bíblico, y pasaremos toda la eternidad en su presencia cantando, adorando, riendo, celebrando y experimentando sus placeres. En realidad, esto es lo que Él quiere para nosotros porque somos sus hijos. El nombre de Isaac, el hijo milagroso de Abraham, significa literalmente "el que ríe", y Dios quiere que nos gocemos en su presencia a través del regalo de la risa.

Aunque muchos de los Salmos son canciones de tristeza, algunos reflejan el gozo y la risa que son la verdadera herencia del pueblo de Dios. Por ejemplo, en el Salmo 126 leemos: "Cuando Jehová hiciere volver la cautividad de Sion, seremos como los que sueñan. Entonces nuestra boca se llenará de risa, y nuestra lengua de alabanza; entonces dirán entre las naciones: Grandes cosas ha hecho Jehová con éstos. Grandes cosas ha hecho Jehová con nosotros; estaremos alegres" (vv. 1-3).

Cuando la gente hace preguntas sobre el temblor, el cantar en el Espíritu y la risa, yo les dirijo a estos pasajes. Salomón, el autor de Eclesiastés, nos cuenta que hay un "tiempo de llorar, y tiempo de reír" (3:4). Es una lástima que tanta gente crea que el cristianismo tiene que ser rígido y formal. No obstante, está claro que el Señor quiere que experimentemos una medida completa de gozo. Nehemías proclamó: "El gozo de Jehová es vuestra fuerza" (8:10), y el libro de Proverbios declara: "El corazón alegre constituye buen remedio" (17:22). Ahora sé el verdadero significado de estas palabras de sanidad.

Realmente, me animé con la risa de mi Señor cuando me visitó aquella noche. Parecía estar muy contento conmigo. Mientras yo cantaba en el Espíritu, mi voz adquiría un tono mejor. Era mi voz, yo lo sabía, ¡pero sonaba tan diferente, tan hermosa, tan clara, tan resonante!

Cerca de la medianoche, el Señor me dijo: *"Te amo, hija mía, y seguiré visitándote"*. Cuando se marchó, me sentí más ligera y libre que nunca, y estaba encantada con la posibilidad de una nueva visita.

Espera muchas sorpresas

El día siguiente, 2 de febrero, comenzó con una visitación muy especial del Señor. Empezó a compartir muchas cosas conmigo como había prometido: *"Estoy derramando todo el poder que vas a necesitar para la obra que te he elegido a hacer"*. Como en la noche anterior, yo estaba temblando y cantando en el Espíritu.

El Señor continuó su mensaje personal para mí: *"Hija, la manera en la que voy a usarte será muy diferente. Muchos de mis hijos serán sorprendidos. Tengo dones para todos mis hijos, pero daré a cada uno dones diferentes. Hija, quiero que estés contenta con lo que vas a recibir"*.

Era una promesa estimulante. El Señor me aseguró que estaba preparándome para un ministerio especial. Yo sólo quería agradarle a Él.

Desde las 2:20 A.M. hasta las 4:18 A.M. del día siguiente, el Señor regresó a mi cuarto para decirme más sobre el poder de la oración. Estaba parado ante mí con vestiduras blancas brillantes.

"Hija mía, no temas en orar por otros, porque estás recibiendo el don de sanidad y todos los demás dones", dijo. *"Yo sé que siempre quieres orar por otros y hacerlos felices. Por eso estoy dándote estos dones espirituales."*

Al principio, se me hizo difícil escuchar sus palabras. Me sentí tan indigna de recibir tanto de parte de mi Señor y Maestro.

Él continuó: *"Tú tienes un corazón especial, y por eso contesto tus oraciones. Yo noto que tu corazón es puro y que eres una hija obediente. Confío en ti en muchas cosas. Por eso te he elegido para hacer esta importante obra. Tu fe me agrada y tu fuerza de voluntad también. Tu corazón es fuerte e independiente, y estoy muy complacido"*.

Obedecer al Señor ha sido muy importante para mí como cristiana. Mi meta principal siempre ha sido agradarle a Él. Era tan maravilloso oírle decir que yo le agradaba, y que Él había purificado mi corazón y había visto mi obediencia. Su mensaje para mí esa noche hizo que lo siguiera aún con mayor determinación.

"Esto es porque tu fe se ha fortalecido mucho y has abandonado las cosas del mundo por mí", Jesús continuó. *"Si no fueras como eres, yo no podría usarte para la obra que he preparado. Lo que voy a hacer contigo te sorprenderá, hija mía. Soy tu Señor. Recuerda, nada es imposible para mí en la tierra ni en el cielo. Derramaré mi poder sobre ti para poder usarte."*

La manera en la que el Señor me llamó "hija mía", una y otra vez, siempre me hace llorar con lágrimas de amor. Él era muy diferente a mi padre terrenal. El Señor era tierno, respetuoso, sensible en su trato conmigo, y siempre animaba. Sabía que Él reconocía mis necesidades antes de que yo las expresara. Sabía que Él era mi lugar seguro, mi "Roca de refugio", y que en comparación con Él, cualquier otro refugio sería similar a la arena movediza.

Entonces, el Señor me explicó por qué mi cuerpo temblaba. *"Tu cuerpo tiembla por mucho tiempo porque necesitas poder para esta obra. Quiero que esperes muchas sorpresas."*

¿*Más sorpresas?*, me pregunté con alegría. Sentía como que ya había experimentado lo suficiente para toda una vida. Sus visitas, mis tiempos en oración y la Palabra, los momentos preciosos de adoración en mi iglesia, todo esto estaba produciendo un profundo efecto revolucionario en mi vida.

Mi fe en el Señor estaba creciendo a un ritmo acelerado. No tenía duda de que Él era capaz de "hacer todas las cosas mucho más abundantemente de lo que pedimos o entendemos, según el poder que actúa en nosotros" (Efesios 3:20). La sacudida de mi cuerpo era su poder trabajando en mí. Me estaba preparando para el momento en el cual el Señor me demostraría su capacidad para hacer 'mucho más abundantemente' a través de mí.

Sin temor

Durante la noche del 12 de febrero, mi cuerpo temblaba con más ímpetu que nunca. Casi me tira de la cama por lo fuerte que era. Intenté agarrarme de las sábanas para sostenerme, pero no podía porque no tenía control sobre mi cuerpo. La sacudida era tan violenta y constante, que me atemoricé.

Mis pensamientos querían fugarse junto conmigo. ¿*Es todo esto un engaño de Satanás? ¿Qué me está pasando? ¿Estoy volviéndome loca?*, me pregunté.

Entonces recordé lo que alguien una vez había compartido conmigo: "Cuando estás a punto de recibir una bendición, Satanás intentará destruirla". ¿Este temblor violento, será obra de Satanás o de Dios? Pensaba que podría ser Satanás intentando hacerme daño. Reprendí al enemigo, y en ese momento, el Señor intervino: *"Hija, no temas, soy tu Señor".*

Eso fue suficiente para mí. Su dulce voz cambió mi temor en sonrisa. Oí los ecos de su risa suave cerca de la ventana. Con una voz agradable y tranquila, el Señor me dijo: *"Nadie te hará daño, porque yo estaré contigo siempre y te protegeré de las cosas malas de este mundo. Tú eres mi preciada hija".*

Un pasaje de las Escrituras vino a mi mente y complementó sus palabras: "En el amor no hay temor, sino que el perfecto amor echa fuera el temor; porque el temor lleva en sí castigo. De donde el que teme, no ha sido perfeccionado en el amor. Nosotros le amamos a él, porque él nos amó primero" (1 Juan 4:18-19).

El amor del Señor en mi vida era más real que nunca. Sabía que Él me amaba. A la luz de un amor tan maravilloso, ¿cómo podría yo tener temor? La experiencia de esa noche me enseñó que nunca más tendría que temerle a Satanás, la maldad o a mí misma, porque el Señor había prometido que Él estaría conmigo para siempre. Su Palabra respaldó esta promesa: "No te desampararé, ni te dejaré" (Hebreos 13:5).

Sabía que el Señor me había llamado para ayudar a cumplir su Gran Comisión: "Por tanto, id, y haced discípulos a todas las naciones, bautizándolos en el nombre del Padre, y del Hijo, y del Espíritu Santo; enseñándoles que guarden todas las cosas que os he mandado; y he aquí yo estoy con vosotros todos los días, hasta el fin del mundo" (Mateo 28:19-20).

El versículo anterior a éste nos dice cómo esto es posible: "Toda potestad me es dada en el cielo y en la tierra" (Mateo 28:18). Su poder, autoridad, fuerza y firmeza prevalecerán en cada situación cuando nos entregamos completamente a Él.

El Señor me dio más seguridad sobre su voluntad y amor cuando me dijo: *"Estoy dándote todos los dones que necesitas para permitirte comenzar el ministerio que te estoy dando. Guarda un registro de los días y las horas de cuando yo te visito".*

"Tu esposo, Roger, tendrá dones para el ministerio también. Nunca debes preocuparte por nada porque te prometo que yo cuidaré de ti mientras estés en la tierra."

En lo profundo de mi corazón, sabía que no tenía que preocuparme nunca más de nada. Él se encargaría de todo, no sólo en esta vida, sino en la venidera. Sus promesas liberadoras me trajeron el Salmo 23 al pensamiento, y me concentré especialmente en el versículo final de este salmo inspirador: "Ciertamente el bien y la misericordia me seguirán todos los días de mi vida, y en la casa de Jehová moraré por largos días" (Salmo 23:6).

Con tales pensamientos que impartían serenidad, empecé a quedarme dormida, y el Señor me dijo: *"Sé que estás cansada. Duérmete ahora".* El Señor realmente da reposo a su amada.

UN CUERPO NUEVO

Desde las 11 p.m. hasta la 1:08 a.m. del 19 y 20 de febrero, el Señor me llevó a caminar con Él. Una vez más, el consabido temblor fuerte de mi cuerpo, y el calor intenso de su unción me alertaban sobre su inminente llegada. Su presencia era más fuerte que antes, y luego oí su voz: *"Soy tu Señor, preciada hija mía, y estoy a punto de liberar todo lo que tengo para ti".* Lo vi parado cerca de la ventana, y su forma gloriosa me pareció más clara que nunca.

"Hija, tengo que enseñarte unas cosas", dijo y extendió su mano hacia mí. De inmediato, sentí una extraña sensación en mi cuerpo, al ser éste levantado de la cama. Sin saber lo que pasaba, empecé a gritar y agitar mis manos violentamente. Era, como si el interior de mi cuerpo estuviera separándose del resto de mi cuerpo. Era una experiencia que verdaderamente desafiaba toda descripción. Incluso, yo tocaba mi cuerpo para ver si todavía era el mismo. Pensé que quizás me estaba muriendo.

Mi mente estaba clara, pero gemía en el espíritu. Entonces me di cuenta que estaba con el Señor, vestida con una túnica blanca como la de Él. Mi cuerpo era nuevo. Era como una muchacha, joven otra vez. Incluso, mi pelo era largo y liso.

Me di cuenta que estaba andando a lo largo de una playa desierta con el Señor. Quizás pueda imaginarse lo sorprendida que me hallaba. El Señor me transportó desde mi cama, casa y cuerpo, y me dio un cuerpo nuevo que me permitía volar y caminar con Él. El Señor del cielo y de la tierra había suspendido las leyes de la gravedad, la vida, el tiempo y el espacio para enseñarme unas cosas que nunca olvidaré.

La Biblia dice: "La carne y la sangre no pueden heredar el reino de Dios, ni la corrupción hereda la incorrupción" (1 Corintios 15:50). Yo estaba a punto de descubrir el verdadero significado de estas palabras del apóstol Pablo.

Mientras empezaba a darme cuenta de mi nuevo cuerpo, sentí que se parecía a mí, pero no era yo. He oído anteriormente de experiencias "fuera del cuerpo", pero en este caso fui sacada de mi cuerpo y depositada en un cuerpo que no era el mío, pero que a su vez sí lo era.

Era el cuerpo de cuando era adolescente. Hasta tenía el mismo pelo que tenía cuando adolescente. No podía ver mi cara claramente, pero tenía la impresión de que era la cara de una joven desconcertada que había estado viviendo sin Dios y sin esperanza. Sin embargo, esta vez la joven sí conocía a Dios, y estaba llena de esperanza. ¡Era tan fascinante! ¿Qué significaba todo esto?

Un túnel brillante y murallas de piedra

¿Adónde me había llevado el Señor? ¿Por qué me había llevado con Él? No podía esperar oír sus respuestas a estas preguntas, porque sabía que eran para mí, así como para quienes Él me guiaría.

Primero, fuimos al lado derecho de una colina que estaba llena de follaje. Podía ver un camino estrecho y serpenteado hasta llegar a la cima. Entonces, caminamos a lo largo de un río angosto donde fluía el agua más clara y cristalina que jamás había visto. Seguimos por el río hasta la entrada de un túnel brillante que parecía interminable. Era alto y ancho en comparación con nosotros; el Señor y yo nos veíamos bastante pequeños. Pasamos por el túnel misterioso, y cuando llegamos al otro extremo, bajamos de nuevo hasta la playa.

"Vamos a un sitio muy alto", dijo el Señor.

En el momento que dijo esas palabras, me tomó de la mano, y mi cuerpo empezó a elevarse de la superficie de la playa. Mientras tanto, mi cuerpo físico temblaba frenéticamente en la cama. Mis manos y brazos empezaron a moverse en todas direcciones como si estuviera nadando desesperadamente para evitar ahogarme. Los gemidos que procedieron de mi espíritu aumentaron, y eran cada vez más altos y más fuertes.

Estuvimos literalmente volando por el aire. Aterrizamos en un sitio que estaba lleno de árboles y césped, y nuestros pies tocaron tierra en un estrecho y serpenteado camino. El Señor y yo bajamos el camino que descendía de la cima de la colina. Finalmente, alcanzamos una enorme puerta blanca delante de un gran edificio del mismo color. Entramos por la puerta y seguimos hacia el edificio blanco.

Entramos al edificio y pasamos por un corredor largo que conducía a un cuarto muy grande al cual entramos. Al mirar hacia abajo, me di cuenta, por primera vez, de que llevaba una túnica diferente a la que llevaba en la playa, y podía sentir que algo pesado estaba puesto sobre mi cabeza. Descubrí que llevaba una preciosa corona sin saberlo.

Entonces, miré directamente al Señor. Él estaba sentado en un trono, y tenía puesto un vestido radiante y una corona de oro. Otras personas estaban allí conmigo, de rodillas en el suelo y postradas ante Él. Las paredes de la habitación eran de piedras grandes y brillantes. Las piedras multicolores produjeron un efecto de calidez, felicidad y algo de misterio en la habitación.

DONDE SÓLO LOS DE CORAZÓN PURO PUEDEN IR

Entonces, tan pronto como fui transportada arriba a la montaña y dentro del edificio blanco, me encontré otra vez en la playa. Tal como había ocurrido todo ese tiempo, me encontré de forma alterna riendo, gritando, llorando, temblando, sudando y agitando los brazos bruscamente. El gozo era tan intenso, que sentía que podía tocarlo. Sabía que había sido transportada a un mundo diferente, pero ¿adónde fue? ¿Por qué me estaba pasando esto a mí? ¿Qué significaba todo esto?

El Señor contestó a mis preguntas clara y enfáticamente: *"Hija mía, fuimos al reino"*. Él reconoció rápidamente la pregunta que estaba formándose en mi mente: *¿Cómo llegamos allí?*

"Los únicos que irán allí son los hijos obedientes y los de corazón puro."

El Maestro se detuvo por un momento y luego continuó: *"Dile a mis hijos que prediquen el evangelio. Vengo pronto por quienes estén listos y esperando por mí."*

Ahora sí sabía cuál era mi misión principal. Había visto el reino del cielo y éste era muy real. Nunca olvidaré todas las cosas maravillosas que vi.

El Señor añadió: *"Los que no dan el diezmo son hijos desobedientes"*.

"¿Debo decir esto a alguien en especial, Señor?", pregunté.

"Quiero que se lo digas a todos."

Entonces, Él reiteró algo que me había ordenado que hiciera varias veces antes: *"Escribe todo lo que te enseñe y te diga."*

"Dime más, Señor", respondí.

"En otra ocasión, hija. Sé que estás cansada. Duérmete."

El Señor se marchó, y lo mismo hizo mi cuerpo transformado. Alcancé la mesa de noche, tomé el cuaderno y el bolígrafo, y empecé a escribir todo lo que había experimentado en mi emocionante viaje al reino de Dios. Me sentía muy entumecida y humillada. No había palabras para describir mis sentimientos. Sentía que no pertenecía más a este mundo.

Desde entonces, todo lo que podía pensar era en el Señor y el cielo. Anhelaba volver al reino. Este anhelo debe haber sido escuchado como oración, porque, como verá, después de esto el Señor me llevó con Él muchas veces más.

Capítulo 4

MÁS PRONTO DE LO PENSADO

El que da testimonio de estas cosas dice: Ciertamente
vengo en breve. Amén; sí, ven, Señor Jesús!

APOCALIPSIS 22:20

"*C*hoo Nam, hija mía, soy tu Señor." Era la voz familiar de mi Maestro hablando con tanta compasión y confianza en mi dormitorio durante las horas de la madrugada del 24 de febrero.

El temblor de mi cuerpo ya me había despertado alrededor de la medianoche. Esta vez miré el reloj para ver por cuánto tiempo duraría el temblor. Después de casi veinte minutos, comenzó el gemido que provenía desde lo profundo de mi espíritu. Yo seguía temblando, y el calor de la unción del Señor hacía que mi cuerpo sudara. Después de este tiempo de preparación, oí la voz del Señor hablándome.

Estaba acostumbrándome un poco más a su presencia. La mayoría del tiempo me gozaba mucho con sus visitas. En esta ocasión, la imagen de su presencia era muy clara. Su figura estaba envuelta en un resplandor suave, cálido y de color blanco muy puro. El Señor dirigió su mano hacia mí mientras yo temblaba con más intensidad aún, y los brazos empezaron a agitarse bruscamente.

Así como había experimentado la semana anterior, mi espíritu se levantó de mi cuerpo, y yo podía verme como una joven con pelo largo y liso. Una vez más estaba caminando por la playa con el Señor. Caminamos y caminamos. Era un período de tranquilidad y silencio. Parecía que Jesús estaba pensando, y, por un largo rato, no dijo ni una palabra.

Finalmente, dijo algo una y otra vez, y fue lo siguiente: *"Tenemos mucho trabajo por hacer".*

VAMOS AL CIELO

Una vez más, el Maestro me llevó al interior de un gran túnel. Este, como ningún otro, era luminoso y brillante. Pronto me di cuenta que era el mismo túnel por el cual me había llevado la primera vez. Debía ser el túnel que la gente que ha tenido una experiencia cercana a la muerte, describe como el pasillo que lleva de esta vida a la otra.

En la mayoría de esos casos de experiencias "fuera del cuerpo", la gente relata que es arrojada dentro de un túnel largo y oscuro a alta velocidad. Al final del túnel, ellos pueden ver el glorioso resplandor del cielo. Esto, pensé, debe ser el portal hacia el indescriptible y maravilloso reino del cielo. Ahora mi Señor y Salvador me llevaba allí de nuevo.

Caminábamos junto al bello, claro y cristalino río una vez más, y luego volvimos a la playa. Jesús entonces dijo: *"Vamos al cielo".*

Mi corazón dio un salto, mientras mi alma se colmaba de una emoción tal y gran expectativa por darme cuenta que nuevamente iba al cielo. Iba a casa, y Jesús me daba una excursión personal de la vida futura con el fin de que pueda escribir sobre ella y así informar a otros. Fue tan emocionante ser elegida para tal honor, que casi no podía contener el gozo que me abrumaba.

Tan pronto como Jesús anunciara nuestro destino, comencé a volar. Había volado en aviones anteriormente, y esos vuelos habían sido siempre emocionantes y estimulantes; pero esta vez mi cuerpo estaba volando como un pájaro. Me vino a la memoria el pasaje de Isaías: "Pero los que esperan a Jehová tendrán nuevas fuerzas; levantarán alas como las águilas; correrán, y no se cansarán; caminarán, y no se fatigarán" (Isaías 40:31).

Siempre había interpretado ese versículo desde una perspectiva espiritual, pero ahora todo esto había llegado a ser una realidad viva. Alcé vuelo y volé como un águila, y no tenía miedo, porque sabía que Jesús estaba conmigo.

No obstante, la experiencia de volar no duró mucho. Pareció durar sólo un segundo. Pronto aterrizamos en un camino estrecho y serpenteado, bordeado por árboles altos y hermosos, y césped verde y exuberante. Justo enfrente podía ver un portal grande puesto en una reja blanca. Llegando al portal, podía ver que el camino del otro lado de la reja era todo blanco y, a ambos lados, flores bellas de todo tipo mostraban la variedad de colores y tiernos brotes.

Nunca había visto tanta belleza antes, y otro versículo me vino al pensamiento:

"Y por el vestido, ¿por qué os afanáis? Considerad los lirios del campo, cómo crecen: no trabajan ni hilan; pero os digo, que ni aun Salomón con toda su gloria se vistió así como uno de ellos. Y si la hierba del campo que hoy es, y mañana se echa en el horno, Dios la viste así, ¿no hará mucho más a vosotros, hombres de poca fe? No os afanéis, pues, diciendo: ¿Qué comeremos, o qué beberemos, o qué vestiremos? Porque los gentiles buscan todas estas cosas; pero vuestro Padre celestial sabe que tenéis necesidad de todas estas cosas. Mas buscad primeramente el reino de Dios y su justicia, y todas estas cosas os serán añadidas."
—MATEO 6:28-33

Entonces, comencé a entender más claramente por qué Dios me permitía visitar su reino. En ese momento, me di cuenta que si los mortales en la tierra pudieran ver lo que yo estaba viendo, nunca más se preocuparían. Yo sabía que tendría que contar mis experiencias a todos aquellos con quienes me encuentre, para que también dejen de preocuparse.

De hecho, Dios se ocupa de todo en nuestra vida. Dios está desarrollando sus propósitos. Su amor por sus hijos es eterno. Su palabra es verdad. Ahora el ardiente deseo de mi corazón es ayudar a la gente a entender, ver y creer la verdad. Mis experiencias me han enseñado que "todas las cosas les ayudan a bien, esto es, a los que conforme a su propósito son llamados" (Romanos 8:28).

EL CIELO ES MEJOR

El surtido de flores era mucho más espectacular que cualquier jardín que jamás haya visto. Yo misma me decía: "Estoy contenta de saber que hay flores en el cielo". Allí había las más hermosas flores que jamás hubiera visto, y parecían crecer más luminosas y con colores más vivos, a medida que nos acercábamos a la entrada del gran palacio.

Jesús me llevaba escaleras arriba hacia una doble puerta de frente. Vi que la entrada estaba enmarcada en oro y tenía unos hermosos paneles de vidrio a ambos lados. Entramos por las puertas a un piso de mármol blanco. Las paredes de piedras brillantes me recordaron que estaba cerca de la sala del trono de Dios una vez más, y con cada paso que dábamos, mi corazón palpitaba con más intensidad.

Entramos en la sala, y ésta era más admirable e inspiradora que antes. El relumbrante trono de oro del Señor estaba encima de una plataforma ovalada. Los rayos de gloria resplandecientes corrían desde el centro de la sala donde la plataforma estaba situada.

Un ángel me dirigió a un pequeño cuarto lateral, y me sorprendí al descubrir un cuarto de baño allí. Un espejo de cuerpo entero cubría la pared entera al lado izquierdo de este cuarto, y muchas sillas de terciopelo hermosas estaban puestas cuidadosamente delante del espejo.

Un hermoso ser estaba parado ante mí, e inmediatamente percibí que estaba con un ángel. Este ser abrió un gran ropero que contenía muchas túnicas, vestidos y coronas. El ángel seleccionó una de las túnicas y puso una corona sobre mi cabeza. Cada túnica estaba bordada con colores vivos. Creo que las prendas eran las más imponentes y costosas que jamás haya visto.

Después de vestirme, el ángel me acompañó de nuevo a la sala principal. El Señor estaba esperándome. Vi que Él llevaba una túnica y una corona como las mías.

Me llevó a otro edificio parecido a los castillos medievales europeos que había visto muchas veces en fotos. Había una pared de piedra a ambos lados del castillo, y unas flores espléndidas estaban plantadas por todas partes. Al contemplar el panorama que tenía ante de mí, me sentía en un maravilloso mundo de belleza, paz y felicidad. No quería regresar a la tierra.

La Biblia dice que todos adoraremos al Señor ante su trono: "Todas las naciones que hiciste vendrán y adorarán delante de ti, Señor, y glorificarán tu nombre. Porque tú eres grande, y hacedor de maravillas; sólo tú eres Dios" (Salmo 86:9–10). En otro pasaje, el salmista proclama: "Jehová estableció en los cielos su trono, y su reino domina sobre todos. Bendecid a Jehová, vosotros sus ángeles, poderosos en fortaleza, que ejecutáis su palabra, obedeciendo a la voz de su precepto" (Salmo 103:19-20). El profeta Isaías declara: "El cielo es mi trono, y la tierra estrado de mis pies" (66:1). El cielo es un lugar tan glorioso, y será un gozo adorar a Dios allá por toda la eternidad.

Una vez oí una canción sobre el cielo que proclamaba: "El cielo es mejor que aquí / Gloria a Dios / Qué gozo y gloria / Andar por calles de oro puro / Entrarás en una tierra donde nunca envejecerás" (autor desconocido). Ahora sé la verdad que contiene esta canción. El cielo es mucho mejor que esta tierra. En verdad, no hay comparación entre la tierra y el cielo.

Entramos en el castillo e inmediatamente noté la alfombra de vivos colores en el vestíbulo. Los elegantes muebles habían sido seleccionados para combinar con el color y estilo de la alfombra. Las paredes eran brillantes y radiantes, tan resplandecientes que casi me dejan ciega. Al final del pasillo, hacia delante, vi una puerta corrediza. Me pregunté qué descubriría al otro lado.

El lago especial

Pronto descubrí que la puerta corrediza de cristal no conducía a otro cuarto, sino que daba al jardín del castillo. En el centro de este glorioso lugar, había un pequeño lago. El jardín interior estaba enteramente rodeado por una muralla de piedras. Flores de todo tipo y descripción formaban un mar de belleza por dondequiera que mirara.

Vi que una variedad de árboles frutales crecían cerca de la muralla de piedras. Estos árboles estaban llenos de frutos grandes, que parecían tener un aspecto de exquisitez como jamás había visto. Estaban rodeados por una abundancia de flores preciosas. Esparcidas por este asombroso jardín, había unas rocas grandes grisáceas, que parecían como si hubieran sido estratégicamente puestas para sentarse y descansar.

El lago realmente me intrigaba, y sólo de verlo, empecé a cantar en el Espíritu y danzar de felicidad. De verdad que no puedo explicar por qué reaccionaba a este panorama con tanto entusiasmo, pero algo sobrenatural estaba impulsándome a expresar mi gratitud, mi felicidad y mi paz de esta manera tan demostrativa. El Señor se sentó en una roca y me observó mientras danzaba.

Recordé un versículo del Antiguo Testamento: "Y David danzaba con toda su fuerza delante de Jehová" (2 Samuel 6:14). El lago me recordó un versículo en Apocalipsis: "Y el Espíritu y la Esposa dicen: Ven. Y el que oye, diga: Ven. Y el que tiene sed, venga; y el que quiera, tome del agua de la vida gratuitamente" (Apocalipsis 22:17). Sí, hay numerosos cuerpos de agua en el cielo, y el agua de este lago era clara y tranquila. Brillaba como cristal.

El Señor me dijo: *"Éste es un lago especial"*.

Yo sabía que lo era, pero no podía entender el porqué. El Señor no me dio explicación alguna en ese momento, pero supuse que el lago contenía muchos secretos espirituales que al final aprendería uno por uno. Me preguntaba: *¿Es aquí donde mis pecados y los pecados de todos los demás creyentes han sido sepultados? ¿Es el lago un símbolo del agua de la Palabra de Dios?*

Ciertamente, el agua representa la purificación del pecado que nuestro Señor nos proporcionó. Su Palabra nos dice que "si confesamos nuestros pecados, él es fiel y justo para perdonar nuestros pecados, y limpiarnos de toda maldad" (1 Juan 1:9). Las palabras de Jesús que Juan escribió vinieron a mi mente: "De cierto, de cierto te digo, que el que no naciere de agua y del Espíritu, no puede entrar en el reino de Dios" (3:5).

JESÚS ESTÁ LISTO Y... ESPERANDO

Después de unos momentos de puro placer, danzando y cantando cerca del lago, el Señor me llevó de regreso al palacio blanco donde me había cambiado el vestido que tenía ahora puesto. Entonces, caminamos de vuelta a la montaña cubierta de árboles y follaje verde.

"Regresaremos a la tierra", dijo el Señor.

Me tomó de la mano nuevamente, y empezamos a volar por el firmamento celeste hasta la tierra. Llegamos al lugar donde habíamos comenzado este viaje en particular, la bella y pacífica playa donde habíamos caminado antes.

Jesús dijo: *"Hija mía, ahora sabes cuán especial eres para mí. Quiero que recuerdes que me tomó un largo tiempo el prepararte y traerte a mi reino, y enseñarte estas cosas para que pudieras contárselas al mundo".*

Yo asentía con la cabeza lo que Él estaba diciéndome.

El Señor continuó: *"Quiero que recuerdes todo lo que te digo y enseño. Asegúrate de que lo escribas todo. Yo me aseguraré de que todo el mundo entienda todo lo que te digo y enseño".*

Esta parte de su mensaje levantó la pesada carga de responsabilidad que había sentido sobre mí, desde que me dijo por primera vez que yo había sido escogida para hacer su obra. Ahora sabía que Él simplemente hablaría a través de mí y así alcanzaría a otros. Yo sólo tenía que estar dispuesta a ser usada por Él. No habría nada difícil en esto, después de todo lo que había experimentado y había visto.

Jesús continuó: *"Muchas personas piensan que yo nunca vendré por ellos, pero te digo, voy a venir más pronto de lo que ellos piensan".*

Cuando dijo esto, el tono de su voz cambió. Parecía que estaba casi enojado o por lo menos yo sentía que había una gran urgencia en sus palabras. Era un aviso. Era un mensaje que yo tenía que compartir, y compartirlo ahora. Los últimos tiempos están verdaderamente cerca. Jesús viene pronto.

Creo que el Señor está listo para buscar a su pueblo, pero su pueblo no está listo para irse con Él. Parecía muy urgente. Por eso tengo que anunciar este mensaje. No tengo otra alternativa, sino simplemente obedecer al Señor. La gente necesita ser advertida de que la venida del Señor está cerca. La gente necesita prepararse para su Segunda Venida, arrepintiéndose de sus pecados y recibiendo a Jesús en sus vidas.

La Biblia es muy clara en cuanto a esto:

> "Mas a todos los que le recibieron, a los que creen en su nombre, les dio potestad de ser hechos hijos de Dios; los cuales no son engendrados de sangre, ni de voluntad de carne, ni de voluntad de varón, sino de Dios. Y aquel Verbo fue hecho carne, y habitó entre nosotros (y vimos su gloria, gloria como del unigénito del Padre), lleno de gracia y de verdad."
>
> —JUAN 1:12-14

Jesús, la Palabra Viva de Dios, estaba diciéndome que vaya rápido a contar a otros que Él viene pronto. Eso es lo que Él quería decir cuando dijo: *"Tenemos mucho trabajo que hacer"*.

PODER EN LA SANGRE

El último día del mes febrero de 1996 fue aún más emocionante de lo que fue el comienzo. Desde las 4:00 hasta las 5:30 de la madrugada del 28 de febrero, el Señor estuvo conmigo. Vino y me dijo: *"Choo Nam, soy tu Señor"*.

Me alcanzó y me tomó de la mano, y milagrosamente fuimos transportados a la playa bonita. Él sostenía mi mano mientras caminábamos a lo largo de la orilla del mar, y esta vez el Señor parecía deseoso de hablar conmigo. Era como si Él tuviera un deseo ardiente de compartir muchas cosas conmigo.

Nos sentamos en la arena cerca del mar. Mientras las olas iban y venían delante de nosotros, algo asombroso sucedió. El agua de la orilla se convirtió en sangre. Una ola roja oscura y espumosa se levantó delante de nosotros. Parecía como si la sangre fuera sucia, y pregunté: "¿Por qué está la sangre tan sucia?"

"Es mi sangre, Choo Nam", respondió. *"La que ha lavado y quitado todos los pecados de mis hijos."*

Comencé a llorar cuando oí esta declaración. Él había derramado su sangre por mí, para limpiarme de todos mis pecados. Él que no conocía pecado se hizo pecado por mí, para que yo pudiera ser vestida de la justicia de Dios. La sangre del perfecto Cordero de Dios me había lavado y limpiado, y me había puesto en libertad. Es su sangre la que me permite vencer al enemigo en mi vida. Las lágrimas que derramé brotaron desde lo profundo de mi alma, cuando reconocí, con gratitud, todo lo que Jesús había hecho por mí.

"No llores, hija mía", me dijo.

Tomó mi mano, y volamos una vez más. Conforme ascendía con el Señor, sabía que me revelaría más verdades. Tenía gran expectación.

"Vamos al cielo", Él proclamó.

No había sensación física en mi cuerpo transformado mientras nos elevábamos desde la playa. La sensación de volar, en mi cuerpo transformado, no me hacía sentir mareada, porque mi cuerpo transformado no reacciona como mi cuerpo terrenal reaccionaría en circunstancias similares.

El hilo escarlata

Cuando llegamos al reino del cielo, caminamos a lo largo del conocido camino, pasamos por el portal y entramos en el palacio blanco. Nos cambiamos de vestimenta y nos pusimos las hermosas vestiduras del reino. Entonces fuimos al pequeño lago otra vez.

El lago es un lugar muy especial y extraordinario. Una vez más, canté canciones del Espíritu y dancé delante del Señor. Él simplemente se sentó sobre una roca y disfrutó observarme. Parecía que le gustaba verme danzar, cantar y alabar a Dios.

"¿Te gusta este lugar, hija mía?"

"Sí, mi Señor", dije sonriendo.

"Te traeré aquí cada vez que vengas al cielo."

Ese anuncio me emocionó por dos razones: porque quería seguir viniendo, y porque amaba este particular y extraordinario lugar cerca del pequeño lago. Era un oasis lejos de las preocupaciones del mundo, un lugar de refrigerio, descubrimientos y gozo. Amaba ese lugar.

Poco después, salimos del pequeño lago y caminamos hacia el edificio blanco donde nos habíamos cambiado los vestidos por la vestimenta regular, y volamos hasta la playa en la tierra. Me pregunté por qué no me habría enseñado algo nuevo esta vez en el cielo. Caminamos por el río donde está el túnel, y vi que el río se convirtió en sangre. Jesús señaló: *"Esa es mi sangre, la sangre que derramé por mis hijos".*

Sus palabras me hicieron llorar. Incliné mi cabeza y empecé a sollozar.

El Señor acarició mi cabeza y me dijo: *"No llores, hija mía".*

Era la implorante tristeza en su voz que me hizo continuar llorando. Él quería que sus hijos supieran que Él había derramado su sangre por ellos voluntariamente, pero muchas personas no han reconocido esta poderosa provisión para sus vidas. Otra vez, la verdad de las Escrituras hizo eco en mi mente: "A lo suyo vino, y los suyos no le recibieron" (Juan 1:11). Me di cuenta de que este hecho causaba dolor y pesar en el corazón de mi Señor, y yo me sentía muy honrada y agradecida de que Él me hubiera elegido para compartir estos sentimientos conmigo.

"Hice todo por mis hijos", dijo. *"Aún así, algunos de ellos no creen, y aún los que creen, no viven conforme a mi Palabra."*

El dolor en la voz de mi Señor era muy real. Me acordé de cómo lloró una vez por la ciudad de Jerusalén, porque la gente de allí lo había abandonado. También recordé cuando se entristeció por el hecho de que sus discípulos no lo habían comprendido. Él realmente se molestó por el hecho de que algunos de ellos se quedaron dormidos en vez de orar esa noche en la que fue traicionado.

Cuánto le habrá dolido cuando Pedro negó conocerlo, y debe haber sufrido profundamente cuando Judas Iscariote lo traicionó. Aún hoy cuando sus hijos le dan la espalda a diario, se olvidan de Él e ignoran el poder de la sangre que derramó el Señor por ellos. Yo sentía el profundo dolor que mi Maestro estaba sintiendo.

Ahora sabía más que nunca por qué mi llamado tenía que ser cumplido. Toda la gente –los conversos e inconversos– tiene que saber del poder de la sangre de Jesús. Tiene que entender todo lo que Él hizo por todos en el Calvario.

El pueblo de Dios, así como la gente del mundo, tiene que saber que Jesús ha hecho un camino, para que todos venzan al mundo, la oscuridad, la maldad y todas las obras del enemigo. La sangre de Jesús, un hilo escarlata que entrelaza y une la Biblia entera, ha abierto un camino para todos.

Las personas tienen que saber que la verdad que Jesús expresó en Apocalipsis nos afecta aún ahora:

"Por cuanto has guardado la palabra de mi paciencia, yo también te guardaré de la hora de la prueba que ha de venir sobre el mundo entero, para probar a los que moran sobre la tierra. He aquí, yo vengo pronto; retén lo que tienes, para que ninguno tome tu corona. Al que venciere, yo lo haré columna en el templo de mi Dios, y nunca más saldrá de allí; y escribiré sobre él el nombre de mi Dios, y el nombre de la ciudad de mi Dios, la nueva Jerusalén, la cual desciende del cielo, de mi Dios, y mi nombre nuevo. El que tiene oído, oiga lo que el Espíritu dice a las iglesias."

—APOCALIPSIS 3:10–13

¡Maranata!

Capítulo 5

MI REINO ESTÁ LISTO

A causa de la esperanza que está guardada en los cielos, de la cual ya habéis oído por la palabra verdadera del evangelio.

COLOSENSES 1:5

"*Los únicos que pueden venir aquí son aquellos cuyos corazones son tan puros como el agua*", fue lo que Jesús me aseguró a nuestra llegada al cielo durante las tempranas horas del 29 de febrero. "*Choo Nam, hija mía, la obra para la cual te he llamado es muy importante para mí, y necesita ser cumplida pronto.*"

Estaba de pie ante su gloriosa presencia, asombrada. Llegó a mi cuarto a las 4:15 A.M. Fuimos al túnel que había visto antes. Esta vez el túnel estaba más luminoso y radiante, y las paredes del túnel brillaban con un magnífico surtido de colores. Era como una mina llena de diamantes, esmeraldas, zafiros y rubíes. Era impresionante.

Después de esto fuimos a la playa, donde noté que el agua estaba sucia, con el color de la sangre como la otra vez. El borde de la arena, donde el mar llegaba, se había ensuciado con el mismo color.

"Es mi sangre," dijo el Señor nuevamente.

El Maestro es muy paciente. Él frecuentemente repite las partes más importantes de sus mensajes para que yo entienda bien, y para eso me está preparando. Cada vez que Él me enseña la sangre que derramó por sus hijos, incluyéndome, comienzo a llorar.

Al ver mis lágrimas, Jesús me consuela diciendo: "*Mi reino está listo para mis hijos. Quienquiera que esté listo y quiera venir le será permitido estar aquí*".

53

No me lo merezco

Caminamos y pasamos por una puerta hermosa que parecía tener incrustaciones de marfil y perlas alisadas. Entonces, entramos en el palacio blanco, donde un ángel me acompañó al cuarto de baño y me puso un vestido precioso que había preparado para mí.

Luego, Jesús me llevó a un río. Una muralla de piedras grisáceas corría a lo largo de la corriente de agua y árboles majestuosos, de hojas perennes, formaban el panorama de fondo. Noté cuán clara y tranquila estaba el agua. El agua brillaba como el cristal más fino que yo jamás hubiera visto.

El Señor reiteró la invitación que les extiende a todos aquellos que quieren seguirle y tener un hogar eterno en el cielo con Él: *"Los únicos que pueden venir aquí son aquellos cuyos corazones han sido purificados como el agua"*.

Entonces, noté otros bellos edificios blancos cerca del río bonito, justo detrás de los árboles altos. Jesús me llevó a una de esas moradas. Era una mansión con un jardín suntuosamente arreglado, con muchas flores de colores y árboles frondosos. Las flores más maravillosas que jamás vistas adornaban la entrada de la puerta. Todas las puertas eran igual de maravillosas, decoradas con extraordinarios paneles de vidrio de colores.

Dentro de la mansión, todas las cosas brillaban y eran muy coloridas. La gran sala estaba llena de gente con vestidos preciosos, y cada persona llevaba puesta una corona con una variedad de joyas de todo tipo. Me sentí como la Cenicienta en el gran baile.

Muchos hombres estaban presentes en la sala, pero había muy pocas mujeres. El Señor no me decía quienes eran estos individuos ni por qué estaban allí, pero sí me dijo: *"Tú serás como ellos"*.

Respondí a esta profecía con lágrimas. Cada vez que el Señor me daba nuevas revelaciones yo empezaba a llorar, porque me sentía inmerecedora de su bondad y gracia. Tanto que dije: "¡No me lo merezco!" El tono de la voz del Señor mostró enojo y me reprendió: *"No vuelvas a decir esto otra vez, hija"*.

La fuente de la felicidad

Después de cambiar nuestros vestidos por los celestiales y ponernos las coronas, el Señor y yo caminamos juntos por el pequeño lago tranquilo que había visto anteriormente. Esta era mi tercera visita a este lugar especial de comunión con Él.

Tomé el brazo del Maestro y le dije: "No quiero dejar este lugar. Quiero quedarme aquí contigo para siempre".

"Todavía no, hija mía. Antes tienes mucho trabajo por hacer para mí. Tengo que enseñarte mucho del cielo, y te traeré aquí muchas veces más. Quiero que estés feliz, preciada hija mía."

Regresamos al palacio y nos pusimos la vestimenta regular. Entonces volvimos a la playa en la tierra y nos sentamos en la orilla del mar. El Señor tomó mi mano y me dijo: *"Estoy dándote poder para sanar y otros dones espirituales. Dondequiera que estés, estaré allí para guiarte. Me servirás por todo el mundo".*

Un mensaje así debería haberme llenado de entusiasmo, pero en realidad me sentí abrumada. "Señor, no sé nada."

"No tienes que saber nada. Yo haré todo por ti. Además, tu esposo estará contigo. Él servirá contigo."

Lo que me dijo me dio alivio en cierta medida. Me calmó el saber que Roger sería parte del ministerio para el cual Dios estaba preparándome. Con frecuencia, me apoyaba en mi esposo para que me diera fuerza y ánimo, y me confortó saber que él sería mi compañero en el ministerio. Sin embargo, sentí al mismo tiempo que el Señor estaba llamándome para apoyarme totalmente en Él, no en Roger, ni en mí misma ni en nadie, sino en Él.

Un pasaje pasaba por mi mente: "Fíate de Jehová de todo tu corazón, y no te apoyes en tu propia prudencia. Reconócelo en todos tus caminos, y él enderezará tus veredas" (Proverbios 3:5–6). Me decidí a tomar esa promesa para mí desde ese momento en adelante. Sabía que el Señor dirigiría mis caminos y cada paso que yo diera. También sabía la verdad de su Palabra: "Lámpara es a mis pies tu palabra, y lumbrera a mi camino" (Salmo 119:105). Me prometí a mí misma, desde ese momento en adelante, a andar a la luz de la Palabra de Dios.

Confiaba que Jesús estaría siempre conmigo. Por lo tanto, no tendría que temerle a nada ni nadie. Él me habló, me tomó de la mano y me confortó. Me había hecho promesas personales. ¿Cómo podría yo jamás dudar de su presencia, realidad y verdad?

Yo nunca sería la misma. Jesús, mi Señor y Salvador, me había llevado al cielo para prepararme para un ministerio en el cual compartiría la verdad de la eternidad con otras personas. Él me había llamado, elegido y escogido para esta obra importante.

Mientras reflexionaba sobre estas cosas maravillosas, me di cuenta de que era verdaderamente feliz por primera vez en la vida. Había encontrado mi propósito y satisfacción en Él, y mi amor era todo para Él.

Aunque mi confianza y fe estaban creciendo, yo seguía respondiendo con mansedumbre a las palabras del Señor.

"Señor, soy muy tímida, y no sé realmente cómo orar por otras personas en público."

"Yo me ocuparé de todo", Él me contestó. *"Estaré siempre contigo. Quiero que le cuentes a todo el mundo lo que yo te enseño y digo. El mundo entero sabrá estas cosas muy pronto."*

"Tú vas a escribir un libro"

Aunque yo vacilaba de vez en cuando, Jesús era siempre fiel. Paciente y amorosamente, Él me recordó el poder de su presencia, la cual había experimentado directamente.

"Choo Nam, hija mía, quiero que seas paciente", continuó diciéndome, *"porque va a tomar un poco de tiempo el enseñarte y revelarte todo lo que tengo para ti. Hay mucho que hacer, porque vas a escribir un libro para mí."*

Esta noticia me tomó verdaderamente por sorpresa. No dije las palabras en voz alta, pero pensé, *¿cómo puedo escribir un libro cuando no sé nada?*

A estas alturas, ya sabía que era mejor no contradecir al Señor. Había aprendido que si Él me decía algo, entonces me capacitaría para poder cumplirlo. Yo nunca pedí los dones que tan generosa y amablemente estaba derramando sobre mí, pero sí me acordé de orar por los dones de sanidad y ministerio que me permitiría guiar a otros a Él. ¡Ahora Él estaba contestando estas oraciones de una manera que sobrepasaba mis expectativas! Este es el Dios al que servimos.

Jeremías escribió: "Clama a mí, y yo te responderé, y te enseñaré cosas grandes y ocultas que tú no conoces" (Jeremías 33:3). Esta era una promesa de oración que confirmaba ser verdadera y firme en mi vida. Una y otra vez, el Señor me honraba con abundantes bendiciones espirituales que yo no merecía.

"No quiero que olvides nada de lo que te enseño y digo", me instruyó.

"Nada más ni nada menos. Todo tiene que ser exactamente como yo te lo revelo."

UN PUENTE DE ORO

Mientras la gloriosa primavera se acercaba, me di cuenta de que nada en esta tierra podía verdaderamente compararse con la gloriosa belleza del cielo. Temprano en la mañana del primero de marzo, el Señor me visitó una vez más, de la manera usual, y me dijo: *"Hija preciada, tenemos trabajo que hacer"*. Me recordó varias cosas de las cuales ya me había hablado: *"Te escogí, hija, por tu obediencia a mí. Me gusta tu fuerza de voluntad y tu fe"*.

Desde que me convertí al Señor, ni una vez he dudado de mi Señor. En realidad, mi temor reverente hacia Él, mezclado con mi gran amor por Él, me han guiado a concluir que nunca debo causarle disgustos. Estas convicciones me mantienen obediente en mi caminar con Dios.

El Señor me dijo: *"Tengo que enseñarte más de mi reino"*. Me tomó de la mano y volvimos a la orilla del mar. Entonces, mi cuerpo empezó a ascender a los cielos. Me di cuenta esta vez que el viaje hacia arriba era más como flotar que volar. Fui elevada de la tierra con mucho cuidado.

Con frecuencia me preguntaba por qué partíamos desde la playa, en vez de hacerlo desde algún otro lugar, y llegué a la conclusión de que debía ser porque la playa estaba generalmente desierta muy temprano en la mañana. Me dio risa cuando pensé lo qué pasaría si alguien nos veía ascender a los cielos. Probablemente pensaría que sería un secuestro extraterrestre o una alucinación. Posiblemente no lo mencionaría a nadie por miedo a que me tildaran de loca.

Entonces, me vino a la mente que algunas personas podrían pensar lo mismo sobre mí cuando empezara a contar mi relato. Este pensamiento desapareció por medio de un maravilloso sentimiento de paz que vino sobre mí, cuando me di cuenta de que estos pensamientos no importan, porque sé que Jesús me ha aceptado totalmente. Por lo tanto, ¿por qué debería yo preocuparme por lo que otros piensen?

UN TRONO DORADO

Jesús me tomó de la mano mientras nos elevábamos de este planeta. Llegamos al mismo lugar de siempre, y me llevó a un huerto de árboles frutales. Era muy extenso, y cada fila de árboles frutales formaban líneas perfectas. Cada árbol estaba lleno de frutas maduras y apetitosas. Todos produjeron diferentes tipos de frutas. El huerto era tan inmenso, que parecía interminable.

El Señor escogió una fruta de forma ovalada de color morado, y me la dio. Hizo lo mismo con una fruta redonda de color rojo oscuro. Yo las comí, pero no podía distinguir el sabor muy bien.

Asimismo, escogí una fruta pequeña, redonda y rosada para que el Señor la comiera. Aunque no podía ver su cara claramente, sentí que sonreía, y sabía que estaba muy contento por lo que yo había hecho.

Después, fuimos al conocido palacio blanco donde nos pusimos las vestimentas celestiales. El Señor tomó su lugar en el trono de oro. Una vez más, la sala estaba llena de gente que llevaba hermosas túnicas y coronas como la mía.

El ambiente en la sala estaba lleno de paz y adoración. La gente se humillaba delante del Señor. Intenté unirme a ellos, pero me sentía tan asombrada y maravillada que no podía enfocarme en la adoración tan rápido como me hubiera gustado.

Antes de que pudiera apreciar todo lo ocurrido, el Señor ya se había puesto su túnica normal. Él me tomó de la mano y me guió hacia afuera. Las experiencias que he tenido en el reino de Dios ocurren tan rápido, que parece como si estuviera viviéndolas en una cinta de vídeo cuando se oprime el botón para avanzar las escenas.

El Señor me llevó a cruzar un puente de oro que formaba un arco sobre un río de corriente veloz. Las orillas del río eran muy fértiles, y los árboles y las flores crecían en ambos lados del río. Los árboles y las flores en el cielo son muy diferentes, en muchas maneras, a los que conocemos en la tierra. Hay mucha variedad, y son más grandes, más saludables, más coloridos y más hermosos que cualquier planta que jamás haya visto. Sentí como si estuviera en un país de hadas, tal como aparecían en las ilustraciones de los libros que les leía a mis hijos, con la excepción de que esto no era una fantasía.

"Me quedaré con sus bebés"

Después de andar sobre el puente de oro, el Señor me guió a un lugar donde guardaron muchos niños y bebés, muchos de ellos parecían ser recién nacidos. Era un cuarto muy grande, como un almacén, y no era bonito ni lujoso. Estaba lleno de bebés desnudos y acostados uno cerca del otro.

"¿Por qué hay tantos bebés aquí?", pregunté.

"Estos son los bebés de las madres que no los querían. ¡Yo me quedaré con sus bebés!", el Señor contestó.

"¿Qué vas a hacer con ellos, Señor?"

"Si sus madres son salvas, ellas podrán tener a sus bebés de nuevo."

"¿Qué pasará si sus madres no se salvan? ¿Qué harás entonces?"

"Otras madres los tendrán cuando todos mis hijos vengan al reino."

Entonces entendí que estos bebés fueron abortados por sus madres, y empecé a llorar. Jesús exclamó: *"¡No me gusta el aborto!"* Su voz y comportamiento llegaron a ser severos, y me di cuenta enseguida de que éste era un mensaje que yo estaría compartiendo pronto con todos.

Al Señor no le gusta el aborto. Es uno de los peores pecados para Él. Fue Jesús quien dijo: *"Dejad a los niños venir a mí, y no se lo impidáis; porque de los tales es el reino de Dios"* (Marcos 10:14). Jesús ama a los niños, y yo pude ver su tierna compasión para con estos bebés.

Actualmente, casi uno de cada cuatro embarazos en los Estados Unidos termina en un aborto. ¡Cuánto aflige esto al Señor! Estados Unidos tiene las leyes de aborto más permisivas que cualquier democracia, y el número de abortos continúa aumentando. Nunca olvidaré lo que vi aquella mañana en el cielo, y nunca más podré quedarme callada sobre el horrendo pecado del aborto.

Desde ese momento, he estado orando por las mujeres de nuestra nación, pidiendo a Dios que Él abra sus ojos a la verdad sobre el aborto, para prevenir que ellas tomen malas decisiones. Ahora sé que la decisión de un aborto tiene consecuencias eternas, y yo oro para que el entumecimiento de la conciencia en los Estados Unidos, en cuanto a esta forma de asesinato, sea quitado.

Aún puedo oír la voz del Señor —enojada y temblorosa por el sentimiento— decir: *"¡No me gusta el aborto!"* "El cielo es mejor que esto / Alabado sea Dios / Qué gozo y gloria / Caminando en calles de oro puro / Entrarás en una tierra donde nunca envejecerás."

UN LUGAR PARA LOS FIELES

El Señor me llevó a un lugar estéril fuera de la puerta del reino y me enseñó que, en esta región, mucha gente llevaba túnicas del color de la arena. Todas las personas estaban paradas, cada una muy cerca de la otra, y noté que parecían estar desesperadas y solitarias, aunque estaban en medio de la multitud.

No tenía idea alguna de quiénes eran estas personas, pero sabía que el Señor contestaría mi pregunta acerca de ellas cuando Él considerara que estuviera lista. Me llevó hacia una pequeña cuesta que estaba salpicada con edificios blancos en ambos lados. Una cuerpo de agua separaba los dos lados, y había árboles que rodeaban el agua.

Delante de los edificios, vi a muchos adultos y niños quienes estaban llevando túnicas blancas, y algunos llevaban coronas. Estaban simplemente parados allí con expresiones de felicidad en sus rostros. Sentí que el Señor estaba enseñándome el contraste entre los que estaban felices y los que estaban tristes. Se suponía que los felices eran aquellas personas que habían entregado su corazón y vida al Señor Jesucristo.

La próxima parada en nuestro itinerario celestial fue la gran mansión blanca donde Jesús me había llevado antes. De nuevo, noté que dentro de la gran sala había muchos hombres, pero pocas mujeres. "¿Quiénes son estas personas?", pregunté.

"Son personas que se han sacrificado por mí."

Me pregunté cuántos de ellos serían los patriarcas de la Biblia, y me acordé de los héroes de la fe mencionados en Hebreos 11, aquellos grandes hombres y mujeres de fe como: Abel, Enoc, Noé, Abraham y Sara, y todo lo que ellos alcanzaron por la fe. Entonces recordé un versículo muy importante: "Pero sin fe es imposible agradar a Dios; porque es necesario que el que se acerca a Dios crea que le hay, y que es galardonador de los que le buscan" (Hebreos 11:6).

El sacrificio de Abel era mejor que el de Caín, porque fue presentado en fe y obediencia. La disposición de Abraham de sacrificar a Isaac —su propio hijo— para ofrecer al Señor, confirmó su fe y deseo de agradecerle al Señor. Y ahora yo sé que Dios honra tales sacrificios. En realidad, Él nos llama a entregarle todo.

Al enseñarme esta sala llena de gente ataviada con preciosos vestidos y coronas con joyas, Jesús estaba presentando la importancia del sacrificio. Me acordé de las palabras de Pablo:

"Así que, hermanos, os ruego por las misericordias de Dios, que presentéis vuestros cuerpos en sacrificio vivo, santo, agradable a

Dios, que es vuestro culto racional. No os conforméis a este siglo, sino transformaos por medio de la renovación de vuestro entendimiento, para que comprobéis cuál sea la buena voluntad de Dios, agradable y perfecta."

—ROMANOS 12:1-2

LLAMADA PARA DECIRLE AL MUNDO

Mi corazón saltaba dentro de mí, mientras le entregaba todo a mi Señor y Maestro. Aprendí que esto era el sacrificio que Él requería de mí.

Después de ver todas estas escenas, fuimos al palacio blanco y nos pusimos las hermosas túnicas y coronas. Entonces, el Señor me llevó al pequeño lago donde habíamos pasado tantos momentos maravillosos de comunión. Esta vez sólo nos sentamos y hablamos.

Al instante, me percaté de que los únicos lugares donde el Señor realmente compartió su corazón conmigo fueron en la playa terrenal y este pequeño lago celestial. En otras ocasiones, me enseñaba diferentes aspectos del reino celestial, y raras veces hablaba. Me encantaban los tiempos relajados cuando podía decirme cosas que eran importantes para mí.

Continuó recordándome: *"Estoy diciéndote todo esto y enseñándote estas cosas para que puedas decirlas al mundo"*. Entonces, me reiteró la importancia de todas estas experiencias al decir: *"Yo sé que muchos de mis hijos creen que volveré por ellos en mucho tiempo. Algunos incluso piensan que nunca volveré por ellos, pero quiero que tú les digas que mi reino está listo para quienes estén preparados y esperando por mí. Vendré muy pronto"*.

Nuevamente, se sentía la urgencia en su voz. Cada vez que estoy en el cielo, el único que me habla es el Señor. Sus palabras son muy vitales. Tampoco el ángel que me ayudaba a cambiar de vestimenta me hablaba, pero sí sonreía constantemente para tranquilizarme.

El Señor me enseñó el mar de sangre sucio una vez más, y entonces concluyó aquella visita al cielo con estas palabras: *"Yo nunca te dejaré. Estaré contigo para siempre. Guiaré todo lo que hagas. No tendrás que preocuparte de nada, porque yo estaré allí para hacerlo por ti. Estoy derramando mi poder sobre ti y en ti. Serás capaz de sanar a los enfermos y hacer las mismas cosas que yo hice cuando vivía en la tierra. La clave para estos dones es tu fe, hija mía"*.

Sus palabras, tan tiernas e inspiradoras, abrieron fuentes de lágrimas de lo profundo de mi alma. *"No llores, hija mía"*, continuó. *"Quiero que siempre recuerdes cuán preciada eres para mí. Hablaré contigo otra vez."*

Desde aquel día en adelante, sentí que estaba viviendo más en el cielo que en la tierra. Mis visitas al cielo produjeron cambios permanentes en mi vida. Incluso, no necesito dormir tanto como antes, porque siento energía sobrenatural que proviene del poder de lo alto. Verdaderamente, sé que el cielo es muy real, y eso lo cambia todo.

Capítulo 6

Un lugar llamado infierno

*Y en el Hades alzó sus ojos, estando en tormentos, y vio de
lejos a Abraham, y a Lázaro en su seno. Entonces él, dando
voces, dijo: Padre Abraham, ten misericordia de mí, y envía
a Lázaro para que moje la punta de su dedo en agua, y
refresque mi lengua; porque estoy atormentado en esta llama.*

Lucas 16:23–24

El 2 de marzo, el Señor me despertó a las tres de la mañana. Su
visita duró tres horas. Como siempre, empezamos nuestro viaje
en la playa. Esta vez el Señor y yo caminamos un rato. Me pregunté a
dónde me llevaría.

Noté que la colina con los árboles y arbustos estaba a nuestra derecha. Al pie de la colina, cerca de la arena, había muchas rocas grandes
y pequeñas. Nos sentamos en una roca grande, y vi que el agua clara,
de repente, se tornó en sangre. Siempre me conmovía al recordar el
sacrificio del Señor, así que miré hacia arriba, girando mi cabeza en
sentido opuesto al mar.

Justo en ese momento, noté que las montañas más cercanas estaban
encendidas con llamas muy rojas. Esta escena me sorprendió. La luz del
incendio pronto se cambió por una oscura y densa neblina que cubrió
la escena entera.

Había gente que salía de un sitio desconocido y corría hacia la
playa. Me di cuenta que algunas personas estaban desnudas, como si
hubieran tenido que abandonar sus camas tan rápido que no tuvieron
tiempo para vestirse. El pánico se veía en sus caras, y corrían tan rápido

como les era posible. Algunas tropezaban, y la multitud corría por encima de ellas. Parecía como si estuvieran huyendo de algún monstruo terrible.

Pronto la playa entera alrededor de nosotros estaba apiñada de gente espantada. El fuego del que ellos huían ahora rodeaba toda la zona. Lo más sorprendente era que las llamas empezaron a saltar desde el mar ensangrentado. Era como si el mundo estuviera llegando a su fin enfrente de mí.

Explosiones de llamas saltaron del mar como si fueran pequeños volcanes y empezaron a extenderse hacia la orilla. Era espantoso. Comencé a llorar mientras escuchaba los gritos de la muchedumbre que me rodeaba.

Anterior a eso, solamente nos habíamos sentado tranquilamente en la arena de esa playa. Ahora, la escena que se presentaba delante de mí era horrorosa y terrible. Sabía que el Señor tenía un propósito para enseñarme estas cosas. De repente, la escena volvió a cambiar a lo normal.

"¿Por qué estás enseñándome esto, Señor?", pregunté.

"Todas las cosas que ves van a suceder muy pronto. Hay tanta gente que no cree en mi Palabra, que te he escogido a ti para ayudarles a ver la verdad. Lo que te enseño, quiero que lo cuentes al mundo."

Había enojo en el tono de la voz del Señor.

Abandonamos la roca donde estábamos sentados y nos fuimos caminando por la arena. Jesús habló una vez más.

"Tengo que enseñarte más del reino", dijo.

Pasamos por los mismos lugares anteriores para llegar a donde íbamos. Tuve el privilegio, una vez más, de estar delante del trono del Señor con tantas otras personas que se postraban ante su presencia. Entré en la adoración con todos los que estaban experimentando este maravilloso tiempo de paz, adoración, gozo y bendición.

Mis visitas al trono del Señor abrieron mis ojos a la gran importancia de la adoración en nuestra vida. Para esto fuimos creados, para adorar a Dios y disfrutar de Él para siempre. Así es como vamos a pasar toda la eternidad.

La escena delante de mí era exactamente como fue descrita en Apocalipsis, donde Juan escribe: "Y al instante yo estaba en el Espíritu; y he aquí, un trono establecido en el cielo, y en el trono, uno sentado.

Y el aspecto del que estaba sentado era semejante a piedra de jaspe y de cornalina; y había alrededor del trono un arco iris, semejante en aspecto a la esmeralda" (Apocalipsis 4:2–3). Cuán emocionante era para mí el disfrutar la misma experiencia que el apóstol Juan había contado en el último libro de la Biblia. El Señor le habló a él de la misma manera que a mí, "Sube acá, y yo te mostraré las cosas que sucederán después de estas" (Apocalipsis 4:1).

Yo sabía, por lo que el Señor me había dicho, que la gente no estaba haciendo caso a las palabras del Apocalipsis, y ahora quería que yo reiterara el mensaje para que la mayor gente posible llegara a creer en Él verdaderamente.

FLORES, MANSIONES Y CASTILLOS

Jesús me tomó de la mano y me guió fuera de la sala del trono a un gran y maravilloso jardín de flores. En contraste al horror que había visto en la playa, la paz de este inmenso jardín me llenó de amor. Empecé a cantar con gozo, y automáticamente me eché a reír. El Señor tomó una flor, algo similar a una rosa, y me la dio. La llevé conmigo todo el tiempo que duró esta visita al reino del cielo.

El jardín era tan vasto que no podía ver dónde terminaba. Era un verdadero paraíso de belleza, amor, gozo y paz. El aroma era más dulce que cualquiera que haya conocido. Esto era el cielo, y era más maravilloso de lo que jamás me hubiera imaginado.

Salimos del jardín y anduvimos por un estrecho camino serpenteado que conducía a una montaña con vista a un valle verde y esplendoroso. Podía ver animales de todo tipo que saltaban y jugaban entre los árboles. Observé particularmente a un ciervo espectacular que parecía muy fuerte y sano.

Me fijé que estos animales, normalmente considerados salvajes, estaban jugando el uno con los otros. Era como una escena de la película *Bambi* de Walt Disney.

Cuando miré hacia otra dirección, vi un río precioso. A lo largo del río, había una muralla de piedras, y unas casas magníficas estaban situadas al lado izquierdo del río. Muchas de esas casas parecían castillos donde solamente los muy ricos vivirían.

El Señor dijo: "*Estas son las casas para mis hijos especiales*".

Tenía mucha curiosidad sobre este lugar, pero el Señor no me llevó más cerca. Él sólo me lo mostró desde la cima de la colina a lo lejos.

Contemplando esta vista, recordé la verdad de su Palabra: "En la casa de mi Padre muchas moradas hay; si así no fuera, yo os lo hubiera dicho; voy, pues, a preparar lugar para vosotros. Y si me fuere y os preparare lugar, vendré otra vez, y os tomaré a mí mismo, para que donde yo estoy, vosotros también estéis. Y sabéis a dónde voy, y sabéis el camino" (Juan 14:2–4).

Hubo un tiempo cuando me pregunté si esto era solamente lenguaje figurado o cosas celestiales simbólicas. Ahora sé que estas mansiones y palacios son reales, y el Señor los ha preparado para nosotros. Aún más importante, Él quiere que estemos allá con Él para siempre.

El abismo del infierno

El Señor me guió a un área en las afueras del reino. Continuamos ascendiendo por la montaña, y mientras subíamos cada vez más alto, más difícil se tornaba el camino. Anduvimos ese estrecho camino por mucho tiempo y, finalmente, nos condujo a un túnel oscuro. Cuando salimos al otro lado del túnel, vi que subimos más alto aún. Me parecía muy extraño que el cielo tuviera un túnel tan oscuro y un camino tan accidentado y serpenteado.

Cuando llegamos a la cima, pude ver vapor y humo oscuro salir de un abismo profundo. Era como el cráter de un volcán, y se podían ver las llamas adentro que abrasaban a una multitud que gritaba y lloraba con tanta agonía, que sólo los que han sufrido quemaduras severas conocen.

La gente estaba desnuda, sin pelo, parada muy cerca la una de la otra, y se movía como gusanos. Las llamas abrasaban sus cuerpos. No había escape alguno para quienes estaban cautivos en el abismo. Las paredes eran demasiado altas como para que pudieran subir, y las cenizas de fuego ardiente cubrían todos los bordes.

Aunque el Señor no me lo dijo, yo sabía que estaba al borde del infierno. Era aún más horrible que la descripción dada por la Biblia: "Y el mar entregó los muertos que había en él; y la muerte y el Hades entregaron los muertos que había en ellos; y fueron juzgados cada uno según sus obras. Y la muerte y el Hades fueron lanzados al lago de fuego. Esta es la muerte segunda. Y el que no se halló inscrito en el libro de la vida fue lanzado al lago de fuego" (Apocalipsis 20:13–15). A través de los Evangelios y del libro de Apocalipsis, Jesús se ocupó de hablarnos sobre los horrores del infierno.

Las llamas saltaban por todas direcciones. La gente se movía tratando de evitar las llamas, y tan pronto pensaba que estaba segura, otro fuego estallaba. No había descanso para esas lamentables víctimas del pecado; estaban condenadas a pasar toda la eternidad ahí quemándose, mientras intentaban escaparse de las llamas del infierno.

"¿Quién es esta gente?", pregunté.

"Hija, esta gente no me conoció."

Él hizo este comentario con voz apesadumbrada. Podía sentir que el Señor no era feliz por lo que veíamos ante nosotros; le molestaba profundamente. Yo sabía que Él no tenía control sobre los destinos de las personas que voluntariamente elegían rechazarlo. Estos eran los que estaban retorciéndose en la agonía y el sufrimiento en el abismo.

Yo sabía dos cosas de vital importancia que tenía que compartir con los demás. Por un lado, que el cielo es real; y por otro lado, el infierno es igual de real. Conozco muchas personas que no creen en ninguno de estos lugares, y sabía que llegaría a ser mi misión enseñarles la realidad de la vida más allá de ésta.

Sabía que mis padres nunca le habían entregado su corazón a Jesús, por lo que empecé a pensar en ellos.

"¿Señor, qué pasó con mis padres?", pregunté. "Sé que no eran salvos, pero eran buenas personas."

"Lo siento, hija. Nada puedo hacer por los que no me conocieron." La voz de mi Señor Jesús sonó muy triste cuando dijo esto.

La importancia de sus palabras me intranquilizaba cuando me di cuenta que mi madre y mi padre tenían que estar entre los perdidos que vi en el abismo del infierno. Lloré durante todo el tiempo que me mostró estas escenas.

El Señor me tocó la cabeza, me tomó la mano y me llevó por un túnel oscuro. Salimos por otro camino difícil que corría muy lejos del borde del abismo. Este camino en la montaña pasaba por árboles altos y rocas grandes. Cuando llegamos a la cumbre, miré hacia un valle seco y sin vida. Estaba seco por todas partes. La zona entera parecía estar llena de hierba muerta.

Vi multitudes que llevaban túnicas amarillentas como la arena y vagaban sin un rumbo fijo, cerca de la boca abierta del abismo. Estaban cabizbajos, y parecían muy abatidos y sin esperanza.

"¿Quién es esta gente, Señor?", pregunté.

"Estos son cristianos desobedientes."

";Cuánto tiempo tendrán que quedarse en ese lugar estéril y sin vida?"

"Para siempre, hija mía. Los únicos que entrarán en mi reino son los de corazón puro, mis hijos obedientes."

Él seguía explicando: *"Muchos que se llaman a sí mismos cristianos no viven por mi Palabra, y algunos de ellos piensan que ir a la iglesia una vez a la semana es suficiente. Ellos nunca leen mi Palabra, y persiguen cosas del mundo. Algunos de ellos, conociendo mi Palabra nunca tienen sus corazones dispuestos a mí".*

El plan y propósito entero de Dios comenzó a aclararse dentro de mi mente. Me acordé de cómo Jesús había advertido que es difícil entrar en su Reino, y ahora tenía una idea de lo que eso significaba.

"Hija mía, mi Palabra dice que es difícil entrar en el reino de los cielos, pero muy poca gente realmente cree esto y entiende su importancia. Te estoy revelando esto para que puedas advertirle a la gente", explicó.

Como si estuviera reiterando la importancia de su mensaje, el Señor me llevó a los castillos preciosos que había visto antes. Mientras nos acercábamos a estas mansiones, pude ver que las calles estaban pavimentadas de oro brillante, y cada castillo estaba generosamente decorado con las más magníficas joyas. Es verdad –¡las calles del cielo están pavimentadas de oro sólido!

Yo deseaba entrar en uno de esos castillos, pero el Señor me detuvo diciéndome: *"Te llevaré más adelante".* Estaba desilusionada, pero a la vez me sentía muy privilegiada por haber visto esta ciudad donde los santos de todos los siglos habitarían juntos.

TODO EL QUE QUIERA

El Señor y yo regresamos al vestuario donde nos pusimos las hermosas túnicas y coronas. Entonces, fuimos al pequeño lago y nos sentamos en una roca. Realmente no podía apreciar la serenidad de la escena que tenía ante mí, porque mi mente estaba preocupada con los horrorosos recuerdos del infierno.

No podía dejar de pensar en mis padres; me dolía profundamente saber que mi madre y mi padre estaban ambos en el infierno. Me embargaba la tristeza. Ciertamente sabía que mis padres nunca conocieron a Jesús, porque nadie les había predicado.

Jesús supo lo que pensaba y dijo: *"No estás feliz".*

"Sí, Señor", respondí, reconociendo que Él conocía la razón de mi desánimo.

Pasó un tiempo de tierno silencio. Entonces dije: "Señor, nunca quiero dejarte". Su presencia era la única seguridad que jamás había conocido.

"Hija, tienes mucho trabajo que hacer. Quiero que escribas un libro. Es un libro importante para los últimos días, y será traducido a muchos idiomas.

"Te escogí a ti para esta obra antes de que hubieras nacido, y por eso mi Espíritu Santo está siempre sacudiendo tu cuerpo, para derramar mi poder sobre ti. Si no tuvieras el poder del Espíritu Santo, no podría usarte.

"Tienes que recordar que mi poder comenzó a trabajar en ti la primera vez que me abriste el corazón. Tú eres la hija en la cual confío para hacer mi obra."

"Señor, no sé nada."

"No tienes que saber. Yo estaré enseñándote y guiándote en todo. Di a todo el mundo que estoy listo para quienquiera que esté preparado y esperando por mí. Te amo, hija mía."

Comencé a llorar, y el Señor tomó mi mano y dijo: *"Te llevo de regreso".*

Después de cambiarnos de vestimenta, regresamos a la playa y nos sentamos juntos un rato. El Señor me dijo: *"Todavía tengo más para enseñarte, y quiero que me esperes".*

"Pero planeamos ir a visitar a mi hija la semana que viene."

"Quédate en casa, hija. No quiero que viajes a ninguna parte durante un tiempo. Lo que estoy haciendo contigo es demasiado importante para mí y todos mis hijos, así que quiero que te concentres en todo lo que te enseño y digo hasta que todo esté cumplido. Sé paciente."

"Haré cualquier cosa que me digas que haga", contesté. "Nada es más importante que tu obra."

"Gracias, hija mía. Todavía tengo mucho trabajo por hacer. Sé que estás cansada, así que descansa."

Una vez se marchó, mi cuerpo dejó de temblar. Entonces, como siempre, escribí todo lo que había visto y oído.

El cristianismo es fundamentalmente tan sencillo, que a muchos se le escapa eso. Los seres humanos tienden a complicarlo todo, incluyendo las cosas de la fe. Jesús simplemente quiere que la gente venga a Él con fe para poder guiarlos y ayudarlos.

Ahora más que nunca sabía que cualquiera que desee puede venir a Él y recibir la vida eterna. Su Palabra dice muy claro: "Porque de tal manera amó Dios al mundo, que ha dado a su Hijo unigénito, para que todo aquel que en él cree, no se pierda, mas tenga vida eterna" (Juan 3:16).

Un abismo humeante

El siguiente día, 3 de marzo, estuvo lleno de muchas experiencias nuevas dadas por Dios. Desde las 2:30 a.m. hasta las 4:50 a.m., el Señor estuvo conmigo. Comenzó su visita diciéndome: *"Hija, es tu Señor. Sé que estás cansada, pero tengo que enseñarte más cosas"*. Antes de su visita, mi cuerpo tembló sin control durante quince minutos.

Tomó mi mano y fuimos a caminar por la playa. Esta vez era un nuevo lugar. Había muchos árboles. Subimos por un camino estrecho que tenía árboles y arbustos a ambos lados. Caminamos por una vía que rodeaba una montaña, y ascendimos rápidamente. Cerca de la cumbre, descansamos en una roca enorme que tenía la forma de un oso gigantesco.

Miré hacia el océano, y me fijé que el agua se había tornado en sangre una vez más. De nuevo, vi gente que corría por la playa. No eran corredores ocasionales, sino que estaban corriendo por temor y pánico. Pude entender que estaban tratando de escapar. A mi izquierda, las montañas y los edificios situados a ambos lados de la montaña estaban totalmente en llamas. Era un infierno peor que los incendios anuales que se producen en los bosques del sur de California.

Entonces, noté unos incendios enormes que estallaban por todas partes. La gente estaba quemándose. Algunas personas saltaban al mar buscando alivio, pero cuando se metían al agua, caían a causa de las llamas. Todas se habían convertido en antorchas humanas. Empecé a gritar de horror y compasión por todos aquellos que llegué a ver.

El océano ensangrentado se había convertido en una caldera abrasadora de azufre. La arena era una cama de cenizas ardientes. La gente corría para escapar del fuego que los perseguía y rodeaba. Algunas personas estaban desnudas y no tenían protección alguna contra el fuego.

De todos modos, era inútil, porque no había escape alguno del enemigo abrasador que amenazaba con devorarlos. No podían escapar hacia las montañas porque estaban rodeados por las llamas. Ningún sitio era seguro.

Yo gritaba todo el tiempo, y empecé a sollozar: "¿Señor, qué está pasando?"

"Tienes que recordar, hija, que estoy enseñándote estas cosas para que puedas compartir con todo el mundo lo que pronto va a pasar."

"¿Cuándo pasará esto, Señor?"

"Después de que lleve a mis hijos a casa. Mucha gente no cree en mi Palabra. Por eso quiero que escribas un libro que describa tus experiencias conmigo. Quiero que todo el mundo lea ese libro y se den cuenta de que estoy listo para recibirlos.

"Yo amo a mis hijos, y no voy a forzarlos a hacer nada si no tienen un corazón dispuesto para mí. He estado planeando por mucho tiempo que hagas este trabajo, porque mi reino está completamente listo."

El Señor tenía que seguir recordándome y asegurándome sus planes, porque yo estaba todavía asombrada de que Él me hubiera escogido para una misión tan importante. Todo esto era incompresible para mí, pues transcendía mi capacidad para entender la magnitud del asunto.

Las implicaciones de las palabras del Señor eran abrumadoramente importantes para mí. Una parte de mí quería escaparse de todo este arduo trabajo, pero mi compromiso de obedecer al Señor en todo me permitía seguir adelante. Sabía que Él estaba preparándome para una obra de los últimos tiempos de proporción gigantesca, y estaba contenta, pero a la vez intimidada. Yo sabía que todavía Él tenía que trabajar mucho conmigo.

"Te llevaré al cielo de nuevo."

Una vez llegamos al cielo, pasamos rápidamente por el proceso de siempre. Esta vez no nos cambiamos de vestimenta, sino que de inmediato el Señor me llevó al abismo que habíamos visto el día anterior afuera de las puertas del reino. Tuvimos que recorrer un camino montañoso y pasar por un túnel oscuro hasta llegar a la cima de la montaña. Cuando llegamos, miramos hacia abajo, donde había un abismo grande, tan ancho y profundo que parecía ser interminable.

Era una escena espantosa y preocupante. El Señor dijo: *"Quiero que veas esto otra vez"*.

Era muy difícil mirar hacia dentro del abismo del infierno, pero enseguida dirigí mi atención hacia una figura que estaba haciéndome señas con la mano. A través del humo, podía ver que esta persona era una mujer. Entonces oí su voz. Hablaba en mi lengua nativa, en coreano, y comenzó a gritar: "¡Está caliente! ¡Caliente!".

Reconocí la voz. El humo se disipó y pude mirar directamente a los ojos de la mujer atormentada. ¡Inmediatamente reconocí que era mi madre! Ella alzó su mano derecha, me saludó y dijo: "¡Está muy caliente, tan caliente!". Recuerdo claramente de cómo sus ojos se cruzaron con los míos, y me suplicaron que la ayudara.

Mi propia madre gritaba por ayuda desde la boca abierta del abismo del Hades. Mi corazón se paralizó. Sentí como que un cuchillo frío de desesperación penetraba mi corazón. ¡Mi madre estaba en el infierno! Pareciera como si la roca grande en la cual estaba sentada cayera sobre mí. Quería desesperadamente alcanzar y tomar la mano de mi madre para librarla de los golpes de las lenguas de fuego que la rodeaban. Fue el peor momento de mi vida.

No existe palabra en el diccionario que verdaderamente identifique lo que sentí en ese momento. Fue una mezcla de miedo, desesperación, dolor, terror, tristeza y desolación. Pude darme cuenta de que esas serían las mismas emociones que mi madre tendría que experimentar por toda la eternidad.

Mi madre murió a los cuarenta años de edad, pero su rostro era el mismo que yo recordaba. Era una mujer hermosa, pero su expresión reflejaba el tormento que estaba experimentando en el abismo. Quería tocarla, abrazarla, decirle que todo estaría bien, pero yo sabía que era imposible por las decisiones que tomó en su vida. Sabía que no podía ayudarla, incluso el Señor no podía ayudarla, porque ella no lo conoció.

Ella no sabía nada del Señor, porque nunca nadie le predicó. El no conocer al Señor guía a una persona al infierno, y por eso quiero hablarle a todo el mundo sobre el abismo que vi y el maravilloso reino del cielo.

Después vi a mi padre, mi madrastra y una buena amiga, quien murió cuando tenía sólo diecinueve años. ¡Todos estaban en el infierno! Ellos se veían igual a como yo los recordaba, pero sus rostros estaban distorsionados por la agonía de sus castigos. Sentí que ya no podía más, y volteé mi cabeza en otra dirección para no mirar la escena espantosa que había ante mí.

Entonces, oí otra voz conocida gritando desde el abismo. Era una amiga, quien había muerto hacía diez años. A su lado estaba mi sobrino, quien murió cuando tenía veinte años. Cuando lo vi la última vez, tenía sólo diez años, y ahora tenía el mismo aspecto que yo lo recordaba, sólo que era más alto.

Lloré profusamente. Me pasé todo el tiempo llorando, gimiendo como una niña. ¡Muchos de mis seres amados y amigos habían tomado decisiones que los condujeron al fuego del infierno por toda la eternidad! ¡Esa era una carga demasiado pesada para mí!

Estoy segura que algunos de ellos habían oído sobre el Señor, pero a otros seguramente nadie les había explicado jamás quién era Jesús. Sabía que si ellos hubieran conocido quién era Él, de verdad, no hubieran tomado las decisiones que tomaron. Cómo hubiera querido poder hablarles sobre quien dijo: "Yo soy el camino, y la verdad, y la vida; nadie viene al Padre, sino por mí" (Juan 14:6).

El abismo del infierno estaba muy lejos de nosotros, pero era como si tuviera una lente telescópica que me permitía ver a estas personas muy de cerca. No podía controlar mis lágrimas, y el Señor cariñosamente enjugó mis lágrimas y acarició mi pelo. Fue entonces cuando me percaté que el Señor estaba tan triste como yo, y pude sentir que Él lloraba conmigo. Él rompió el silencio.

"La razón por la cual estoy enseñándote esto, hija mía, es para que entiendas completamente que no importa qué tan buena sea la gente, irán al infierno si ellos no me aceptan."

Incliné mi cabeza.

"Sé que tus padres y amigos eran buenas personas en muchas maneras, pero no fueron salvos. Por eso, éste es el único lugar para ellos. Es aquí donde ellos tendrán que pasar la eternidad.

"Hija, sé que te duele verlos, pero tú tienes que incluir esta experiencia en el libro que vas a escribir para mí. Por eso te muestro a tus padres y a otros como tú los recuerdas. Tienes que advertir a la gente sobre la realidad del infierno. Yo quiero ver salvadas tantas almas como sea posible antes de que vuelva a buscar a mi Iglesia.

"Mi Padre ama a todos sus hijos, pero les ha dado ciertas leyes por las cuales Él espera que vivan. Cuando vi a tus seres queridos, sentí un dolor más profundo que tú, pero tengo que vivir según la palabra de mi Padre. Una vez que una persona va al infierno, no hay ninguna manera que pueda salir de ahí. Quiero que los no salvos conozcan esto, la realidad del infierno es para siempre.

"Yo amo a cada uno de mis hijos, pero no puedo forzar a nadie a que me ame ni obedezca. Si ellos me entregan su corazón, entonces puedo ayudarles a creer en mí y amarme. Quiero salvar a tantas almas como sea posible. Quiero que los creyentes en todas partes prediquen el evangelio. Esto es muy importante."

Era suficiente. Había visto y oído lo suficiente como para animarme a entrar en un ministerio de evangelismo con un fervor que jamás podría apagarse. ¿Cómo podría yo quedarme callada después de todo lo que había visto y oído?

Contaría a todo el mundo lo que sabía sobre Jesús para que todos pudieran recibir la entrada al cielo y vivir eternamente. Nada en el mundo es más importante que eso. Mis propios padres y tantos otros miembros de la familia y amigos están en el infierno. No podía cruzarme de brazos y ver que alguien se siga perdiendo. Estaba tan contenta de saber que mi libro estaría en las manos de mucha gente que necesitaría saber que el infierno es tan real como el cielo.

Las cosas que vi en el infierno me perturbaron; plantaron en mi espíritu una resolución que nada ni nadie podría disipar jamás. Determiné que ninguna persona a mi alcance podría negar la realidad del infierno y el cielo. El cielo es muy real, y quiero que todo el mundo pueda ir allá conmigo. Sé que este es el deseo del Señor. Él lo dice en su Palabra:

> "El Señor no retarda su promesa, según algunos la tienen por tardanza, sino que es paciente para con nosotros, no queriendo que ninguno perezca, sino que todos procedan al arrepentimiento. Pero el día del Señor vendrá como ladrón en la noche; en el cual los cielos pasarán con grande estruendo, y los elementos ardiendo serán deshechos, y la tierra y las obras que en ella hay serán quemadas."
> —2 PEDRO 3:9-10

Los últimos días, verdaderamente, se están acercando. La paciencia del Señor ha sido muy grande hasta ahora, pero Él está listo para venir nuevamente por sus hijos. Será entonces cuando la gente que se quede en la tierra, realmente experimentará el infierno terrenal antes de que terminen en el ardiente infierno de destrucción eterna. Mi trabajo es advertir al mundo entero sobre estos eventos que están "a la vuelta de la esquina".

Capítulo 7

¡MARANATA!

"Ciertamente vengo en breve."

APOCALIPSIS 22:20

Después de la visión horrorosa del infierno, el Señor y yo descendimos por la montaña, pasamos por el túnel oscuro, y regresamos a un sitio que yo había empezado a llamar "la montaña de los animales". Este es el lugar maravilloso que he descrito brevemente en el capítulo anterior, un lugar de paz y gozo donde todos los animales coexisten en espléndida armonía.

La Biblia describe este lugar en el libro de Isaías, donde el profeta proclama:

"Y antes que clamen, responderé yo; mientras aún hablan, yo habré oído. El lobo y el cordero serán apacentados juntos, y el león comerá paja como el buey; y el polvo será el alimento de la serpiente. No afligirán, ni harán mal en todo mi santo monte, dijo Jehová."

—Isaías 65:24–25

Después de ver los fuegos tormentosos del infierno, esta escena que impartía paz y tranquilidad. El cielo es un lugar de paz y gozo en contraste a la violencia y depresión del infierno. La "montaña de los animales" es un lugar de gozo eterno y felicidad.

Es confortante saber que los animales vivirán con nosotros en el paraíso. Tantas personas preguntan si sus mascotas estarán en el cielo, y me gozo en dejarles saber que el cielo es un lugar de flores preciosas, animales pacíficos y resplandor glorioso donde la gente y los animales nunca más experimentarán dolor, dificultades, muerte o sufrimiento.

CASTILLOS DE ORO

Después de nuestra breve visita al paraíso de animales, el Señor y yo regresamos a la orilla donde visitamos mansiones brillantes y castillos con calles de oro puro. Nos acercamos a uno de los castillos, y el Señor abrió la puerta para que yo entrara. Mi vocabulario no me permite describir de forma adecuada el interior de esta regia morada. Las paredes estaban construidas con piedras preciosas y multicolores que brillaban y relumbraban de una manera mágica.

Abrí mi boca de sorpresa y no pude cerrarla por un rato, porque nunca imaginé que vería semejante belleza. Por un momento, pensé que era un sueño, pero éste era un castillo real; no cabía duda alguna al respecto.

El Señor descansó en una silla mientras subí por una escalera en forma de curva que era enorme y espectacular, más que la de la hacienda 'Tara' en la famosa película "Lo que el viento se llevó". Me llené de asombro mientras me imaginaba el esplendor de los cuartos del piso de arriba.

En la parte superior de la escalera, noté que la moqueta era blanca y lujosa. Entré en un cuarto de baño espacioso que tenía por todas partes espejos grandes y relucientes. Estos reflejaban el resplandor del cuarto y la gama de colores que se reflejban en cada pared. Era el lugar más maravilloso que pudiera existir, como un castillo de fantasía.

El gozo refulgente que estaba experimentando se interrumpió de momento por un recuerdo extremadamente doloroso. La imagen de mi madre se proyectó por un segundo ante mí, y me puse triste otra vez. Me acosté en la alfombra y empecé a llorar.

Oí al Señor llamándome desde abajo; me levanté, me arreglé un poco y bajé. El Señor se puso en pie y caminé hacia Él. Me extendió su mano y me preguntó: *"¿Te gusta esta casa?"*

"Es maravillosa, Señor, pero no estoy verdaderamente feliz. Anteriormente, cada vez que visitaba el cielo me llenaba de gozo y cantaba canciones espirituales, pero esta vez no es así." El Señor inclinó su cabeza como si me hubiera entendido. Entonces tomó mi mano y me llevó afuera del castillo. Cruzamos un puente de oro hacia el edificio blanco donde normalmente nos cambiamos de vestimenta.

En el edificio blanco, el Señor me presentó a un caballero muy impresionante. *"Quiero presentarte a Abraham"*, dijo.

UNA CIUDAD AGUARDA

¡Abraham!, el gran patriarca de la fe y obediencia; el hombre que había desafiado al mundo entero por proclamar que sólo hay un Dios. Este fue el gran líder que había fundado el judaísmo y abierto el camino hacia Cristo. Fue un honor tan grande haber conocido realmente a este gran hombre de quien el escritor del libro de Hebreos dijo:

> "Por la fe Abraham, siendo llamado, obedeció para salir al lugar que había de recibir como herencia; y salió sin saber a dónde iba. Por la fe habitó como extranjero en la tierra prometida como en tierra ajena, morando en tiendas con Isaac y Jacob, coherederos de la misma promesa; porque esperaba la ciudad que tiene fundamentos, cuyo arquitecto y constructor es Dios."
> —HEBREOS 11:8-10

Ahora sabía que el padre Abraham había recibido la recompensa al ser justificado por su fe. Él estaba viviendo ahora para siempre en "la ciudad que tiene fundamentos, cuyo arquitecto y constructor es Dios", ¡y yo estaba allí con él! Era algo demasiado maravilloso para poder comprender totalmente.

Abraham fue una persona muy digna, y llevaba su cabello blanco largo y una abundante barba blanca. Aunque tenía un aspecto mayor, sus ojos brillaban llenos de vida y gozo. Él me tocó en mi hombro y simplemente dijo: "Hija".

La sonrisa en su rostro me hizo saber que su bendición estaba sobre mí, e inmediatamente amé a este gran hombre a quien, todos los creyentes del mundo, debemos tanto. Quizás más que cualquier otra persona, fue Abraham quien nos enseñó que "sin fe es imposible agradar a Dios; porque es necesario que el que se acerca a Dios crea que le hay, y que es galardonador de los que le buscan" (Hebreos 11:6).

Él fue uno del gran ejército de patriarcas y profetas de quienes se decía:

> "Pero anhelaban una mejor, esto es, celestial; por lo cual Dios no se avergüenza de llamarse Dios de ellos; porque les ha preparado una ciudad. Por la fe Abraham, cuando fue probado, ofreció a Isaac; y el que había recibido las promesas ofrecía su unigénito, habiéndosele

dicho: En Isaac te será llamada descendencia; pensando que Dios
es poderoso para levantar aun de entre los muertos, de donde, en
sentido figurado, también le volvió a recibir"
—HEBREOS 11: 16-19

Por primera vez en mi vida, entendí las verdades de este versículo
con tanta claridad. Dios ha preparado una ciudad para Abraham, y para
todos nosotros que creemos y obedecemos. Así como Dios, Abraham
había voluntariamente ofrecido a su único hijo, plenamente convencido de que Dios podía levantarlo de los muertos si fuera necesario.

De la misma manera, nuestro Padre celestial había dado a su único
hijo, Jesús, como sacrificio por nuestros pecados. Él fue crucificado y
enterrado, pero al tercer día Dios lo levantó de entre los muertos, ¡y por
su resurrección ninguno de nosotros tenemos que temer a la muerte
jamás!

Abraham llamó a un ángel para que me acompañara. El ángel me
llevó al cuarto de baño, donde me cambié de vestimenta y me puse
mi preciosa túnica y corona celestiales. Entonces, el Señor me llevó de
regreso al pequeño lago.

Cada vez que el Señor me llevaba al pequeño lago, yo empezaba a
cantar y danzar desde el momento que llegábamos, pero esta vez sólo
quería llorar. El Señor sabía cuán triste estaba. Él permitió que me
sentara a su lado y comenzó a hablarme.

EL VALLE DE LA SOMBRA DE MUERTE

Jesús sentía la tristeza que yo llevaba en mi corazón, sólo por el recono-
cimiento de que mis padres y amigos estaban en el infierno.

"Hija mía", dijo, *"sé lo que sientes por los seres queridos que viste en el
abismo. Cómo hubiera deseado no haber tenido que enseñarte estas cosas,
pero no quiero que ninguno de mis hijos vaya a ese sitio. Te muestro estas
cosas para que todos los que oigan mis advertencias ¡sean salvos!"*

Entonces, el Señor me tomó de la mano y regresamos al lugar
donde Abraham estaba. Cambiamos nuestra vestimenta de nuevo,
y me llevó a otra montaña alta desde donde podía mirar otro valle
interminable. Una muchedumbre, vestida con túnicas grises, estaba
vagando con aparente abatimiento. Sus túnicas me recordaban a las
batas que llevan los pacientes en los hospitales.

La gente parecía estar débil y perdida, y sus rostros eran del
mismo color que las túnicas que llevaban puestas. Miraban fijamente

hacia abajo mientras caminaban en círculos sin ninguna dirección ni esperanza. En ese lugar, la mayoría eran hombres, y sólo había unas pocas mujeres.

"¿Quiénes son esta personas, Señor?"

"Ellos son cristianos pecadores."

"¿Qué ocurrirá con ellos?", pregunté en voz alta.

"La mayoría de ellos irá al lago de fuego después de ser juzgados."

Me pregunté por qué esta gente estaba ahí, y entonces me acordé que el valle de ellos conduce al abismo ardiente. Esos llamados "cristianos", quienes realmente no conocen al Señor y continua y voluntariamente pecan, si no se arrepienten antes de morir o antes del rapto, estarán eternamente perdidos. Romanos 1:29-32, Gálatas 5:19-21 y Apocalipsis 21:18, todos son ejemplos de cómo algunos cristianos viven. Alguien una vez me preguntó sobre cómo los cristianos pecadores podrían entrar en el cielo. Todos nosotros tenemos que comparecer ante el tribunal de Cristo para recibir según lo que hayamos hecho mientras estemos en la tierra, sea bueno o malo (2 Corintios 5:10).

"Hija mía, es por eso que continuamente te hablo sobre la importancia de la obediencia y la pureza", dijo Jesús.

Entonces me di cuenta que cada vez que íbamos a los lugares bellos del reino celestial, cruzábamos el puente de oro del edificio blanco donde normalmente nos cambiábamos vestimenta. Sin embargo, cuando el Señor me llevó a ver esos lugares terribles, fuimos por diferentes caminos que estaban en las afueras de la puerta del reino celestial.

TRISTEZA Y GOZO

Esta revelación me ayudó a entender algunos de los preparativos por los cuales pasábamos antes de que me enseñara otra parte diferente del reino. Por eso, no era necesario que nos cambiáramos de túnicas cuando el Señor me llevaba a la playa terrenal. En esta ocasión, nos sentamos en la arena y reflexioné sobre todo lo que había experimentado. Empecé a llorar mientras recordaba lo que había visto en el abismo y en el valle. El Señor tomó mi mano y me dijo: *"No llores, hija mía"*.

Esta era una de las órdenes más difíciles de cumplir, pero me forcé en hacerlo y contuve mis lágrimas, a pesar de las memorias horribles que tenía, y empecé a hacer todas las preguntas que inundaban mi mente.

"Señor, yo no sé nada, y no soy nadie. ¿Cómo es que puedes usarme?"

"La gente puede pensar que tú no eres nadie, pero quiero que entiendas que tú eres mi hija especial. Te trato como mi amiga, y confío en ti incondicionalmente. No te preocupes por nada. Yo me encargaré de todo."

"¿Cuándo vendrás para llevarnos a casa?"

"Tú has visto el reino. Todo está listo, y por eso tengo prisa en que todos estén listos. Por tanto, quiero que hagas este trabajo para mis hijos. A ti te ha sido dada una unción especial para poder hacer esta obra. Te bendeciré más de lo que tú puedas imaginar."

"Señor, tú sabes que te amo, pero no me puedo olvidar del rostro de mi madre, atormentado por las llamas del infierno. No quiero acordarme de lo que vi."

En ese momento, el Señor tocó mis ojos, y de ahí en adelante, no pude acordarme del rostro de mi madre. Aun ahora, escribiendo estas palabras, ya no recuerdo su rostro. Lo único que puedo recordar es que una vez la vi en el abismo del infierno y fue una experiencia terrible.

Jesús entonces dijo: *"Sé que estás cansada. Hablaremos más tarde"*. Nos levantamos, y Él me abrazó. Entonces se marchó. Mientras el Señor me abrazaba, mi cuerpo se sacudía con tal fuerza que sentí que me caía en pedazos. Cada vez que Él tocaba mi cuerpo transformado, mi cuerpo físico experimentaba una poderosa fuerza de su toque, y cada nervio y tendón de mi cuerpo se sacudía y temblaba. Entonces, en el momento en que Él se marchaba, mi cuerpo dejaba de sacudirse.

Esa misma mañana, fui a la iglesia y experimenté la presencia del Señor que sacudía mi cuerpo durante todo el servicio. Pude verlo de pie cerca del pastor. Durante el servicio, el Señor caminó por la parte delantera de la iglesia. Fue maravilloso ver su radiante presencia en la iglesia.

Durante todo el servicio, derramé lágrimas de gozo y amor. Mi corazón palpitaba fuertemente dentro de mi pecho, mientras contemplaba la majestad del reino celestial que había visitado. La unción estuvo tan fuerte sobre mí que no pude levantarme. No pude ni escuchar el sermón del pastor, ya que mi cuerpo respondía a la presencia del Señor con un intenso calor y una fuerte sacudida.

La gente en mi iglesia entendía lo que me estaba pasando, y fue muy comprensiva. Tiempo atrás, me hubiera sentido avergonzada por tal manifestación física en público, pero estaba contenta porque sabía que todo era un regalo de Dios, y Él me estaba preparando para servirle de maneras que nunca pensé fueran posibles. No quiero que esta manifestación de su poderosa presencia en mi vida desaparezca.

LA TRIBULACIÓN

El 4 de marzo, el Señor me visitó desde las 2:30 A.M. hasta las 5:05 A.M. Mi cuerpo se sacudió por veinte minutos. Entonces, el Señor me llevó a la playa y subimos por la montaña hasta llegar a la roca grande donde nos sentamos la última vez.

Todo parecía normal durante los primeros minutos, pero de repente me di cuenta que donde los fuegos habían estado encendidos el día anterior, ahora sólo quedaban montículos de cenizas y escombros quemados. Toda el área era simplemente un inmenso abismo negro de destrucción. Me fijé que la playa, donde la gente corrió y cayó el día antes, estaba ahora salpicada de manchas negras. Me supuse que estas manchas representaban los restos quemados de seres humanos que habían muerto en los fuegos de los últimos días.

El mar, una vez lleno de sangre ardiente, era ahora una excavación vacía, quemada e irreconocible. Después de contemplar por unos instantes esa escena de máxima desolación, el mar y las áreas alrededor de la playa volvieron a la normalidad.

Yo había estudiado la Palabra de Dios para ver lo que decía sobre este fenómeno. En Apocalipsis 8:8 leí estas palabras: "El segundo ángel tocó la trompeta, y como una gran montaña ardiendo en fuego fue precipitada en el mar; y la tercera parte del mar se convirtió en sangre". Apocalipsis 16:3 se refiere a que el mar se convertirá en sangre: "El segundo ángel derramó su copa sobre el mar, y éste se convirtió en sangre como de muerto; y murió todo ser vivo que había en el mar". Dios me había mostrado aquellas cosas exactamente como Él ya las había descrito en su Palabra.

"¿Cuándo sucederán estas cosas?", le pregunté al Señor con gran curiosidad.

"En la tribulación."

"¿Señor, cuándo ocurrirá la tribulación?"

"Después que traiga a mis hijos a mi reino. Todos los que hayan leído mi libro y que hayan creído en mis profetas, deben saber sobre estas cosas concernientes al fin de los tiempos. Todas estas cosas que te enseñé en la playa pasarán muy pronto."

Siento que el Señor vendrá por nosotros muy pronto, y por eso están sucediendo muchas cosas inusuales en este mundo. Sólo un pequeño vistazo a las noticias diarias concuerda con esta observación. Terremotos, desastres naturales (incluyendo tornados, huracanes, tifones, incendios, inundaciones y fuertes nevadas), violencia, anarquismo, plagas, terrorismo y muchos otros fenómenos están sucediendo con más intensidad y frecuencia que nunca antes, exactamente como la Biblia lo predijo. Jesús le dijo a sus discípulos:

> "Y oiréis de guerras y rumores de guerras; mirad que no os turbéis, porque es necesario que todo esto acontezca; pero aún no es el fin. Porque se levantarán nación contra nación, y reino contra reino; y habrá pestes, y hambres, y terremotos en diferentes lugares. Y todo esto será principio de dolores. Entonces os entregarán a tribulación, y os matarán, y seréis aborrecidos de todas las gentes por causa de mi nombre. Muchos tropezarán entonces, y se entregarán unos a otros, y unos a otros se aborrecerán. Y muchos falsos profetas se levantarán, y engañarán a muchos; y por haberse multiplicado la maldad, el amor de muchos se enfriará. Mas el que persevere hasta el fin, éste será salvo. Y será predicado este evangelio del reino en todo el mundo, para testimonio a todas las naciones; y entonces vendrá el fin."
> —MATEO 24:6–14

Estos fueron los eventos que Jesús ya me había enseñado. Cómo desearía poder mostrar la realidad y claridad de estos eventos a todo el mundo, de la misma manera que ellos fueron tan claramente impresos en mi mente. ¡Las palabras de Jesús son reales, y sus profecías pronto ocurrirán!

EL LUGAR DE AGUA VIVA

En el libro de Apocalipsis, la Biblia nos habla sobre el "agua de vida":

"Me mostró un río limpio de agua de vida, resplandeciente como cristal, que salía del trono de Dios y del Cordero. En medio de la calle de la ciudad, y a uno y otro lado del río, estaba el árbol de la vida, que produce doce frutos, dando cada mes su fruto" (Apocalipsis 22: 1-2).

Después de que el Señor me llevó al cielo, fuimos al edificio blanco y un ángel me llevó al cuarto donde me cambié de vestimenta. Cuando salí de ahí, vi que el Señor también se puso vestiduras celestiales. Me llevó a su trono e indicó que me sentara en una silla junto a Él. Esta fue la primera vez que el Señor me sentó a su lado.

Allí vi a muchos hombres que llevaban túnicas y coronas hermosas, y estaban sentados delante de nosotros. Noté que ellos tenían una apariencia muy digna e importante.

"¿Señor, quiénes son estos hombres?"

"Ellos son a los cuales he dado mis palabras sagradas, y fielmente han escrito esas palabras en mi libro."

Él señaló una gran Biblia negra en la esquina del cuarto, y noté que las páginas de las Escrituras se hojeaban por sí mismas como si una ligera brisa soplara las páginas. Esto me sorprendió, pero entonces, me di cuenta que era el viento del Espíritu de Dios que hojeaba las páginas de la Santa Palabra.

Los hombres empezaron a salir lentamente, y un ángel me llevó de nuevo al cuarto de baño para que me pusiera un vestido regular. Mi cuerpo tomó la forma de una jovencita. Recordé que el cielo es un lugar donde nunca se envejece, y este pensamiento me encantó y llenó de admiración.

Cruzamos el puente de oro nuevamente, y caminamos a lo largo de una colina, cerca de un valle hermoso. Una verja de oro establecía un límite alrededor de todo el área, y la verja tenía varias puertas colocadas una cerca de la otra alrededor de todo el perímetro. Había árboles plantados cerca de la verja, y unas hermosas flores amarillas crecieron alrededor de los árboles. A esto le seguía una magnífica hilera de rocas que guiaba a un río claro y cristalino.

Observé que los árboles estaban llenos de frutos de color púrpura. El Señor eligió uno de ellos y me lo dio para que lo comiera, mientras Él disfrutaba de otro que había escogido. El río era muy estrecho pero parecía interminable, mientras seguía su curso por aquel fértil valle. Nada en la tierra, ni las majestuosas montañas ni los campos fructíferos, podría compararse con el paraíso fértil que estaba frente a mí.

"¿Qué es este lugar, Señor?"

"Es el lugar del agua viva. ¿Deseas beber de esta agua?"

"Oh, sí, Señor."

Él se inclinó y puso su mano en forma de copa, y la llenó con esa agua pura y limpia. Bebió de su mano y me indicó que hiciera lo mismo. Me incliné, llené mi palma con agua y bebí a sorbos de su deliciosa frescura. Era el agua más dulce que jamás hubiera saboreado.

"¿Te gusta esta agua, hija?"

"Es deliciosa, Señor."

"Ahora quiero llevarte a un lugar muy especial."

La mansión

Me pregunté dónde me llevaría, a la vez que tomó mi mano y empezó a caminar. Me llevó al castillo que habíamos visitado el día anterior. Mi corazón comenzó a cantar con admiración. ¿Cómo podía haber algo tan bello como esto?

Las calles de oro me sorprendieron y me sentí muy feliz, mientras caminábamos a lo largo de este lugar que Dios ha preparado para sus hijos. La calle parecía resbaladiza porque era muy brillante, pero se sentía muy normal al caminar. Por su brillo, se parecía a una pista de patinaje sobre hielo. La luz del sol parecía alumbrar por todas partes.

Cada vez que camino con el Señor, me siento intensamente feliz, y de verdad que no hay palabras para describirlo. Es un sentimiento de consuelo y gozo mezclado con una seguridad firme.

Caminamos pasando cerca de muchas mansiones y castillos, cada uno más suntuoso que el anterior. Delante de una de estas moradas, el Señor se detuvo drásticamente. Yo sabía que me iba a llevar adentro, por lo cual me sentí más que emocionada. Mi corazón palpitaba rápidamente mientras subíamos la escalera del frente.

Mis ojos se concentraron en la manija de la puerta, era de oro. Entonces vi una placa de oro en la puerta principal. Había un nombre escrito en ella, y me di cuenta inmediatamente de que era mi nombre. Casi me desmayo por la sorpresa. Escrito en letras muy elaboradas, estaba el nombre "Choo Nam".

"¡Éste era el lugar que Jesús había preparado para mí! Me quedé boquiabierta. Era demasiado para ser verdad. Allí estaba, parada en la puerta de un gran palacio en el cielo, y ¡mi nombre estaba escrito en oro en la hermosa puerta! ¡Era demasiado para comprenderlo! Mi cabeza daba vueltas por el asombro. ¿Cómo podrían ser estas cosas?

Me salían lágrimas de gratitud y gozo, mientras mi corazón se inundaba de amor y adoración al Señor. Nunca hubiera esperado cosas tan grandiosas de parte de Él. Yo siempre pensaba que si Él me reconocía, eso sería suficiente para mí. Pero ahora, literalmente, Él estaba derramando sus bendiciones sobre mí.

Yo había saboreado el agua viva, y sabía que nunca más tendría sed. Había saboreado la fruta púrpura del paraíso, y nunca más podría tener hambre por las cosas del mundo.

Había estado con Jesús, mi Señor y Maestro, y me había llevado a la mansión que Él había hecho para mí. Lloré libremente mientras el Señor me llevaba adentro de la casa. Él dijo: *"No llores, hija mía. Deseo que seas feliz."*

Mientras cruzamos por el umbral de la mansión, canciones espirituales brotaron de mi corazón, y continuaba llorando lágrimas de gozo y gratitud. Estaba maravillada por el resplandor de las paredes de piedras alineadas en el corredor de mi mansión. Me encantó la alfombra roja y crema con patrones redondos. Las sillas rojas de terciopelo, tan clásicas y sofisticadas, eran como las que yo siempre quise para mi casa. Las cortinas rojas eran las más finas que jamás había visto.

El Señor se sentó en una de las sillas de terciopelo, mientras yo subía la majestuosa escalera, disfrutando de cada momento único en mi mansión. El dormitorio tenía una alfombra de color blanco puro, y noté que la cabecera de la cama era de plata decorada con piedras azules incrustadas alrededor del borde.

El espejo en la cómoda también tenía piedras azules reflejando su resplandor. El cuarto de baño tenía una bañera de plata, decorada con joyas preciosas de todos colores.

Yo cantaba mientras paseaba por el interior de mi mansión. Me sentía como una princesa en un país de hadas. Pero sabía que ésta no era una fantasía, era mucho más real de lo que jamás me hubiera imaginado. Siempre había creído en un paraíso celestial, pero nunca había estado absolutamente segura de su existencia. Ahora sabía, sin ninguna duda, que el cielo es real, y deseo que todo el mundo lo conozca también.

Después de varios momentos de maravilloso gozo, bajé la escalera hacia donde estaba sentado el Señor. Él se levantó y me preguntó: *"¿Estás feliz, Choo Nam?*

Sabía que el Señor estaba feliz en mostrarme mi mansión.

"Sí, estoy muy feliz y agradecida por todo lo que has hecho por mí", respondí, "pero todavía me siento como si no mereciera tales bendiciones. Realmente no he hecho nada por ti todavía, Señor, pero siempre quiero servirte y hacerte feliz."

"Tú ya me has hecho feliz, hija mía. Tú eres una hija muy especial para mí, y quiero bendecirte mucho."

"Mis hijos no están listos para mí"

Luego, salimos y caminamos por el puente de oro. Regresamos al edificio blanco y nos quitamos nuestras bellas túnicas y coronas, y nos dirigimos al pequeño lago. Me sentía tan feliz, que estaba cantando antes de que llegáramos al pequeño lago.

Nos sentamos y hablamos por un rato. Me di cuenta que era la persona más afortunada del mundo. El Señor rompió mi gozo con un mensaje urgente.

"Choo Nam, he preparado todo para mis hijos. Tengo prisa en todo, porque mi reino ya ha estado listo por mucho tiempo, pero muchos de mis hijos no están listos para mí, porque ellos aman demasiado al mundo.

"Por eso quiero que escribas un libro. Yo sé que estarás muy agotada, pero este trabajo tiene que estar hecho muy pronto."

"Señor, estoy tan sorprendida por todas las cosas que ya me has enseñado. Si yo oyera de un libro así, sé que querría leerlo porque te amo mucho."

"Sé que me amas, hija", respondió Él con una sonrisa. *"Es por eso que estoy con tanta prisa. Predicar el evangelio es lo más importante en el mundo. Quiero que todos mis hijos sepan que vengo pronto."*

Mi mente regresó a algunas palabras que cierran la Biblia, y con todo mi corazón exclamé con llanto las mismas palabras: "¡Amén, sí, ven, Señor Jesús!"

¡Maranata! Verdaderamente el Señor viene pronto.

Capítulo 8

PREPARACIÓN PARA EL SERVICIO

*Así que, hermanos, os ruego por las misericordias de Dios,
agradable a Dios, que es vuestro culto racional. No os
conforméis a este siglo, sino transformaos por medio de la
renovación de vuestro entendimiento, para que comprobéis
cuál sea la buena voluntad de Dios, agradable y perfecta.*

ROMANOS 12:1-2

Mis maravillosas experiencias sobrenaturales fueron de gran regocijo, pero a la vez agotadoras. Y el Señor reconocía las consecuencias que resultarían en mi cuerpo y mi salud. Los temblores que mi cuerpo tenía que soportar eran parte de la preparación para el servicio. Esta manifestación física del trabajo sobrenatural de Dios en mi vida, así como el profundo gemir de mi espíritu, producían un efecto en mi cuerpo.

Después de mi cuerpo ser tratado con tanta intensidad por un período de dos o tres horas, quedo realmente agotada. Mi cabeza se queda dando vueltas y me siento muy mareada. Algunas veces, esta sensación es tan fuerte que me es difícil caminar.

La fuerza de la unción del Señor en mi vida evitó que comiera mucho por varios días consecutivos. La falta de sueño y alimento hicieron que me sintiera débil. De hecho, ya había perdido casi cinco libras. Algunas veces, me sentía con náuseas y, frecuentemente, experimentaba dolor en el estómago y las coyunturas. Sin embargo, todos los días, antes de irse, el Señor me sanaba las dolencias.

Él me abrazaba, y ese simple toque de sus manos quitaba todo dolor y hacía que el temblor cesara. Usualmente, Él pronunciaba suaves palabras de cuidado y cariño que me aseguraban que realmente entendía lo cansada que me encontraba. Es maravilloso saber que a Él le importa todo lo que concierne a sus hijos: nuestros dolores y penas, nuestras preocupaciones, nuestro cansancio, nuestras esperanzas y sueños.

El autor del libro de Hebreos explica cómo esto es posible:

"Por tanto, teniendo un gran sumo sacerdote que traspasó los cielos, Jesús el Hijo de Dios, retengamos nuestra profesión. Porque no tenemos un sumo sacerdote que no pueda compadecerse de nuestras debilidades, sino uno que fue tentado en todo según nuestra semejanza, pero sin pecado. Acerquémonos, pues, confiadamente al trono de la gracia, para alcanzar misericordia y hallar gracia para el oportuno socorro."

—Hebreos 4:14-16

Jesús lloró. Él conocía el dolor de la soledad y el rechazo. Él se enfrentó a la tentación. Luchó con la voluntad de Dios. Experimentó ira y temor. No importa lo que enfrentemos, ya Él lo enfrentó. Más importante aún, nuestro gran Sumo Sacerdote está ahí con nosotros. Él intercede por nosotros. Él sobrelleva nuestras cargas. Jesús realmente nos entiende.

Él sabía que muchas cosas tenían que ser sanadas en mi vida interior, antes de ser usada efectivamente en el ministerio para el cual Él me había llamado. Él ya me había explicado que repetía las cosas varias veces para que realmente las pudiera entender. Me llevó a algunos lugares celestiales en más de una ocasión, para que pudiera experimentar su realidad y recordarlos. Me enfatizó que la razón por la cual mi cuerpo tiembla cada vez que estoy en su presencia, es porque Él derrama de su poder sobre mí.

Por eso, pronto iba a ser preparada para un ministerio de evangelismo y sanidad mundialmente, que empezaría con el libro que usted tiene en este momento en sus manos.

La gran Biblia negra

El 5 de marzo, el Señor me mantuvo despierta desde la 1:50 A.M. hasta las 4:20 A.M. En el proceso, mi cuerpo tembló por algunos veinticinco minutos. Luego, el Señor me llevó a la playa y preparó para el nuevo viaje al cielo.

Volvimos a visitar el edificio blanco y el cuarto de baño. Ambos nos cambiamos y nos pusimos túnicas y coronas celestiales. Luego, fuimos a la habitación del trono, donde el Señor tomó su lugar y me pidió sentarme en una silla junto a Él. Había varios hombres delante de nosotros que llevaban coronas similares a la mía.

¿"Quiénes son estos hombres?", pregunté.

El Señor respondió: *"Son aquellos que escribieron mi Palabra".*

Observé las caras resplandecientes y traté de adivinar quiénes eran. Sentados frente a mí estaban los apóstoles: Juan, Mateo, Lucas, Marcos, Santiago, Pedro y Pablo. Los profetas también se encontraban allí. Hombres como Isaías, Jeremías, Joel, Miqueas, Malaquías, Daniel, Abdías, Oseas y muchos otros.

Pensé, *Moisés y Josué deben estar entre la multitud también; y Nehemías, Job, David, Salomón, Ezequiel, Nahum, Jonás y Zacarías.* Hubiera deseado tener tiempo para conversar con cada uno de ellos. Le hubiera preguntado a Jonás cómo era estar dentro de la barriga del gran pez. Me hubiera gustado que Daniel me contara cómo se siente estar en un abismo con leones. Me hubiera encantado escuchar a David describir su experiencia con Goliat.

Entonces, mi mente se iluminó: *Un día, en un futuro cercano, viviré en el domicilio celestial que el Señor me ha mostrado, y ¡podré compartir con los santos de todas las edades! Entonces, podré preguntarles. Entonces, podré averiguar. Entonces, podré saber. ¿No será acaso maravilloso?*

Pablo escribió: "Ahora vemos por espejo, oscuramente; mas entonces veremos cara a cara. Ahora conozco en parte; pero entonces conoceré como fui conocido" (1 Corintios 13:12). Todavía no entendía por qué el Señor me había elegido para recibir tanto por adelantado, de ese grande y maravilloso día del Señor, pero entendí que me fue dada una gracia especial para poder ver tantas cosas. Entendí, además, que este privilegio especial no era sólo para mí. Sabía que era para todos, así que todos aquellos que estuvieran dispuestos a creer, podrían ser salvos.

La gran Biblia negra que había visto en una visita anterior estaba ahora frente a mí. Ésta irradiaba el poder del Espíritu Santo, quien habló a mi corazón: "Toda la Escritura es inspirada por Dios, y útil para enseñar, para redargüir, para corregir, para instruir en justicia, a fin de que el hombre de Dios sea perfecto, enteramente preparado para toda buena obra" (2 Timoteo 3:16-17).

Vi que los autores que fueron inspirados a escribir la Biblia, tenían cuadernos en sus manos, y me di cuenta que el Señor me mostraba esta escena por segunda vez, para que pudiera entender completamente la importancia de su Palabra en mi vida. Yo sabía que Él quería que leyera, estudiara y tomara notas mientras me enfocaba en su Palabra.

Mi Señor y Maestro quería que tomara "el yelmo de la salvación, y la espada del Espíritu, que es la Palabra de Dios; orando en todo tiempo con toda oración y súplica en el Espíritu, y velando en ellos con toda perseverancia y súplica por todos los santos" (Efesios 6:17-18). La magnitud de la Biblia que tenía ante mí, sirvió para recordarme que la Palabra debe crecer aun más en mi vida, que debe ser el fundamento sobre el cual mi ministerio debe ser establecido.

Un cuerpo transformado

Un ángel me escoltó de regreso a la habitación para cambiarme, y pude ver mi reflejo en los inmensos y claros espejos. ¡Había sido transformada! Mi nuevo cuerpo era el de una adolescente. Era joven, bonita y vibrante. ¡Cada vez que veía la transformación, quedaba impactada! Era una forma de recordar que cuando vaya al cielo voy a tener un nuevo cuerpo.

Nuestros nuevos cuerpos celestiales no van a envejecer. No van a sentir dolor. No vamos a tener arrugas en nuestros rostros. Nuestros dientes van a ser blancos y derechos. Ni una cana podrá ser encontrada en nuestro cabello. Nuestros ojos irradiarán juventud. Nuestra postura será firme y derecha. Cualquier incapacidad que hayamos experimentado en la tierra desaparecerá. ¡Seremos completamente renovados en todo aspecto y será maravilloso!

Ríos de agua viva

Nos cambiamos y luego cruzamos el puente de oro, a través de un verde valle. Seguimos un hermoso camino que era bordeado por una verja de oro con muchas puertas. A lo largo del camino, vi los ya familiares árboles frutales y las pintorescas flores amarillas. Unas hermosas rocas estaban incrustadas por todo el campo, y las cristalinas y rápidas aguas del río corrían muy cerca.

"El agua es agua viva", indicó el Señor. Era la segunda vez que yo veía este magnífico río. La vez anterior, pude incluso probar su agua pura y dulce.

Me di cuenta que el río de la vida era angosto, pero parecía no tener fin. Mientras caminábamos hacia la puerta más cercana, el Señor me preguntó si quería tomar agua del río de la vida nuevamente, pero moví mi cabeza en señal de negación porque no quería abusar de su gracia. Y además, estaba ansiosa por ver el nuevo lugar que esperaba fuera mi mansión. La mansión que Él tiene ya preparada para mí.

Nos dirigimos en dirección a mi palacio, y cuando llegamos, entramos. El Señor se sentó en la misma silla donde se sentó la vez anterior, y parecía ansioso porque yo explorara mi futura residencia.

Fui a las mismas habitaciones donde había entrado antes e imagine cómo sería vivir allí. El juego de dormitorio plateado con hermosas piedras y el precioso cuarto de maquillaje, las hermosas cortinas y alfombras, y las brillantes paredes; todo me recordaba lo que Jesús había hecho por mí.

Él me mostraba estas cosas nuevamente de manera que se grabaran en mi memoria, para que creyera que existen realmente. Estuve aún más maravillada que la visita anterior.

Dejamos mi mansión y regresamos al edificio blanco donde nos cambiamos la túnica una vez más. Luego fuimos al plácido lago, donde el Señor tomó su acostumbrado lugar en la sólida roca.

Él se sentó, pero yo no me pude contener. Empecé a danzar y cantar con un gozo tan grande, que jamás lo había sentido. Desde mi lugar celestial, podía ver que mi cuerpo físico, aún tendido en la cama, se movía y agitaba las manos. El Señor parecía complacido conmigo, y me hizo señas para que me acercara y me sentara junto a Él.

COMPLETOS Y SANOS

Yo sabía que el Señor todavía tenía mucho por hacer en mi vida, antes de que estuviera lista para cumplir con su llamado. Las cosas de mi pasado me hacían sentir inferior y sin valor. El Señor parecía estar enfocado en ayudarme a ganar confianza, primeramente en Él y luego en mí misma.

"Hija mía, te he mostrado las partes importantes del reino de Dios, porque quiero que les digas a todos lo que has visto. Sé que te he enseñado muchas cosas hoy que ya te había mostrado antes. Cuando hagas el trabajo para el cual te he llamado, muchas almas serán salvas. El libro será leído en todo el mundo."

"Pero, Señor, a mí nadie me conoce. ¿Por qué me elegiste a mí?

¿Por qué no elegiste a alguien que fuera famoso?"

"Choo Nam, yo te formé para este trabajo del tiempo final. Yo voy a hacerte famosa. Sé que estás aprendiendo lo que te enseño. Y sé que me vas a ser fiel."

"Quién va a escribir el libro", pregunté. "Yo trato de escribir todo lo que dices y describir las cosas que me muestras, pero realmente no sé cómo escribir un libro." (El hecho era que me sentía realmente intimidada con toda la idea.) "Señor, no tengo la instrucción necesaria para escribir un libro."

"No necesitas saber escribir un libro. Sólo escribe lo que te enseño y digo, y un escritor va a escribir el libro por ti. Hija, no te preocupes. Yo voy a guiar a alguien para que vuelva a escribir tus anotaciones. Alguien lleno del Espíritu Santo hará ese trabajo por ti."

Este nuevo trozo de información tranquilizó mis pensamientos. Aunque poco a poco y muy despacio, estaba aprendiendo a descansar en el Señor y apoyarme en Él, en lugar de mi propio entendimiento. Un pasaje vino a mi mente: "Fíate de Jehová de todo tu corazón, y no te apoyes en tu propia prudencia. Reconócelo en todos tus caminos, y él enderezará tus veredas" (Prov. 3:5-6).

Mi problema no era confiar en el Señor. Él ya me había probado su fidelidad de muchas maneras extraordinarias. Mi problema era confiar en mí misma. Desde mi niñez, yo siempre tuve miedo de sobresalir, de tomar el liderazgo. ¡Y ahora era llamada a escribir un libro y establecer un ministerio mundial! Realmente estaba atemorizada.

El Señor puso en mí un nuevo pensamiento al decir: *"Vas a ser prosperada grandemente, y quiero que me construyas una iglesia."*

"Pero yo no sé predicar, Señor."

"Tú no tendrás que predicar."

El gemir profundo de mi espíritu comenzó a emerger, y supe que una unción especial estaba sobre mí en ese momento. Luego algo más que una escena vívida apareció ante mí.

Era la visión de una iglesia, un edificio blanco con un campanario muy alto. Las puertas de la entrada eran unas hermosas puertas dobles. El santuario estaba adornado con sillas y una alfombra de rojo intenso. Pude ver que muchas actividades y funciones tomaban lugar en las alas a los costados.

El santuario estaba lleno de gente, y vi que algunos entraban a la iglesia en sillas de ruedas, pero salían caminando. Tenían un maravilloso gozo en sus rostros, porque habían sido completamente sanados. Sólo el ver esta visión, traía sanidad a mis heridas y temores también. Como ellos, Dios quería que yo estuviera sana completamente, y me estaba equipando para el ministerio al cual había sido llamada.

"*¿Te gusta lo que ves?*", preguntó el Señor.

Le sonreí al Señor y respondí: "¡Sí!" Jamás había estado tan entusiasmada en mi vida.

Luego repitió algo que era vital para Él: "*Antes de que venga por mi pueblo, la mitad de los no creyentes serán salvos.*"

"¿Cuando vendrás por nosotros?", pregunté nuevamente, esperando recibir una respuesta un poco más precisa.

"*Te dije que va a ser pronto. ¿No has visto que ya acá está todo listo y preparado para todos?*"

Precisamente, ese era el motivo por el cual el Señor me había llevado al cielo tantas veces: para que pudiera ver que su trabajo estaba casi terminado. El tiempo de su regreso está realmente muy cerca. Este es un mensaje que debe ser predicado. Este es el tema de este libro y el tema de mi vida.

Jesús quiere que todos sepan que el fin está cerca. Él ya ha preparado una casa eterna para todos aquellos que creen en Él. No es correcto decir que Él está *preparando* un lugar para nosotros, ¡porque el lugar está ya listo y preparado!

¿No es emocionante saber que la mitad de los no creyentes en el mundo van a convertirse y ser salvos antes de que el Señor regrese en un futuro muy cercano? Muchos millones de personas formarán parte de la Iglesia de Jesucristo, y la Iglesia necesita estar mejor preparada para recibirles.

Quiero empezar a construir la iglesia de mi visión. He abrazado la visión que Dios me dio, y he comenzado a correr hacia ella. Mi confianza está creciendo y todas mis inseguridades, preocupaciones y temores están siendo absorbidos por el amor de Dios. Yo sé, más allá de toda sombra de duda, que el amor de Dios es para siempre, su reino es real y que Él es fiel a su Palabra.

A través de las experiencias que he tenido en el cielo, he aprendido que Dios prepara a aquellos a los cuales Él llama. Dios llena los lugares vacíos y fortalece las debilidades. Así como la gente incapacitada que vi en mi visión, todos estamos limitados o incapacitados de alguna manera.

Pero Dios es capaz de dar nuevas fuerzas a nuestras piernas, y según sane nuestras incapacidades, seremos capaces de caminar en una vida renovada y en la fortaleza y el poder del Espíritu Santo. En esa mañana de los primeros días del mes de marzo, aprendí esta verdad de una nueva manera: "Todo lo puedo en Cristo que me fortalece" (Filipenses 4:13).

DESCANSO NECESARIO

Por un mes y medio, el Señor me ha estado despertando en las tempranas horas de la mañana para llevarme al cielo, y prepararme para el trabajo para el cual Él me ha llamado. Me sentía cansada, y mi cuerpo estaba débil. Reconociendo mi necesidad de descanso, el Señor me dijo: *"Esta es la última vez que te traigo al reino, y no voy a despertarte más"*.

Mi corazón se entristeció al pensar que sus maravillosas visitas se acabarían. Pero Él continuó: *"Hija mía, te he mostrado suficiente por un tiempo"*.

Empecé a llorar. Me sentí muy triste. Yo quería estar con el Señor para siempre. "Señor, no quiero dejarte", protesté.

"Yo estaré contigo en todas partes. Tú me verás y escucharás mi voz." Luego, se me acercó, me abrazó y dijo: "Choo Nam, sé que necesitas descansar".

Reconocía mi necesidad de descanso, pero mi deseo de estar con el Señor sobrepasaba mi necesidad física. Dejamos el lago y regresamos al edificio blanco para ponernos nuestras túnicas corrientes. Luego, fuimos transportados nuevamente a la playa, donde nos sentamos a conversar por otro rato.

"Sé lo cansada que estás en estos momentos, así que no voy a estar despertándote de tu sueño. Necesitas descansar."

Un sentimiento de tristeza amenazaba con abrumarme, mientras que el Señor pronunciaba las palabras que no quería oír. Pero luego, me lo volvió a repetir: *"Voy a llevarte de nuevo al reino, pero por ahora necesitas descansar"*.

A pesar de esas palabras, no pude parar de llorar. Verdaderamente, me sentía devastada sólo con pensar que Jesús se alejaría y no volvería por un tiempo. Yo lo amo tanto, y pensar en su partida me hizo sentir vacía e insegura.

Me imaginé cuánto dolor habrían sentido los primeros discípulos al decir adiós a su Señor y Maestro. Cuánto más su madre María, al ver que lo crucificaron, mataron y enterraron. ¿Cómo se habrá sentido ella cuando Él ascendió a los cielos? Debió haber sido el sentimiento de mayor soledad en el mundo.

Ahora, cada momento de mi vida está lleno de pensamientos acerca de Jesús y el cielo. Estuve en compañía del Señor diariamente, por más de un mes y medio. Fui al cielo y vi las calles de oro, las mansiones en lo alto de la colina y el río de la vida. De hecho, había probado de esa dulce agua de vida.

Fui escoltada por ángeles, y pude compartir y alabar al Señor con los santos, mártires, apóstoles y profetas. Entré a la morada eterna que Jesús tiene ya preparada para mí. Sabía que nunca más podría ser la misma. Nada en este mundo podrá compararse con el cielo, mi verdadero hogar.

Vi el abismo del infierno, lugar que irradia violencia, corrupción y vergüenza. Vi las señales del fin de los tiempos pasar delante de mí, como si estuviera viviendo un vídeo de lo que está por venir. Lo más importante fue que estuve con Jesús, y todo en la vida tiene ahora un nuevo significado.

Tuve un propósito, una misión, un llamado. Vi una visión de algunas de las cosas que Dios ha planeado para mí. Pensar que ahora iba a pasar el tiempo durmiendo, cuando había tanto por hacer, parecía totalmente incomprensible para mí. Estaba desilusionada.

El Señor se alejó de la playa junto con mi cuerpo transformado, y el temblor de mi cuerpo cesó. Mi llanto cesó cuando me di cuenta de lo que el Señor me había dicho: *"Voy a llevarte nuevamente al reino"*. Eso era suficiente. Todo estaría bien.

Luego entendí que el descanso que Él quería que tomara era parte de mi preparación. Ciertamente sabía que necesitaba el descanso, ya que había momentos en los cuales me sentía desorientada.

Un encantador pasaje de las Escrituras me vino al pensamiento y me tranquilizó: "Jehová es mi pastor, nada me faltará. En lugares de delicados pastor me hará descansar. Junto a aguas de reposo me pastoreará. Confortará mi alma" (Salmo 23:1-3).

El Señor, mi Pastor, me estaba permitiendo descansar para que mi alma pudiera ser confortada. ¡Era parte de la preparación para lo que vendría después!

"TODOS TE CONOCERÁN"

La siguiente mañana, 6 de marzo, fue difícil, porque me desperté a las 2:30 A.M. esperando que el Señor estuviera allí. Creí en lo que Él me dijo, pero una parte de mí todavía se preguntaba si vendría. Esperé por Él desde las 2:30 A.M. hasta las 6:30 A.M., y luego me volví a dormir. Cuando desperté nuevamente a las 9:30 A.M., me di cuenta que el Señor no estaba allí. Lo extrañé mucho y empecé a sollozar.

De pronto, todo mi cuerpo empezó a temblar, acompañado por la unción en forma de calor. Gemí en el Espíritu por más de quince minutos. Luego, como tantas veces antes, el Señor apareció. El Señor estaba sentado junto a la ventana, cerca de la cama.

Me dijo: *"Hija preciosa mía, Choo Nam, te dije que yo iba a estar contigo siempre. Tú me vas a ver siempre que quieras y vas a oír mi voz. He venido a visitarte, porque sé que me estuviste esperando toda la mañana".*

"Señor, quiero hacer todo lo que tú me digas. Todavía siento que no sé nada."

"Es precisamente por eso que te elegí. Nunca te olvides que yo cuidaré de ti. Te di este regalo especial, porque nadie te conoce. Sin embargo, pronto todos te conocerán."

Yo encontraba esas palabras difíciles de aceptar. ¿Me conocerían todos? Parecía tan poco probable, pero el Señor, en su misericordia y paciencia, creyó necesario visitarme de nuevo para darme un mensaje de seguridad. Él concluyó su visita diciéndome: *"Hija, quiero que descanses".* Luego, se marchó; y mi cuerpo se tranquilizó.

Por los siguientes diez días, disfruté del mejor sueño y más tranquilo descanso posible. Una vez más, el Señor fue fiel a su promesa:

"Por tanto, queda un reposo para el pueblo de Dios. Porque el que ha entrado en su reposo, también ha reposado de sus obras, como Dios de las suyas. Procuremos, pues, entrar en aquel reposo, para que ninguno caiga en semejante ejemplo de desobediencia. Porque la palabra de Dios es viva y eficaz, y más cortante que toda espada de dos filos; y penetra hasta partir el alma y el espíritu, las coyunturas y los tuétanos, y discierne los pensamientos y las intenciones del corazón. Y no hay cosa creada que no sea manifiesta en su presencia; antes bien todas las cosas están desnudas y abiertas a los ojos de aquel a quien tenemos que dar cuenta."

—HEBREOS 4:9-13

El Señor quería que yo descansara, porque me estaba preparando para un ministerio el cual iba a recibir incontables personas no creyentes en el Reino de Dios. El saber que Él regresaría a escoltarme al cielo nuevamente, trajo paz a mi alma, y pude disfrutar del descanso que me dio el Señor.

Finalmente, pude empezar a entender que el libro que estaba a punto de escribir, la iglesia que iba a construir, el ministerio que iba a empezar, eran trabajo suyo y no mío. Esto restauró mi alma, borró mis ansiedades y trajo confianza total a mi corazón.

La verdad comunicada por el salmista, tantos siglos atrás, había tenido profundo eco en mí: "Si Jehová no edificare la casa, en vano trabajan los que la edifican" (Salmo 127:1).

Jesús me recordó la gran invitación que hizo a todos los cansados y cargados en Mateo 11:28-30: "Venid a mí todos los que estáis trabajados y cargados, y yo os haré descansar. Llevad mi yugo sobre vosotros, y aprended de mí, que soy manso y humilde de corazón; y hallaréis descanso para vuestras almas. Porque mi yugo es fácil, y ligera mi carga".

Capítulo 9

LA PREOCUPACIÓN ES PECADO

*Por nada estéis afanosos, sino sean conocidas vuestras peticiones
delante de Dios en toda oración y ruego, con acción de gracias.
Y la paz de Dios, que sobrepasa todo entendimiento, guardará
vuestros corazones y vuestros pensamientos en Cristo Jesús.*

FILIPENSES 4:6-7

Después de diez días de descanso, teniendo buenas noches de
sueño, sabía que ya estaba lista para encontrarme con el Señor
nuevamente e ir con Él al cielo. El 15 de marzo de 1996 llegó, pero
no me preocupaba, ya que esos días me fortalecieron para el momento
que esperaba tan ansiosamente, desde hacía casi dos semanas cuando
partió el Señor.

Desde las 6:40 A.M. hasta las 8:40 A.M., disfruté otra visita del
Señor y otro viaje al cielo. Como siempre, antes de su llegada mi cuerpo tembló y yo gemí por treinta minutos.

Luego, el Señor se me apareció y dijo: *"Hija mía, veo que estás descansada ahora. Tenemos mucho trabajo por hacer".*

El Señor de los cielos y la tierra estaba preocupado por mí, su hija,
su criatura. Se aseguró que yo hubiera descansado antes de llevarme
nuevamente con Él. Él entiende las limitaciones de mi cuerpo y alma, y
verdaderamente se preocupa por mí. Él sabe todo lo que es bueno para
sus hijos, y aparta toda cosa mala de aquellos que le aman.

Después de las dos últimas veces que fui al cielo, mi cuerpo se sentía
como fuera de control. Yo estaba muy cansada por causa del temblor,
y me sentía mareada la mayor parte del tiempo. Dormía sólo tres horas

por noche por un período de dos semanas. Era imposible que pudiera dormir durante el día debido a la fuerte unción del Espíritu Santo.

Poco a poco, fui aprendiendo a manejar la situación. Me iba a la cama más temprano y así me aseguraba tener las suficientes horas de sueño antes de que el Señor viniera. Una mañana, el Señor llevó mi cuerpo transformado a la orilla de la playa donde solemos caminar. Luego me llevó al cielo. Mi corazón rebozaba de alegría y gozo mientras nos elevábamos.

Llegamos al lugar acostumbrado e ingresamos al edificio blanco. Ya estaba acostumbrada al procedimiento que siempre seguíamos. Nos pusimos nuestra vestimenta celestial, y luego el Señor tomó mi mano mientras me dirigía por un camino ancho que subía por una montaña extremadamente alta.

Se parecía a las Cascade Mountains, las cuales visité en el 1995, ubicadas al noroeste de los Estados Unidos. Y hago hincapié en que el cielo se parece, en muchos aspectos, a la tierra, pero con una belleza que supera todo lo que haya podido verse o existir en la tierra.

Había muchos árboles y arbustos frondosos en las montañas. Desde la cumbre se podía ver la playa. Era una línea costera rocosa, parecida a las fotografías que he visto de Bar Harbor, en Maine. Todo resplandecía con una blancura que era asombrosamente brillante y pura. Descendimos de la montaña y caminamos por la arena entre las rocas. Era la arena más blanca y limpia que haya visto jamás. Y la playa era también la más hermosa que haya visto en mi vida.

Algunas de las rocas cercanas eran tan grandes que no podía ver la parte superior de ellas. Mientras caminábamos alrededor de una de ellas, vi un gran grupo de personas que vestía túnicas blancas. Cada persona era distinta a la otra en apariencia, y muchos niños se veían jugando en la arena. Algunos niños sostenían las manos de los adultos, y todos caminaban de una manera juguetona y alegre. Era maravilloso ver un lugar de tanta alegría y gozo.

El Señor y yo nos sentamos en una de las grandes rocas por un buen rato, simplemente regocijándonos en la vibrante belleza que nos rodeaba. Él volteó y me dijo: *"Yo he creado muchas de las cosas similares a la tierra para que mis hijos puedan gozarlas cuando vengan a mi reino. Pero hay muchas otras que no son iguales que en la tierra. Tengo muchas sorpresas para mis hijos".*

El Señor parecía muy feliz, como un padre cuando da muchos regalos a sus hijos para ser abiertos en Navidad. El Señor quiere que sus hijos estén felices, como aquellos que jugaban felizmente en la arena. Por eso, Él ha creado el cielo como un lugar maravilloso. Va a ser el hogar de sus hijos por toda la eternidad.

"¿Te gusta lo que te estoy mostrando, Choo Nam?"

"Sí, mi Señor. He visto muchas playas en la tierra, pero ninguna se compara con esta."

Pude sentir que mi respuesta agradó a mi Maestro. Luego, rápidamente dejamos la playa y regresamos al edificio blanco. Nos pusimos túnicas y coronas reales, y nos dirigimos al lago donde usualmente terminamos cada visita al cielo. El Señor se sentó sobre su roca favorita mientras yo cantaba alegremente y danzaba con mi cuerpo transformado. Mientras tanto, las manos de mi cuerpo terrenal se movían al ritmo de la música celestial.

"Todavía tengo mucho por mostrarte, hija mía", dijo el Señor mientras me acercaba hacia Él. *"Tienes que ser paciente."*

Estas eran buenas noticias para mí, porque sabía que eso significaba que seguiría yendo al cielo con Él muchas veces más. Mi corazón se regocijaba mientras danzaba en este maravilloso lugar, llego de gozo, cerca del tranquilo lago. Yo estaba en la presencia del Señor, en el lugar que Él había preparado para mí, y sabía que debía ser la persona más feliz que jamás haya existido.

¡BASTA DE PREOCUPARTE!

Lágrimas de profundo gozo corrieron por mis mejillas cuando dije: "Gracias Señor, por traerme al cielo nuevamente contigo".

"Hija mía, me doy cuenta que te preocupas por todo lo que te pido que hagas. Te he dicho muchas veces que no tienes que preocuparte, hija, y no estás obedeciendo."

"Lo siento, Señor. Es que parece que no puedo parar de preocuparme. Todo lo que me importa es hacer el trabajo para el cual me has llamado. Quiero hacerlo de la manera en que tú me digas y esto me preocupa."

"No quiero que te preocupes por nada de ahora en adelante", me dijo. *"Yo me voy a encargar de todo. Cuídate de algunas personas que van a darte el consejo equivocado. Es por eso que, mientras escribes el libro, no quiero que salgas de la ciudad, ni quiero que otra gente venga a tu casa, excepto tu familia."*

El Señor fue más específico en sus instrucciones esta vez. Yo escuché atentamente mientras Él prosiguió.

"¿Te has dado cuenta que nadie ha venido a visitarte desde que te llevé al cielo por primera vez?"

"Bueno, sí. Parece que cada vez que invitó a alguien para que venga a mi casa o hago arreglos para tener compañía en casa, siempre ha pasado algo y han tenido que cambiar sus planes."

"Ahora sabes la razón, hija mía. Quiero que te concentres en el libro, sin interrupciones. Este libro es muy importante para mí, y va a ser de bendición especial para mis hijos. Sea lo que sea que hagas, quiero que me hables a mí primero. Todo acerca de este libro debe estar dentro de mi voluntad."

El mensaje claro del Señor sonaba en mis oídos, mientras nos alejábamos del lago y regresábamos al edificio blanco para cambiarnos la vestimenta otra vez. Luego, volvimos a la playa en la tierra, y el Señor dijo: *"Hija, ¿ves que esta playa es muy diferente a la que viste en mi reino?"*

"Señor, todo lo que me has enseñado en tu reino es muy hermoso, excepto las cosas tristes que me mostraste."

"Es por eso que te escogí para hacer este trabajo. No quiero que ninguno de mis hijos tenga que ir al infierno. Todo depende de que ellos crean o no. Yo te seguiré hablando de esto después, hija."

Luego, se me acercó y me abrazó. Cuando partió, el temblor de mi cuerpo se detuvo.

El poder que el Señor estaba soltando en mi cuerpo estaba empezando a sanar heridas y debilidades de mi carácter que quedaban de mi niñez. Estaba aprendiendo a ser más segura en mí misma, cómo buscar y confiar en el Señor, aunque todavía batallaba con preocupaciones y temores.

El 19 de marzo, el Señor pasó dos horas conmigo, de 7:00 A.M. a 9:00 A.M. Temblé por media hora y gemí en el Espíritu por otros quince minutos esa mañana. Luego, escuché el placentero sonido de la voz del Señor hablándome. Me tomó de la mano y fuimos a la playa.

Mi cuerpo pasó por su transformación sobrenatural, y me encontré vistiendo una túnica blanca igual a la que Jesús vestía. Luego, ascendimos por la poderosa montaña a lo largo del estrecho camino. Vi una gran roca donde nos sentamos a descansar.

El tiempo que mi cuerpo terrenal tuvo que soportar las

manifestaciones que preceden las visitas del Señor, fue extraordinariamente largo. Así que supe que esta visita iba a ser muy especial. Los pensamientos corrían por mi pensamiento, y yo estaba con mucha expectativa y gozo. ¿Qué me mostraría el Señor esta vez? ¿Adónde me llevaría?

Jesús interrumpió mis pensamientos y dijo: *"Sé que todavía estás preocupada por las cosas que te he dicho y mostrado. Te he dicho que no te preocupes".* El tono de voz del Señor sonó molesto y severo. *"No confías en mis palabras."*

Supe inmediatamente a lo que se refería. Yo seguía preocupándome por el libro, incluso después de lo que Él compartió conmigo la última vez. Me dijo que cada detalle iba a ser cuidadosamente manejado por Él, pero yo seguía sintiéndome intimidada por este proyecto tan importante. Estaba realmente abrumada por la magnitud de esta tarea.

Comencé a llorar lágrimas de vergüenza y arrepentimiento por la reprimenda del Señor. Junté mis manos, bajé la cabeza y empecé a clamar: "Por favor, perdóname Señor. No importa cuánto trate de no preocuparme, Señor, igual termino preocupándome por todo esto."

"De ahora en adelante, Choo Nam, quiero que dejes de preocuparte. No quiero que te preocupes por nada. Algunas personas no te creerán, pero no debes preocuparte por eso. Hija mía, yo simplemente te estoy utilizando para este libro. Este es mi libro, y yo me voy a ocupar de él.

"Como te dije al principio, va a tomar tiempo prepararte para este trabajo, así que no te preocupes. Deja todo en mis manos. Si te preocupas, no me estás agradando."

"Lo siento, Señor, perdóname."

"Yo sé que desconoces muchas cosas, pero veo que eres de corazón puro. Sé que crees todo acerca de mí. He visto tu obediencia y sé que temes a mis palabras.

"Quiero que te concentres sólo en mi libro y en nada más. Me complace todo acerca de ti, hija mía. Después que termines este libro, te voy a bendecir más de lo que jamás hayas deseado."

"Señor, la única bendición que deseo es que toda mi familia te ame más que a nadie y a nada en este mundo."

"Porque tú eres quien eres, te elegí para esta obra. Este es mi libro y mi responsabilidad. Yo me ocuparé de todo. No vuelvas a preocuparte por nada. Quiero que seas feliz, porque tú eres mi hija especial."

"Señor, necesito que Roger me ayude en tu obra."

"Tu esposo va a servirme a través de ti. Tengo muchos planes para ambos, así que preparen sus corazones para servirme. Todo va a suceder muy pronto. Ahora tengo que llevarte de regreso."

Caminamos de regreso bajando la montaña. Mientras caminábamos sobre la arena, me sentí increíblemente feliz. Sentía como que una gran carga había sido levantada de mis hombros. Realmente, el Señor me había mostrado muchas cosas nuevas e importantes. Cosas que han traído sanidad y libertad a mi tímida alma. Después que el Señor me dejó esa mañana, me sentí como una nueva persona.

PON A DIOS PRIMERO

Comencé a escudriñar las Escrituras para ver qué podía aprender acerca del pecado de la preocupación. Mis ojos se dirigieron a las palabras de Jesús que se mencionan en Mateo: "Mas buscad primeramente el reino de Dios y su justicia, y todas estas cosas os serán añadidas. Así que, no os afanéis por el día de mañana, porque el día de mañana traerá su afán. Basta a cada día su propio mal" (Mateo 6:33-34).

El contexto en este pasaje es el Sermón del Monte, en el cual Jesús comparte secretos espirituales de victoria con sus discípulos. Al igual que yo, los discípulos se preocupaban por muchas cosas. A ellos les preocupaba lo que iban a comer y vestir.

Jesús les recordó: "Y por el vestido, ¿por qué os afanáis? Considerad los lirios del campo, cómo crecen: no trabajan ni hilan; pero os digo, que ni aun Salomón con toda su gloria se vistió así como uno de ellos. Y si la hierba del campo que hoy es, y mañana se echa en el horno, Dios la viste así, ¿no hará mucho más a vosotros, hombres de poca fe?" (Mateo 6:28-30).

Esa es la clave: ¡fe! El Espíritu Santo me guió a otro versículo de la Escritura que me ayudó a entender mejor esto: "...porque no lo hace con fe; y todo lo que no proviene de fe, es pecado" (Romanos 14:23). Es por eso que preocuparse es pecado. No proviene de la fe. Dios quiere que caminemos en fe, y aun así en su gran misericordia, Él me ha mostrado tantas cosas. ¡He visto la realidad del cielo y he caminado con el Señor! ¿Por qué habría de preocuparme nuevamente?

La primavera comenzó con otra visita a la playa terrenal. Desde las 6:30 A.M. hasta las 8:15 A.M. del 22 de marzo, el Señor me visitó. Me llevó a la playa nuevamente, pero esta vez parecía estar mucho más callado que tres días atrás. Finalmente, mientras se sentaba en la roca donde solía sentarse, Jesús dijo: *"No te preocupes con estar testificando en la iglesia, Choo Nam; concéntrate en mi trabajo."*

Él sabía que me estaba, literalmente, reventando por contar mi historia a cuantos veía. A pesar de ser una persona tímida, sentía que debía contar a todos lo que había visto, escuchado y experimentado. Mi última visita con el Señor y el subsiguiente estudio de la Palabra me habían impartido una confianza y seguridad que nunca había tenido antes. ¡Me sentía capaz de compartir mi historia con una audiencia de millones!

Aproveché cada oportunidad para testificar de mi Señor y Maestro, y pensé que Él debía estar muy feliz con esto. De hecho, yo tenía tantos deseos de hablar del Señor, que había ensayado mi testimonio una y otra vez con la ayuda de una grabadora. La unción del Espíritu Santo parecía llevarme hacia este tipo de ministerio público.

Incluso, cuando iba de compras, le hablaba a la gente acerca del cielo. Algunas personas reaccionaban con sorpresa. Otras reaccionaban con gozo y deseaban oír más. Yo les decía que leyeran el libro cuando saliera al mercado.

Percibí que algunas personas, por la reacción de su rostro, no deseaban escuchar acerca de mis viajes al cielo. Yo aprendí que sus respuestas dudosas no eran importantes. Tenía una historia que contar, y ninguna reacción humana evitaría que compartiera el entusiasmo que había experimentado.

Pronto me di cuenta que la mayoría de los cristianos deseaba saber más. Muchos preguntaban cuando terminaría el libro. La mayoría de las personas que conozco son creyentes, incluyendo a miembros de mi familia, quienes me dieron su apoyo expresando que creían en mi historia. Cuando compartí mi historia con uno de mis sobrinos, también fue llevado al cielo. Ahora él asiste a un estudio bíblico, atiende regularmente a una iglesia y está hambriento del Señor.

El Señor no estaba disgustado conmigo, pero reiteró enfáticamente: *"Quiero que te concentres en el libro; luego podrás satisfacer a muchas iglesias y llegar a los no creyentes."*

El sonido de su voz, sus palabras, su mensaje fue una ola de gozo para mi espíritu. Comencé a cantar en el Espíritu, y me di cuenta que el Señor estaba mirándome a la cara, sonriendo. Pude ver la cara de mi cuerpo transformado sonriéndole al Señor todo el tiempo mientras cantaba.

"Hija, disfruto del tiempo que pasamos juntos", dijo el Señor, mientras colocaba mi mano derecha bajo su brazo. Por un largo rato no dijo nada más, hasta que finalmente habló.

"Quiero que escribas acerca de cómo vives tu cristianismo. Es importante para otros conocer cómo has vivido tu vida conmigo, cómo has tenido tu corazón abierto para mí. Tu vida honesta y obediente es muy importante para mí, y sé que siempre me pones primero en tu vida. Cuando oras, siempre dices que me vas a poner a mí primero, que soy más importante que cualquier persona o cosa en tu vida.

"Quiero que sepas que he escuchado todas tus oraciones, aunque pareciera que no he contestado a todas ellas. Conozco el corazón de todos mis hijos. No puedo bendecir a los que no tienen un corazón sincero, pero quiero que todos mis hijos sean bendecidos."

Después que me dejó esta vez, medité en sus palabras. Parecía genuinamente contento conmigo, y yo estaba feliz de que me dijera que escuchaba todas mis oraciones. Él me guió a un importante pasaje en la Biblia: "Y esta es la confianza que tenemos en él, que si pedimos alguna cosa conforme a su voluntad, él nos oye. Y si sabemos que él nos oye en cualquiera cosa que pidamos, sabemos que tenemos las peticiones que le hayamos hecho" (1 Juan 5:14-15). Dios escucha y responde a las oraciones sinceras de sus hijos.

Él me enseñó muchas otras ricas y preciosas promesas, y yo sabía que Él quería que reclamara cada una de ellas:

"Me invocará, y yo le responderé; con él estaré yo en la angustia; lo libraré y le glorificaré. Lo saciaré de larga vida, y le mostraré mi salvación."

—Salmo 91:15-16

"Cercano está Jehová a todos los que le invocan, a todos los que le invocan de veras."

—Salmo 145:18

"Clama a mí, y yo te responderé, y te enseñaré cosas grandes y ocultas que tú no conoces."

—Jeremías 33:3

"No os hagáis, pues, semejantes a ellos; porque vuestro Padre sabe de qué cosas tenéis necesidad, antes que vosotros le pidáis."
—MATEO 6:8

"Pedid, y se os dará; buscad, y hallaréis; llamad, y se os abrirá. Porque todo aquel que pide, recibe; y el que busca, halla; y al que llama, se le abrirá."

—MATEO 7:7-8

"Y todo lo que pidiereis en oración, creyendo, lo recibiréis."
—MATEO 21:22

Estas fueron sólo algunas de las poderosas promesas de la Palabra de Dios que me fueron reveladas por el Espíritu Santo. El 23 de marzo, yo estaba orando intensamente bajo una gran unción del Espíritu Santo. Mi cuerpo temblaba fuertemente y los gemidos que venían de lo profundo de mi espíritu salían con una violencia que no había experimentado antes.

El Señor entró a mi habitación y se sentó junto a la ventana. Luego vi mi cuerpo transformado sentado junto al Señor, y estaba gratamente sorprendida. Era como si tuviera una experiencia totalmente fuera de mi cuerpo. Era completamente espíritu. La suave voz de Jesús me habló: *"Estás viviendo tu vida completamente para mí. Tu corazón ha entregado voluntariamente todas las cosas terrenales por mí. Yo sé que nada te brinda más satisfacción que estar en mi presencia. Por eso, no quiero que vuelvas a decir que no eres lo suficientemente buena para mí. Tu fidelidad es importante para mí".*

Una voz inusual y que no era terrenal emanó de mi espíritu. Este fenómeno usualmente acompaña a las visiones que el Señor me da.

Luego, el Señor me mostró sus pies y manos. Yo podía ver las cicatrices de los clavos en sus manos y pies. Al principio, Él se sentó con las piernas cruzadas, pero luego estiró las piernas. Me di cuenta que la parte superior de ambos pies tenía una cicatriz redonda y profunda. Luego miré sus manos. Cerca de las muñecas tenía unas cicatrices blancas y redondas.

Mi corazón sintió mucho dolor por mi Señor. Toqué sus manos y pies. Puse mi cara en sus manos y pies, y comencé a llorar con grandes sollozos. Lloraba como una bebé, al darme cuenta de todo lo que el Señor había sufrido. Me preguntaba si toda mi casa me estaría escuchando. Podía ver mi cuerpo transformado con mi rostro inclinado y mis manos tocando las manos y pies del Señor, sobándolos suavemente. Podía ver que lloraba en mi cuerpo transformado. El Señor comenzó a hablar.

"Cuando estaba en esta tierra, viví conforme a las palabras de mi Padre, y supe a lo que tendría que enfrentarme, pero viví conforme a las palabras de mi Padre. Es por eso que todo en el cielo y la tierra es mío ahora.

"Muchos de mis hijos saben lo que yo quiero que hagan, pero aun así aman las cosas de este mundo más que a mis palabras. Los hijos que viven por mi Palabra, de acuerdo a mi Palabra, son aquellos puros de corazón. Son los únicos que van a entrar a las mansiones que he preparado para ellos, como aquella que viste con tu nombre en la puerta. Nadie puede amar este reino terrenal y mi Reino. Si alguien ama más al mundo que a mí, no puede entrar a mi Reino."

Este fue el mensaje más fuerte y severo que, hasta el momento, el Señor me había dado. Sabía que debía registrarlo cuidadosa y fielmente para que el mundo supiera que Él quiere ser primero en nuestras vidas. Él nos creó y murió por nosotros para que no tuviéramos que perdernos en el infierno.

Continuó diciendo: *"Cuando yo estuve en este mundo, sufrí hasta el final. Di mi vida por mis hijos. Yo quiero que vivan según mi Palabra para que puedan tener vida eterna conmigo. Esta vida terrenal no se puede comparar a mi Reino."*

Cuando dijo estas palabras, sonó triste y dolido.

Nunca olvidaré estas palabras, y sé que es verdad. Esta vida no puede compararse con el Reino de Dios. Lo he visto, y sé que su Reino está preparado para nosotros.

Capítulo 10

JERUSALÉN ESTÁ LISTA

*He aquí, yo vengo pronto; retén lo que tienes, para que
ninguno tome tu corona. Al que venciere, yo lo haré
columna en el templo de mi Dios, y nunca más saldrá de
allí; y escribiré sobre él el nombre de mi Dios, y el nombre
de la ciudad de mi Dios, la nueva Jerusalén, la cual
desciende del cielo, de mi Dios, y mi nombre nuevo.*

APOCALIPSIS 3:11-12

Era la primavera, maravillosa estación de flores, brisas cálidas y
florecientes árboles. En el estado de Washington, donde resido, es
una época del año espectacular. En el cielo, tal parece que es primavera
todo el tiempo: es cálido, hermoso, tranquilo y con gozo por todas
partes. En mi corazón he estado celebrando la primavera a través del
invierno, debido a las visitas del Señor y mis viajes al cielo.

El 24 de marzo, Roger y yo fuimos a los servicios de la iglesia.
Nuestro pastor predicó acerca del sufrimiento de Jesús antes de la
crucifixión. Era Cuaresma, la época del año cuando los cristianos se
preparan para la crucifixión y resurrección de Jesucristo. Mientras que
el pastor describía el sufrimiento de Jesús y leía las Escrituras relacionadas a su pasión, empecé a llorar. No era nada fuera de lo común para
mí empezar a temblar durante el tiempo de alabanza, pero esta vez
mi cuerpo temblaba tan fuerte, que casi me arroja de mi asiento. La
unción del Espíritu Santo fue muy poderosa sobre mí.

MANOS Y PIES CON CICATRICES

Vi a Jesús delante de mí y me dijo: *"Hija mía, quiero que veas mis manos nuevamente"*, y señaló las cicatrices en sus manos y pies. La extraña voz que salía de mí cuando aparecían mis visiones, no la escuché en esta ocasión. Permanecí sentada en la presencia del Señor en total silencio, mientras Él seguía hablándome.

"Quiero que continúes escribiendo todo lo que te enseño", me dijo el Señor.

Yo asentí con la cabeza.

Era increíblemente maravilloso poder contar con la visita privada del Señor durante un servicio público de alabanza. Yo quería pararme y decirle a todos que acababa de ver al Señor, y que Él me había mostrado sus cicatrices, pero algo profundo en mi espíritu evitó que lo hiciera. Me senté pacientemente hasta que el servicio terminó. Creo que fue la "pequeña voz" del Espíritu Santo de Dios que me dijo que no hablara.

Desde ese momento en adelante, como escribió Salomón, he aprendido que hay un tiempo para hablar y un tiempo para permanecer en silencio (ver Eclesiastés 3:7). Jesús me estaba entrenando para ser sensible a la dirección del Espíritu en mi vida, y sabía que hasta que Él no me guiara de otra manera, yo debía recibir y no dar.

Durante todo el servicio, lloré bajo la preciosa unción del Espíritu Santo. El temblor cesó cuando el Señor se fue, pero las lágrimas continuaron. Escuché la prédica del pastor, pero mi mente y espíritu estaban concentrados en otra cosa: las cicatrices que el Señor me había mostrado ya dos veces.

Empecé a meditar en algunas escrituras que recordé de estudios bíblicos y servicios en la iglesia:

"Mas él herido fue por nuestras rebeliones, molido por nuestros pecados; el castigo de nuestra paz fue sobre él, y por su llaga fuimos nosotros curados."

—Isaías 53:5

"Y cuando llegaron a un lugar llamado Gólgota, que significa: Lugar de la Calavera, le dieron a beber vinagre mezclado con hiel; pero después de haberlo probado, no quiso beberlo. Cuando le hubieron crucificado, repartieron entre sí sus vestidos, echando suertes, para

que se cumpliese lo dicho por el profeta: Partieron entre sí mis vestidos, y sobre mi ropa echaron suertes"
—MATEO 27:33-35

Podía ver a mi precioso Señor y Maestro colgado en la cruz del Calvario, en lo alto del Gólgota. Los afilados clavos rasgaron su carne en las palmas de sus manos y tobillos, mientras colgaba ahí tan débil. La lanza del soldado romano abrió una herida en su costado, e hileras de sangre bajaban por su rostro producto de la corona de espinas que le habían incrustado en la cabeza.

Había un charco de sangre a los pies de la cruz, y la gente pisoteaba su sangre, mientras trataban de conseguir su túnica. El cielo sobre ellos era gris oscuro y unos rayos se veían a la distancia.

La gente se burló de Él, lo escupió y lo maldijo. Las personas allí tuvieron una fiesta diabólica a expensas de mi Maestro. Luego, con los ojos de mi mente, vi a su madre, María, que se inclinába cerca de la cruz. Su cuerpo temblaba y ríos de lágrimas corrían por su rostro.

¡Oh, cómo comprendí el dolor que ella debió haber sentido ese día! Tuvo que ver a su hijo, a quien amaba tanto, desnudo, torturado y muerto delante de ella. Y no hubo nada que ella pudiera hacer para impedirlo. Jesús pudo haber llamado a 10,000 ángeles para que vinieran en su ayuda. Pero en lugar de eso, eligió aceptar la cruel y vergonzosa muerte en la cruz, de manera que nosotros pudiéramos encontrar el camino de la vida.

Yo le agradezco a Dios por la visión que me dio, porque ahora entiendo verdaderamente por todo lo que tuvo que pasar Jesús por la gente que tanto ama. Fue suspendido en la cruel cruz, entre el cielo y el infierno, para que nosotros pudiéramos tener vida eterna. Él nunca pecó, y, sin embargo, Él voluntariamente tomó todos nuestros pecados y se hizo pecado por nosotros. ¡Qué maravilloso Salvador tenemos!

Las cicatrices en sus manos y pies son reales. Yo las he visto. Son las marcas del tremendo sufrimiento y angustia que experimentó por ti y por mí.

¿PECES EN EL CIELO?

El 25 de marzo, Jesús me visitó desde las 6:35 A.M. hasta las 8:50 A.M. Caminamos y conversamos de la manera usual: en la playa, en el puente de oro, a lo largo del camino. Después de andar por el camino un buen rato, el Señor me escoltó por un camino diferente, hacia un camino ancho y blanco. Se parecía a una autopista de los Estados Unidos y estaba delineada por árboles a ambos lados.

Estos árboles eran muy, muy altos, y sus hojas eran las más hermosas que hubiera visto. Mientras caminábamos, vi que los árboles empezaron a cambiar de color. Era como caminar a lo largo de un arco iris. ¡El arsenal de colores era espectacular!

Este camino nos dirigió a un cerro que era mucho más pequeño que la montaña a la cual usualmente subíamos. Desde la cima, vi un río plateado que brillaba a la luz del sol del cielo. Una diversidad de montañas llenaba el panorama de una belleza que sólo el cielo podía producir. Las montañas estaban pobladas de verdes árboles.

Descendimos del cerro y caminamos hacia el agua, donde vimos toda clase de peces que nadaban en el río con un fondo rocoso. Me divirtió mucho ver peces en el cielo, y empecé a reírme. Yo estaba disfrutando tanto del momento, que me paré y empecé a vadear en el agua.

Me agaché y agarré un pez rojo con rayas, y lo saqué fuera del agua. Yo me reía incontrolablemente, así que el pez saltó de mis manos y volvió a salvo al agua. Al ver aquel pez que tuve cautivo nadar libremente en el agua junto a otros peces, causó una risa casi histérica en mí. Agarré otro pez, esta vez de otro color, y también saltó de mis manos. Fue un tiempo de diversión y gozo, donde el Señor empezó a reírse conmigo también.

Él empezó a participar de la actividad conmigo, se agachó y agarró un enorme pez de muchos colores, similar a un abrigo de muchos colores. Pasó un tiempo admirando al pez, y luego lo echó de nuevo al río, riéndose. Fue tan bueno ver al Señor disfrutar ese momento conmigo.

Yo seguí riéndome a grandes carcajadas, y me sentí muy bien. Mientras más sentía la risa del Señor, más me reía. Al final, me dolía el vientre de tanta risa, pero me sentí muy bien.

Jesús me dijo: *"Hija mía, debes estar disfrutando mucho esto. ¿Te gusta pescar?"*

"Simplemente estoy disfrutando el estar aquí, Señor."

"Tengo más peces para mostrarte después. ¿Quieres atrapar más peces?"

"Me estoy riendo tanto que no podría atrapar ningún pez, Señor", contesté.

"Mejor regresamos, hija mía. Tengo que llevarte a otro lugar."

Dejamos el río, y me sentí liviana por los momentos allí vividos de gozo y risa. Los peces fueron divertidos, y recordé la escritura: "El corazón alegre constituye buen remedio", (Prov. 17:22). ¡Sentí que había tenido la dosis suficiente de gozo como para el resto de mi vida!

Fue tan maravilloso ver a mi Señor disfrutar con mi gozo y alegría. Esta experiencia me ayudó a entender el versículo: "Me mostrarás la senda de la vida; en tu presencia hay plenitud de gozo; delicias a tu diestra para siempre" (Salmo 16:11).

Había caminado a lo largo del camino de la vida en el cielo y bebido del río de sus placeres como menciona el salmista: ¡Cuán preciosa, oh Dios, es tu misericordia! Por eso los hijos de los hombres se amparan bajo la sombra de tus alas. Serán completamente saciados de la grosura de tu casa, y tú los abrevarás del torrente de tus delicias. Porque contigo está el manantial de la vida; En tu luz veremos la luz". (Salmo 36:7-9).

Mi gozo sube como una fuente y se rebalsa como una catarata.

VOLAR POR EL CIELO

Regresamos al mismo camino que tomamos para ir hacia el cerro. Luego, el Señor me llevó a una montaña alta que estaba en un camino angosto, bordeado por árboles y arbustos inmensos. Caminamos a lo largo de este camino por bastante rato. Esto me hizo preguntarme hacia dónde iríamos. También me pregunté por qué sería tan angosto el camino.

Por fin, llegamos al final del camino, donde pude ver desde la montaña que una verja blanca rodeaba muchos edificios blancos. Éstos relucían con el blanco más puro, un blanco más brillante que la fresca nieve recién caída. Quise acercarme más a la escena que tenía ante mí, pero como era casi siempre el caso, Jesús me mostró todo a la distancia. Yo no entendía la razón.

Me dijo: *"Hija mía, quiero que lo veas claramente, así que vamos a ir allá abajo".* Se acercó a mí, tomó mi mano y empezamos a volar. Fue una experiencia que me quitó el aliento, y un sonoro gemido emergió de mi cuerpo terrenal.

Cuando aterrizamos en el fértil valle, Jesús me llevó a una calle blanca y limpia. Luego vi que tenía casas blancas a ambos lados. La calle era blanca y brillante como el cristal. Todo parecía tan blanco allí. La verja parecía mucho más alta que las casas que yo había visto desde lo alto de la montaña.

En este momento, todavía se me hace imposible para mí explicar o inclusive sugerir, el porqué el Señor me ha mostrado algunas de estas cosas. Muchas veces, Él me ha mostrado lo mismo en dos ocasiones diferentes. Normalmente, no pasamos mucho tiempo en cada lugar, y pocas veces me ha dado explicaciones sobre el significado de las cosas, pero yo no tengo ningún problema con eso. Yo sé que llegará el tiempo que hasta conoceré como fui conocida (ver 1 Corintios 13:12).

El Señor me dijo que tenía que mostrarme esto, y nos acercamos a una de las casas. Tenía doble puerta con bordes de oro. La puerta estaba delineada con vidrio de color. ¡Yo me fijé, particularmente, que la perilla de la puerta estaba hecha de oro puro!

Cuando entramos a la casa, vi que todas las ventanas estaban hechas de vidrio de color. Las alfombras eran muy coloridas, una mezcla de tonalidades suaves, que le daba al interior de la casa una vista muy clásica. Las joyas que adornaban las paredes brillaban. A mí me daba la impresión de que estaba entrando dentro de una figura más que en una casa.

Subí las escaleras de oro que tenían un intrincado diseño grabado sobre la superficie. Al terminar las escaleras, caminé hacia un dormitorio donde había una cama más grande y más larga que la del tamaño matrimonial "king" de la tierra. Caminé y entré en el cuarto de maquillaje. Estaba cargado de oro y piedras preciosas en cada pared, excepto una. Esa pared tenía un espejo de arriba a abajo, que reflejaba la impresionante belleza del ambiente.

Me di cuenta que todas las habitaciones en esta casa eran inmensas, incluyendo el cuarto de baño. De hecho, cada casa que el Señor que ha mostrado tiene habitaciones enormes y tan hermosas que sobrepasan toda expectativa.

Empecé a cantar con gozo mientras caminaba por los corredores, entrando en cada uno de los cuartos y disfrutando de esta maravillosa residencia. Después que mi excursión por el piso superior terminó, bajé y fui a la habitación donde estaba el Señor. Esta habitación era más bien como una sala. Él me escuchó, me miró y dijo: *"¿Te gusta este lugar?"*

"Sí, mi Señor. Es hermoso. ¿Quién va a vivir en estas casas?"

"Todos mis hijos vivirán en estas casas que he preparado para ellos. Estarán viviendo aquí más pronto de lo que creen."

La ciudad santa

El Señor tomó mi mano y dejamos el precioso valle. Luego, caminamos sobre una calle que estaba dividida y que era del mismo color que la calle de ladrillo amarillo en "El mago de Oz". Había casas blancas a ambos lados del camino. La isla en el medio de la calle estaba adornada con árboles frutales que fueron plantados al mismo nivel, por todo lo largo de una clara, azul y extremadamente larga corriente. Habían rocas bonitas en ambos lados de la corriente.

Después, el Señor tomó mi mano y dijo: *"Nos vamos a elevar, hija"*, y nos empezamos a elevar del piso, en forma vertical como lo hacen los helicópteros, y luego empezamos a volar. Él me llevó a la misma montaña donde empezamos este viaje en particular.

Cuando empezamos a volar, mi cuerpo terrenal, tendido en la cama, gritaba de pánico. Sin embargo, en mi cuerpo transformado, me estaba acostumbrando a las cosas extraordinarias que experimentaba en el cielo. Caminamos de regreso por el camino angosto, y fuimos al edificio blanco donde siempre nos cambiamos las túnicas. Luego, fuimos al tranquilo lago.

En el preciso momento que llegamos al lago, empecé a cantar y bailar. Mi corazón seguía volando de gozo. El Señor dijo: *"Ven, Choo Nam, siéntate junto a mí"*.

Obedecí, me senté en una roca junto a Él y sostuve su brazo.

"Hija mía, te he mostrado el río y la Nueva Jerusalén. Esas casas están en Jerusalén, la ciudad santa. Todos vamos a vivir en Jerusalén cuando traiga a mis hijos al hogar. Quiero que mis hijos sepan que Jerusalén ya está lista para ellos.

"Tú has visto que no hay camino que lleve a Jerusalén. Es por eso que tuvimos que volar para llegar allí. Todos vamos a volar allí pronto, es por eso que tu trabajo es tan importante.

"No quiero que vayas a olvidarte de nada de lo que te he mostrado o dicho", continuó el Señor. *"Sé que no todos van a creer muchas de las cosas que te he mostrado, los incrédulos y aquellos que no conocen mi Palabra, pero sé cuánto te esfuerzas por agradarme.*

"Después que termines esta obra, tu vida será puro gozo, mucho más de lo que acabas de experimentar. Vas a ser bendecida. Todo aquel que te crea y ayude va a ser bendito también.

"Tú vas a ser una sorpresa para todas las iglesias, un gozo para todos los

que estén listos y esperando por mí, y motivo de tristeza para aquellos que aman el mundo más que a mí. Este libro va a ayudar a liberar a muchos que están en oscuridad espiritual.

"Hija mía, no te preocupes por lo que la gente piense o diga; sólo escribe lo que yo te enseño y digo. Yo confío en tu obediencia completamente. Tú has temido y creído en mi Palabra desde el momento en que me conociste. Sé que nunca me has desobedecido deliberadamente desde que me diste tu corazón, y me has puesto primero en tu vida. Es por eso que te elegí mi hija especial y mi amiga."

Sus palabras me tranquilizaron y halagaron. Me hicieron sentir bien. De una cosa estaba segura, desde que me convertí al Señor, siempre me había esforzado en agradar a mi Señor, por ponerlo a Él en primer lugar en cada situación y decisión. Él estaba bendiciendo mi obediencia.

"Me tomó largo tiempo prepararte para esta obra", dijo. *"Ahora ya sabes lo especial que eres para mí. Tú dijiste que me diste tu vida, y conozco tu corazón. Nunca te desvíes de este compromiso, Choo Nam."*

"Sea lo que sea que tengas que dejar o perder en tu vida terrenal, yo te lo restauraré en el cielo. En el cielo, tú estarás conmigo para siempre."

Para mí, esas eran las palabras más importantes de todas. Era esta promesa la que me mantenía para seguir adelante, porque sabía lo inmensurablemente maravilloso que era estar con Él. El entusiasmo de saber que iba a estar en su presencia para siempre, era el pensamiento más sagrado de todos.

"Señor, no soy tan buena", dije. "Es sólo que te amo más que a mi propia vida. No soy feliz con nada ni nadie, si tú no estás incluido. Yo siento tu control en cada parte de mi vida, y eso me hace muy feliz."

"Quien permite que yo controle su vida será bendecido. Estos son mis hijos obedientes. Tú eres mi hija especial."

Cuando la visita hubo terminado, repasé todas las cosas que el Señor me había dicho. La Nueva Jerusalén viene del cielo. Ya está lista. El Señor quiere que sus hijos disfruten de gloria eterna con Él. Él me ha elegido para compartir todo esto con todo aquel que quiera escuchar.

En el transcurso del día, estudié lo que las Escrituras tenían que decir acerca de la Nueva Jerusalén. Cuando leí el capítulo veintiuno de Apocalipsis, me di cuenta que el apóstol Juan había tenido la misma experiencia que yo había disfrutado con el Señor momentos antes.

"Y me llevó en el Espíritu a un monte grande y alto, y me mostró
la gran ciudad santa de Jerusalén, que descendía del cielo, de Dios,
teniendo la gloria de Dios. Y su fulgor era semejante al de una piedra
preciosísima, como piedra de jaspe, diáfana como el cristal."
—APOCALIPSIS 21:10-11

Yo estaba cautivada por esta descripción de la ciudad celestial,
porque yo había visto muchas de las cosas sobre las que él escribió.

"Y no vi en ella templo; porque el Señor Dios Todopoderoso es el
templo de ella, y el Cordero. La ciudad no tiene necesidad de sol ni
de luna que brillen en ella; porque la gloria de Dios la ilumina, y el
Cordero es su lumbrera."
—APOCALIPSIS 21:22-23

Yo había caminado en la luminosidad de esa ciudad. Me sentí como
rodeada por nieve, porque todo era blanco y brillante. Como Juan, me
di cuenta que no había ni iglesias ni templos en la Nueva Jerusalén, sólo
hermosas casas que el Señor había preparado para sus hijos.

"Sus puertas nunca serán cerradas de día, pues allí no habrá noche.
Y llevarán la gloria y la honra de las naciones a ella. No entrará en
ella ninguna cosa inmunda, o que hace abominación y mentira, sino
solamente los que están inscritos en el libro de la vida del Cordero."
—APOCALIPSIS 21:25-27

Esto es lo que Jesús estuvo diciéndome: el cielo está reservado para
aquellos que obedecen. Sólo los puros de corazón podrán entrar y vivir
allí. Continué leyendo hasta el capítulo 22, y confirmé la realidad del
cielo que había experimentado.

"Después me mostró un río limpio de agua de vida, resplandeciente
como cristal, que salía del trono de Dios y del Cordero. En medio de
la calle de la ciudad, y a uno y otro lado del río, estaba el árbol de la
vida, que produce doce frutos, dando cada mes su fruto; y las hojas
del árbol eran para la sanidad de las naciones."
—APOCALIPSIS 22:1-2

Yo había probado del agua del río y había caminado por las calles.
Había visto los árboles y hasta había probado algunos de sus frutos.

El mensaje que Jesús le dio a Juan fue el mismo que me dio a
mí. Este es el mensaje que quiere que yo comparta con todo aquel
que quiera escuchar: "¡He aquí vengo pronto! Bienaventurado el que

guarda las palabras de este libro" (Apocalipsis 22:7).

El Señor es justo y quiere que todos sepan: "He aquí yo vengo pronto y mi galardón conmigo, para recompensar a cada uno según sea su obra. Yo soy el Alfa y la Omega, el principio y el fin, el primero y el último" (Apocalipsis 22:12-13).

Capítulo 11

COMIDA CELESTIAL, DELEITES CELESTIALES

*Bienaventurados los que son llamados a
la cena de las bodas del Cordero.*

APOCALIPSIS 19:9 (ÉNFASIS AÑADIDO)

El 27 de marzo, mi cuerpo atravesó treinta minutos de intenso temblor antes que el Señor apareciera. Estuve con Él desde las 6:30 A.M. hasta las 8:45 A.M. Después de que mi cuerpo temblara por media hora, el Señor se acercó y tomó mi mano.

En mi cuerpo transformado, caminé junto al Señor por la playa, y entonces me escoltó al cielo. Pasamos a través de las puertas de perla, y nos dirigimos al edificio blanco para cambiar nuestra vestimenta. Después de cambiarnos, caminamos sobre el puente de oro.

Todo esto se volvía natural para mí. Estoy segura que cada creyente atravesará el mismo proceso cuando vaya al cielo. Pensé en los personajes de la Biblia con quienes compartía el privilegio de visitar el cielo antes de la muerte. El apóstol Pablo escribió sobre una de estas almas afortunadas en el capítulo 12 de la segunda epístola a los Corintios.

"Conozco a un hombre en Cristo, que hace catorce años (si en el cuerpo, no lo sé; si fuera del cuerpo, no lo sé; Dios lo sabe) fue arrebatado hasta el tercer cielo. Y conozco al tal hombre (si en el cuerpo, o fuera del cuerpo, no lo sé; Dios lo sabe), que fue arrebatado al paraíso, donde oyó palabras inefables que no le es dado al hombre expresar" (2 Corintios 12:2–4).

Sé exactamente lo que este hombre experimentó, porque hay muchas cosas que yo vi y escuché en el cielo, que no me es permitido compartirlas con otros.

Relatos bíblicos de visitas al cielo

El apóstol Juan, como aparece registrado en el libro de Apocalipsis, también fue al cielo. Su visita allí fue precedida por una visita personal de parte del Señor Jesucristo, quien le dijo: "Yo soy el Alfa y la Omega, principio y fin, dice el Señor, el que es y que era y que ha de venir, el Todopoderoso" (Apocalipsis 1:8). Así como Juan, mis visitas al cielo siempre comenzaron con una visita del Señor.

El profeta Elías también fue al cielo. Parte de lo que fue escrito acerca de su encuentro celestial dice: "Y aconteció que yendo ellos y hablando, he aquí un carro de fuego con caballos de fuego apartó a los dos; y Elías subió al cielo en un torbellino" (2 Reyes 2:11). Elías voló al cielo en un torbellino, y yo creo que mis vuelos al cielo pueden describirse de la misma manera.

Dios ha sido benévolo con muchos otros antes que yo, es decir, con las personas que ha llevado al cielo antes de la muerte. En cada caso, había un propósito común para estas visitas al cielo. Dios siempre ha estado interesado en dejarles saber a sus hijos su deseo de que ellos vivan con Él para siempre.

Cuán privilegiada soy de ser contada entre los pocos elegidos que Él ha honrado de esta manera. Cuando pienso en ello, me doy cuenta que no fui escogida porque yo fuera particularmente especial, sino que simplemente, mi único deseo es obedecer y servir a mi Señor por toda la eternidad. Me emociona hablarles a los demás sobre mis viajes al cielo.

Comida para el reino

El Señor y yo caminamos algún tiempo por un camino, entonces volteamos a la derecha, y bajamos una ladera hasta llegar a unos escalones hechos de piedra. Vi un cuerpo de agua que se veía como un río muy largo y angosto.

"Lo que te voy a mostrar, hija mía, será muy especial para mis hijos".

Había árboles de magníficas frutas a ambos lados del río. A un lado, los árboles llevaban fruto color morado, y al otro lado, los árboles estaban cargados con una preciosa fruta color rojo. Estas frutas eran muy atractivas, y yo deseaba probarlas. Las frutas rojas tenían la forma de grandes lágrimas.

El Señor debió conocer mi deseo, porque Él alcanzó una de las frutas y me la dio para que la comiera. Sabía diferente a cualquier otra fruta que yo hubiera comido antes. Era tan deliciosa que mi cuerpo físico lo saboreó también.

"Señor, ¿por qué no comes?"

"No tengo hambre, pero me alegra ver que tú lo estás disfrutando."

Caminamos por largo rato, y entonces vi un puente pintoresco construido de madera color roja. Cuando caminamos sobre el puente, miré hacia el agua y vi que el riachuelo estaba lleno de una gran variedad de peces.

"¿Para qué son todos esos peces?", le pregunté.

"Esta es comida para el reino", me contestó el Señor.

Me hacía feliz saber que comeremos frutas y pescado en el cielo. El hecho de que estos son los alimentos principales del reino me sugiere que deberíamos comer más de estos en la tierra. Siempre he pensado que el pescado y las frutas son comida particularmente saludable, y estas visitas al cielo me lo confirmaron.

Siempre me da mucha risa ver a los peces nadar con tanta libertad en el agua. Riendo, le pregunté: "Señor, ¿dónde los podremos cocinar?". Antes de contestarme, noté que la voz que acompaña mis visiones sobrenaturales salió de mi cuerpo físico. Comprendí que el Señor quería mostrarme algo.

Al mirar hacia el extremo derecho del agua, noté que había un gran muro de piedras que se extendía tan lejos que no podía ver donde terminaba. Era tan alto que no podía ver su superficie. Podía ver la arena blanca y pura que se extendía desde el camino hasta el muro de piedras. No había árboles en esta vecindad particular, pero la arena se veía blanca y limpia. La escena que me fue impartida a través de esta visión sobrenatural era inmensamente hermosa.

En unos instantes, el Señor contestó mi pregunta al caminar dentro del agua y agarrar un pez blanco y plano. Era del tamaño de mis dos manos juntas. Disfruté viendo al Señor hacer esto por mí, y encontré la escena muy divertida. Comencé a reír mientras continuaba observándolo.

Luego caminé con Él más allá de las rocas, donde noté que había muchas áreas para cocinar que tenían hornos plateados construidos en las rocas. Sobre los hornos había parrillas con platos en forma ovalada y tenedores de plata. El Señor simplemente presionó un botón por el lado del horno y el fuego comenzó a arder.

Él entonces asumió el rol de un cocinero. Asó el pescado hasta que ambos lados quedaron dorados. Se veía muy feliz haciendo esto para mí.

Por alguna razón, yo quería comer la cola, así que la señalé, y el Señor me dio esa mitad del pescado. Él comió la otra mitad mientras yo devoraba mi porción. Estaba delicioso. Verdaderamente, nunca antes he probado un pescado más tierno y jugoso. El Señor me observaba mientras yo disfrutaba mi comida celestial.

Cuando terminamos de comer, tomó mi plato y tenedor y los puso en un recipiente plateado. Entonces me dijo: *"Hija mía, como puedes ver, lo he preparado todo para mis hijos".*

Yo sonreí de puro gozo.

Luego volvimos a tomar el camino y regresamos al edificio blanco donde siempre nos cambiamos. Un ángel me escoltó hasta el tocador del cuarto de baño, y después de ponerme una hermosa túnica y una corona, salí al salón donde el Señor me estaba esperando.

Él tomó mi mano, y fuimos al estanque. Allí comencé a cantar y danzar, como era mi costumbre. Ese día me sentía especial, y tan agraciada por lo que el Señor hacía por mí; más que ningún otro día desde que Él me había comenzado a traer al cielo.

No se trataba de que hubiera comido pescado; sino que mi Señor y Salvador cocinó el pescado y comimos juntos. Él me mostró su bondad, como hizo con sus discípulos antes de irse a los cielos. Todos estos pensamientos venían a mi mente mientras danzaba.

Entonces, el Señor me llamó a que me sentara a su lado. Puse mi mano bajo su brazo, mi cara sobre su hombro y comencé a llorar. "Por favor, Señor, deja que me quede aquí contigo. No quiero separarme de ti. Este es el momento más feliz de mi vida".

"Hija, debes hacer mi obra. No quiero que pierdas nada de lo que te he mostrado y dicho. Sé que no tienes tiempo para ti, pero después que todo esté finalizado, serás bendecida."

"Señor, Roger es el único que puede ayudarme a escribir, y ya él está haciendo tanto por mí."

"Dile que lo amo. Lo bendeciré más de lo que él espera. También dile

que pase más tiempo conmigo. Todo aquél que me ama debe pasar mucho tiempo conmigo."

Fue un tiempo maravilloso de dulce comunión con el Señor. Cuando terminó nuestra conversación, regresamos al edificio blanco y nos cambiamos en nuestras túnicas blancas. Entonces regresamos a la tierra y caminamos por la playa. Nos sentamos en la orilla, puse mi brazo bajo el suyo, y le dije: "Te amo, Señor".

"Te amo, hija preciosa", respondió Él en una voz que emanaba felicidad. *"Dile a todos que hay muchas cosas para comer en mi reino. Todo allí sabrá mucho mejor que cualquier comida terrenal. ¿Te gustó el pescado?"*

Asentí en apreciación. Cuando nos levantamos, el Señor me abrazó, y entonces partió de mi lado.

El Señor es cada vez más amigable y amoroso. Recuerdo que al principio, Él no me abrazaba o me llamaba su hija. Tampoco usaba ninguna palabra dulce. Ahora me dice muchos nombres de cariño. Siento que Él se siente cómodo conmigo.

Un lugar de placer

La Biblia dice: "Me mostrarás la senda de la vida; en tu presencia hay plenitud de gozo; delicias a tu diestra para siempre" (Salmo 16:11). Mis visitas al cielo me han mostrado la verdad de este versículo. El cielo es un lugar de eterno placer. El Señor se deleita en agradar a sus hijos. Él desea que seamos felices.

El 29 de marzo, estuve con el Señor desde las 6:40 a.m. hasta las 8:45 a.m. Esa mañana, mi cuerpo tembló por cuarenta y cinco minutos. Entonces escuché la voz del Señor y vi su presencia. Él tomó mi mano, y vi mi cuerpo transformado caminando por la playa con Él. Caminamos por la orilla por unos minutos, y entonces subimos al cielo.

Como era costumbre, nos cambiamos nuestros vestidos en el edificio blanco. Entonces caminamos sobre el puente de oro, y fuimos por un camino ancho que no había visto antes. Este camino llegaba a un área árida donde no había pasto, árboles ni montañas. Toda esta escena era blanca, como si hubiéramos entrado a la tierra baldía del Ártico. Continuamos caminando hasta que llegamos al final del camino.

Un enorme río apareció frente a nosotros, y noté que había montañas a ambos lados del agua. La montaña al extremo derecho era extremadamente alta. Caminamos muy cerca al río, donde el terreno era como gravilla. Pequeñas piedrecillas crujían bajo nuestros pies al caminar.

El río estaba lleno de pequeños botes. Había visto escenas similares a esta en la tierra, cuerpos de agua donde la gente va a pescar, esquiar o simplemente disfruta remar.

"¿Te gustaría remar en uno de estos botes?", me preguntó el Señor.

"Sí", le respondí con entusiasmo, "me gustaría mucho."

Nos montamos en uno de los pequeños botes, y el Señor remó con su mano. Nos alejamos bastante de la orilla. Cuando me asomé por la orilla del bote, vi una gran multitud de peces de diversos colores que jugueteaban en el agua.

Mi mirada estafa fija en el agua tan clara. Podía ver todo bajo el agua con mucha claridad. Era como el cristal más claro. Los peces, como de costumbre, me hicieron reír.

Eran peces brillantes y hermosos. Parecidos a los peces decorativos que las personas en la tierra usan para los estanques de jardín.

"Éstos, hija mía, son para disfrutarlos. Así como tú, yo disfruto mirar los peces nadar en el agua."

Todo era tan tranquilo y sereno en la quietud del agua. Mirando alrededor, sentí como si estuviéramos sentados sobre un gran lente óptico. Dejamos el bote y regresamos por el mismo camino que habíamos tomado para llegar al lago; entonces volteamos por una estrecha vereda por la montaña. La magnífica vista al final de la vereda revelaba un exuberante valle que estaba cubierto de altos pastos. Un estrecho riachuelo encontraba su camino a través del vasto prado.

Vi que algo se movía a través de este campo de hierbas que parecía ser trigo. Entonces vi otros movimientos a través de todo el campo de trigo. El valle estaba lleno de ganado que se veía muy parecido a las vacas de la tierra.

"Escribe esto, Choo Nam. Quiero que todos mis hijos conozcan lo que les aguarda en el cielo. Sé que muchos de mis hijos tienen preguntas acerca del cielo. Algunos de ellos se preguntan si habrá comida para comer en el cielo."

Yo conocía la respuesta a esa pregunta, y me inundó un sentido de gran satisfacción al mirar esta vista espectacular frente a mí. Apenas podía captarlo todo.

Sin embargo, no pudimos permanecer allí por mucho rato. En

unos instantes, el Señor me llevó de regreso al edificio blanco, donde nos cambiamos nuestra vestimenta, y entonces fuimos al estanque. Comencé a cantar de gozo. Luego me senté al lado del Señor.

"Hija mía, ¿disfrutaste el paseo en el bote?", preguntó.

"Oh, sí, Señor."

"Cuando traiga a mis hijos aquí, quiero que ellos se deleiten. Ellos pueden hacer muchas de las cosas que hacen en la tierra. Quiero que ellos sean felices. Debes recordar todas las cosas que te mostré y las cosas que hablamos.

"No quiero que estés confundida por ninguna cosa. Es por eso que te repito las cosas importantes una y otra vez, y te muestro las mismas cosas más de una vez."

Regresamos al edificio blanco, nos cambiamos y llegamos a la playa en la tierra. El Señor parecía tener prisa, así que no nos sentamos a hablar en esta ocasión. Él simplemente me abrazó y me dejó. Como siempre, mi cuerpo físico dejó de temblar tan pronto Él partió de mi lado.

Agua para la tierra

A comienzos del hermoso mes de abril, el Señor apareció en mi cuarto en la mañana del primer día del mes, a las 6:20 A.M. Estuve con Él hasta las 8:35 A.M. Mi cuerpo tembló por treinta minutos, y luego vino y me habló. Me extendió su mano, vi mi cuerpo espiritual en la playa, y entonces me llevó al cielo.

Después de cambiarnos las vestiduras, caminamos sobre el puente de oro. Nuestro viaje nos llevó por un ancho camino bordeado de enormes rocas a ambos lados. Fue una caminata más larga que de costumbre, que nos llevó al final del camino hasta una alta montaña rocosa. La montaña era tan alta que no podía ver su cumbre, pero noté que había unas enormes rocas negras que sobresalían de su base. Entre las rocas, unas olas grandes se movían agitadas de un lado para el otro en forma tempestuosa. El agua parecía ser muy profunda.

No había un camino para llegar al agua, así que simplemente la observamos desde el lado de la montaña. El cuerpo de agua parecía llenar un enorme agujero. El Señor me explicó: "Esta agua es para la tierra".

Como sucede con frecuencia, el Señor no me explica a cabalidad el significado de sus palabras. Él simplemente me dice lo que son ciertas cosas, y para lo que pueden ser usadas. Aunque cuando le hago preguntas directas, Él usualmente me provee una respuesta.

La mayoría del tiempo, sin embargo, no me motiva el hacerle preguntas acerca de lo que me muestra, porque sé que un día todo estará claro para mí. Mi trabajo ahora es simplemente ser una escriba de las cosas que me muestra y dice, y sé que me dará una explicación completa siempre que Él lo entienda necesario.

Regresamos otra vez por el mismo camino. Al llegar a una intersección, tomamos un camino lateral que serpenteaba muy cerca del puente de oro que llegaba a la playa. Mientras caminábamos, noté que había muchas casas enclavadas en la orilla del agua.

En el patio trasero de las casas, había árboles frutales de toda especie. Era un huerto sembrado en forma muy ordenada. Las primeras filas consistían de árboles de un verde pálido, llenos de frutos morados. El siguiente grupo era de árboles más grandes con hojas rojas. Los colores eran numerosos y combinaban los unos con los otros de la manera más encantadora. El despliegue de colores era tan espectacular que me dejó sin aliento.

No había montañas en esta región particular del cielo, sólo agua, arena, casas y árboles. Era un área tan vasta que no podía ver dónde terminaba.

El Señor me llevó adentro de una de las casas. Ésta era muy diferente a las mansiones y castillos que había visitado antes. Su interior era muy simple; y sus colores, tenues.

"Estas son casas de playa para mis hijos", me explicó el Señor.

¡Era asombroso! ¡Tendremos casas de vacaciones en el cielo! Verdaderamente, el Señor desea que sus hijos sean felices y disfruten sus placeres para siempre.

Después de esta visita tan agradable, el Señor y yo nos cambiamos nuestras túnicas en el edificio blanco, y volvimos al plácido estanque donde canté y dancé delante de Él. A pesar que no podía ver su rostro con claridad, sabía que el Señor estaba sonriendo de puro deleite.

Él me pidió que me sentara a su lado, y una vez más comencé a llorar, porque sabía que el final de nuestra visita se acercaba. Siempre que estoy con Él, no deseo partir. Su presencia es plenitud de gozo.

Me senté a su lado, y me dijo: *"He preparado muchas cosas en mi reino que mis hijos disfrutan en la tierra. Hay muchas actividades.*

Me aseguré que ninguno se sienta aburrido. Todos tendrán diferentes asignaciones".

"¿Por qué crees que escogí a los profetas para hacer mi obra en la tierra? Así como a ti, los envié para que hicieran mi trabajo. Sin los profetas, no tendría forma de comunicar mis deseos a mis hijos.

"Así que, hija mía, no dejes de escribir sobre ninguna cosa que te he mostrado o dicho. Escríbelo todo. Es por ser una hija tan obediente que puedo usarte.

"Debemos regresar ahora."

Él tomó mi mano, cambiamos nuestras vestimentas y regresamos a la playa en la tierra. En esta ocasión tampoco nos sentamos a hablar. El Señor simplemente me abrazó y se fue. Como siempre sucede, mi cuerpo físico dejó de temblar tan pronto el Señor partió de mi lado.

Capítulo 12

DISFRUTAR DEL REINO

Para que sometida a prueba vuestra fe, mucho más preciosa que el oro, el cual aunque perecedero se prueba con fuego, sea hallada en alabanza, gloria y honra cuando sea manifestado Jesucristo, a quien amáis sin haberle visto, en quien creyendo, aunque ahora no lo veáis, os alegráis con gozo inefable y glorioso; obteniendo el fin de vuestra fe, que es la salvación de vuestras almas.

1 PEDRO 1:7–9

Por muchos siglos, la preciosa paloma ha simbolizado dos cosas: la paz y el Espíritu Santo. Cuando Juan el Bautista sumergió a Jesús en el Río Jordán, el Espíritu de Dios descendió "sobre él en forma corporal, como paloma, y vino una voz del cielo que decía: Tú eres mi Hijo amado; en ti tengo complacencia" (Lucas 3:22). Fue una paloma la que anunció a Noé que las aguas del gran diluvio se habían secado. No es de sorprender entonces, que yo encontrara palomas en mi siguiente visita al cielo.

Fue en la mañana del 3 de abril, cuando el Señor estuvo conmigo desde las 6:00 A.M. hasta las 8:30 A.M. Después de temblar y gemir por treinta minutos, escuché la voz del Señor y tomó mi mano. Poco después, vi mi cuerpo transformado caminando en la playa con el Señor.

Subimos al cielo, donde nos pusimos otras túnicas. Cruzamos sobre el puente de oro y tomamos un camino a la derecha. Era un camino muy ancho sobre el cual las ramas de los poderosos árboles que crecían a ambos lados formaban un dosel con sus hojas. Este era un camino diferente a cualquier otro que habíamos caminado antes.

Caminamos por largo rato, y luego tomamos otro camino a la derecha. Caminamos largo rato por este camino también. Este camino bordeaba la base de una gran montaña rocosa. Hacia nuestra izquierda, había un ancho valle con árboles verdes. El medio del valle parecía estar lleno de gravilla blanca.

Palomas en el cielo

Al mirar sobre el sereno valle, noté un movimiento en la gravilla blanca. El área estaba llena de aves.

"Señor, ¿qué clase de aves son estas?, le pregunté.

"Son palomas."

"¿Por qué hay tantas palomas aquí?"

"Ellas son muy importantes para mí."

Era un lugar maravilloso, muy grande y hermoso. Trepamos encima de un muro de roca sólida sobre el cual podíamos pararnos y observar las palomas del cielo, y permanecimos allí por un largo rato. Yo me sentía profundamente conmovida por lo que mis ojos estaban viendo.

Un océano interminable

Nos bajamos del muro y continuamos nuestro camino. Poco tiempo después, llegamos a un camino estrecho que doblaba a la izquierda y lo seguimos. Al llegar a una curva del camino, pude ver un enorme océano, el cual era tan vasto, que parecía no tener final. Cuando llegamos al litoral, había una pared rocosa y alta por donde bajamos unos escalones de piedra que conducían hasta la orilla.

Había muchos botes en la orilla, grandes y pequeños. Era una marina en el cielo, y cada bote estaba amarrado a una barra ancha. Todos sus cascos eran blancos. Al acercarme, noté que cada bote tenía una cabina hermosamente amueblada y ventanas en vitral.

"¿Te gustaría dar un paseo en uno de los botes, hija mía?", me preguntó el Señor.

"¡Oh, sí!", exclamé.

Me dirigí a uno de los botes y nos montamos. El interior de la cabina estaba inmaculado, pero el bote era sólo lo suficientemente grande para dos personas. Había dos asientos al frente y dos timones.

Comencé a recordar cómo nuestro Señor se había relacionado con el mar, la naturaleza y la pesca durante su ministerio terrenal. Pedro,

Santiago y Juan —tres de sus discípulos— habían sido pescadores. Él frecuentemente predicaba a las orillas del Mar de Galilea, y también usaba los peces en sus lecciones objetivas. La historia de Jesús sobre calmar las olas embravecidas me vino al pensamiento.

> "Y he aquí que se levantó en el mar una tempestad tan grande que las olas cubrían la barca; pero él dormía. Y vinieron sus discípulos y le despertaron, diciendo: ¡Señor, sálvanos, que perecemos! Él les dijo: ¿Por qué teméis, hombres de poca fe? Entonces, levantándose, reprendió a los vientos y al mar; y se hizo grande bonanza. Y los hombres se maravillaron, diciendo: ¿Qué hombre es éste, que aun los vientos y el mar le obedecen?"
> —MATEO 8:24–27

¡Jesús ama el mar! Él ama el mundo de la naturaleza que creó. Y desea que nosotros también lo disfrutemos. De hecho, cuando todas las cosas fueron creadas, el hombre vivía en un paraíso más hermoso de lo que podamos imaginar –el huerto del Edén– un lugar de pureza, inocencia, primavera perpetua, fructificación, paz y gozo. Pero por su pecado, el hombre fue echado de ese paraíso terrenal.

Sin embargo, Dios, en su gran amor, creó una manera para que nosotros recuperemos el paraíso en el cielo. Él envió a su Hijo para morir por nosotros: "Porque de tal manera amó Dios al mundo, que ha dado a su Hijo unigénito, para que todo aquel que en él cree, no se pierda, mas tenga vida eterna" (Juan 3:16). El paraíso perdido fue recuperado a través de la muerte y la resurrección de su Hijo.

Mientras más estudio el libro de Génesis, más comprendo que el huerto del Edén era una réplica del cielo en la tierra. Esa es la clase de existencia que Dios quiere que sus hijos disfruten. Allí no había muerte, dolor, sufrimiento, oscuridad ni enfermedad. ¡Y de cierto, ninguna de esas cosas tendrá lugar en nuestro hogar celestial!

Que lugar maravilloso debe haber sido, pero la belleza del cielo sobrepasa esta descripción del Edén:

> "Y Jehová Dios plantó un huerto en Edén, al oriente; y puso allí al hombre que había formado. Y Jehová Dios hizo nacer de la tierra todo árbol delicioso a la vista, y bueno para comer; también el árbol de la vida en medio del huerto, y el árbol de la ciencia del bien y del mal. Y salía de Edén un río para regar el huerto…"
> —GÉNESIS 2:8–10

Comencé a entender que no es nada sorprendente que nuestro hogar celestial sea como los lugares más fantásticos de la tierra, los océanos, los bosques, los campos, los árboles, las flores, las aves, los animales, las frutas y los ríos están allí para que los disfrutemos, tal como Dios los había creado para nosotros en Edén. Por causa del pecado, perdimos nuestro derecho a disfrutar de ese paraíso terrenal, pero a través de la fe en Jesucristo, el paraíso será un día restaurado para cada uno de nosotros. ¿No será maravilloso?

Mi mente entonces vuelve al pasaje que narra el momento en que Jesús caminó sobre las aguas:

> "Y al venir la noche, la barca estaba en medio del mar, y él solo en tierra. Y viéndoles remar con gran fatiga, porque el viento les era contrario, cerca de la cuarta vigilia de la noche vino a ellos andando sobre el mar, y quería adelantárseles. Viéndole ellos andar sobre el mar, pensaron que era un fantasma, y gritaron; porque todos le veían, y se turbaron. Pero en seguida habló con ellos, y les dijo: ¡Tened ánimo; yo soy, no temáis! Y subió a ellos en la barca, y se calmó el viento; y ellos se asombraron en gran manera, y se maravillaban."
>
> —Marcos 6:47-51

Sí, Jesús ama el mar, y ama la naturaleza que Él creó. Es por esa razón que estoy convencida de que el cielo es prototipo de todo lo que es hermoso en la tierra. ¡Nuestro Señor y Maestro desea que nosotros disfrutemos su reino!

Jesús quería que yo disfrutara mi experiencia en el bote. Él presionó un botón y la pequeña embarcación comenzó a moverse, primero con suavidad, y luego a mayor velocidad. Disfruté al sentir la brisa en mi cara y el suave rocío que se sentía tan limpio y refrescante.

Comencé a reír mientras navegamos a toda velocidad sobre el calmado mar, y luego a cantar. Me sentía muy contenta. Era muy diferente a cualquier carrera de botes en la tierra, en las que usualmente me sentía mareada o con náuseas. En esta ocasión no fue así. Estaba disfrutando cada momento de este emocionante paseo.

En el camino de regreso, el Señor me permitió timonear el bote. Lo hice con una especial excitación que me hacía reír y cantar. Podía escuchar a Jesús riendo conmigo. Sabía que Él me observaba como un padre que vigila a su hijo.

De alguna manera, a pesar que por momentos no podía controlar mi risa, logré regresar el bote al muelle. Nos bajamos del bote y el Señor lo amarró a la barra. Entonces me dijo: *"Choo Nam, has visto que el reino tiene tantas cosas que conoces en la tierra. Cuando todos mis hijos vengan a mi reino, quiero que ellos disfruten las cosas que he preparado para ellos".*

Yo sonreí, pues ahora comprendía un poco mejor lo que quería decir.

"Mis hijos se sentirán contentos", continuó el Señor, *"y es por eso que les he dicho que dejen las cosas del mundo para que así puedan agradarme. Ellos pueden tener todo lo que necesitan mientras estén en la tierra, si son obedientes a mí. Deseo que me pongan en el primer lugar en sus corazones y que vivan en pureza, porque les amo y deseo traerlos aquí".*

UNA MANERA DIFERENTE DE PENSAR

Dios nos dice en Isaías: "Porque mis pensamientos no son vuestros pensamientos, ni vuestros caminos mis caminos, dijo Jehová. Como son más altos los cielos que la tierra, así son mis caminos más altos que vuestros caminos, y mis pensamientos más que vuestros pensamientos" (Isa. 55:8–9). Esto es muy cierto, y el Señor me dio una idea esa mañana de abril, de lo que ese pasaje significa.

Después de visitar el mar celestial, nos cambiamos nuestros vestuarios y fuimos al apartado estanque donde frecuentemente nos sentamos a hablar. El Señor se sentó en su lugar acostumbrado sobre la roca, y yo comencé a cantar y danzar. Entonces, me llamó a sentarme a su lado.

Comenzó a compartir algunas cosas muy importantes conmigo.

"Hija, tú eres muy especial para mí. Cuando Larry Randolph profetizó sobre ti y te dijo cuán especial eres para mí, tú no le creíste."

"Señor, yo no le creí porque me preguntaba cómo alguien como yo podría ser especial para ti. Me maravillé de sólo pensar que te hubieras fijado en mí. Creo que tú contestaste muchas de mis oraciones, pero nunca pensé que fueras a acordarte de mí."

Yo comencé a llorar mientras continuaba hablando.

"Cuando el Pastor Larry profetizó y me dijo que yo era tu amiga, me sentí conmocionada, y fue muy difícil para mí creerlo, pero ahora escucho su grabación todos los días. Cada vez que la escucho y le oigo hablar sobre mí, mi cuerpo comienza a temblar. La unción viene, y entonces soy capaz de creer que tú me vas a usar de manera especial. Yo siempre espero por ti para que me hables cada noche."

El Señor me escuchaba atentamente, y respondió: *"Yo escojo aquellos hijos que son puros y obedientes, aquellos que me ponen primero en sus vidas. Tú te estás esforzando mucho por agradarme, pero debes recordar que yo miro solamente los corazones de mis hijos. Tú piensas como un ser humano. Mis pensamientos son diferentes a los tuyos.*

"Yo sé que ahora todo esto es muy agotador para ti, pero debes ser paciente.

"Hija mía, no quiero que te preocupes por nada. Deja todo en mis manos. Como te he dicho antes, este es mi libro, y todo será hecho de acuerdo a mi voluntad".

Yo amo estos momentos de dulce comunión con el Señor. Me sentí muy parecido a María, quien estuvo dispuesta a sentarse a los pies del Señor para aprender sus caminos. Marta, por otro lado, siempre se esforzaba por agradarle, y esto la llenaba de ansiedad, celos y agitación. De ese momento en adelante, decidí que quería ser como María.

Marta, tan preocupada e inquieta, le comentó: "Señor, ¿no te da cuidado que mi hermana me deje servir sola? Dile, pues, que me ayude" (Lucas 10:40). El Señor le respondió: "Marta, Marta, afanada y turbada estás con muchas cosas. Pero solo una cosa es necesaria; y María ha escogido la buena parte, la cual no le será quitada" (Lucas 10:41–42).

Sí, estoy decidida a ser como María y no como Marta. He escogido la "buena parte" la cual nunca me será quitada, y esto es, una relación con Jesucristo. ¡Nada en todo el mundo es más importante que eso!

Yo deseaba que mi mente fuera renovada para poder ver las cosas desde una perspectiva celestial, en lugar de una terrenal. El Señor me estaba ayudando a alcanzar esta meta. Recordé lo que el apóstol Pablo dijo en el libro de Romanos:

> "Porque los que son de la carne piensan en las cosas de la carne; pero los que son del Espíritu, en las cosas del Espíritu. Porque el ocuparse de la carne es muerte, pero el ocuparse del Espíritu es vida y paz. Por cuanto los designios de la carne son enemistad contra Dios; porque no se sujetan a la ley de Dios, ni tampoco pueden; y los que viven según la carne no pueden agradar a Dios."
> —ROMANOS 8:5–8

El ocuparse del Espíritu es vida y paz, y, cada vez que he estado en el cielo con el Señor, he conocido lo que esto significa. Decidí tomar la perspectiva celestial y llevarla a la tierra conmigo, para continuar fortaleciendo mi relación con el Señor y permitir que renueve mi mente.

De regreso a la tierra esa mañana, nos sentamos en la playa por unos momentos, y el Señor me dijo: "*Viste muchas cosas en el cielo*".

"Sí, Señor, y estas visitas son tan agradables que no puedo pensar en otra cosa. Mi mente se queda en el cielo, no en la tierra."

"*Lo sé, hija mía.*"

"Ya mi vida no es mi vida, Señor. Mi vida cambió desde el primer momento que estuve en tu presencia. Estoy segura que si mi esposo no fuera cristiano, me hubiera dejado hace mucho tiempo.

"He vivido para ti desde antes de ver tu presencia, y antes de haber ido al cielo. Pero ahora, aún cuando estoy dormida, cada vez que despierto siento tu presencia conmigo. En lo único que puedo pensar ahora es en el libro que tú quieres que escriba. Me siento honrada de hacer esto para ti, Señor. Gracias por confiarme esta importante responsabilidad. Deseo siempre hacer lo mejor para hacerte feliz."

"*Lo sé, hija mía. Debes ser paciente, y recordar que te amo.*"

Él se levantó para partir; me dio un abrazo, y desapareció. El temblor sobrenatural de mi cuerpo cesó.

EL CIELO, UN LUGAR DE ADORACIÓN

Dos mañanas más tarde, tuve otra visita de parte del Señor que cambió mi vida. Ésta tuvo lugar el 5 de abril desde las 5:50 A.M. hasta las 8 A.M. Después de temblar por casi treinta minutos, escuché la voz del Señor. Él se acercó y me tomó de la mano. Vi mi cuerpo transformado caminando con Él por la playa. Fuimos al cielo, nos cambiamos nuestras ropas y cruzamos el puente de oro. Entonces encontramos en nuestro camino un camino blanco y brillante que estaba adornado con hermosas flores a ambos lados.

No podía comprender el esplendor de la belleza de esas flores. ¿Cómo pueden unas flores ser tan bellas? Me preguntaba.

"*¿Quieres una flor, hija mía?*", el Señor me preguntó.

"Sí, siempre me han gustado las flores."

Él escogió una flor exquisita amarilla y me la entregó. La sostuve todo el tiempo durante esta visita al cielo.

Después de un viaje increíblemente largo, llegamos a una enorme y preciosa mansión. La estructura palacial estaba situada al final de la calle, en un área donde la tierra era blanca y brillante, y había numerosas flores por dondequiera.

Fuimos a la parte trasera de la mansión, y pude notar que había flores por todos lados, hasta donde mis ojos alcanzaban ver. Era indescriptiblemente maravilloso. Entonces, el Señor me escoltó de regreso al frente del edificio.

Atravesamos la puerta, hacia un espacioso pasillo. De repente, el interior de la casa se oscureció, y el Señor desapareció. Me sentí muy sola y algo atemorizada, y comencé a llorar.

Tan rápido como había oscurecido, la habitación fue llena de la luz más radiante que jamás haya visto. La habitación estaba amueblada, arreglada y decorada de forma muy atractiva, y yo estaba perpleja por su brillantez y belleza.

Entonces me fijé en unos escalones que llegaban hasta una plataforma donde el Señor estaba sentado. Él estaba vestido de oro puro. Su corona dorada resplandecía, y de su túnica dorada salían destellos de luz. Su cara era muy radiante, y no podía distinguir su rostro.

Entonces la habitación se llenó de personas con vestiduras blancas y coronas de plata. Ellos se postraron en la presencia del Señor, y yo hice lo mismo. Parecía que el cuarto comenzaría a expandirse para poder acomodar el creciente número de personas de toda raza y color. Era un momento de sagrada alabanza y adoración delante del trono del Señor.

De pronto, todos ellos desaparecieron como si hubiesen estado en un vídeo, y el Señor vino hacia mí, vestido con la túnica blanca que normalmente usa.

"Hija, mira a tu alrededor", me dijo.

Al hacerlo, observé todo lo que mis ojos alcanzaban ver. Era la habitación más grande que jamás había visto, como un majestuoso salón de baile con cabida para un sinnúmero de miles de personas. Las paredes destellaban con joyas y gemas, y el piso era de mármol inmaculadamente blanco.

"Ellos me adoran. Ellos me adoran continuamente", me dijo el Señor, para explicarme por qué estas personas estaban allí.

De inmediato, pensé en un versículo bíblico en particular que se refiere a la adoración:

"Todas las naciones que hiciste vendrán y adorarán delante de ti, Señor, y glorificarán tu nombre. Porque tú eres grande, y hacedor de maravillas; sólo tú eres Dios."
—Salmo 86:9–10

"¿Puedo adorarte con ellos cuando vuelva al cielo para estar contigo para siempre?", le pregunté.

El Señor se rió y dijo: *"Desde luego, hija mía"*.

Eso fue todo lo que dijo. Debo admitir que me sentí algo intimidada por su apariencia, al estar sentado en su trono en toda su radiante gloria. Y cuando caminamos juntos, me sentía un poco incómoda con Él, porque la visión de Él sentado en su trono me dejó sintiendo algo de miedo.

Cuando Él está conmigo, se ve muy diferente. Cuando Él está conmigo es como cualquier hombre normal, excepto que no puedo ver su cara con mis ojos, pero mi mente sabe cómo Él se ve. Es tierno y amoroso, gentil y comprensivo.

El sentimiento de incomodidad era alternado con momentos de gozo, mientras nos cambiábamos para ir al estanque. Allí comencé a cantar y danzar, como de costumbre, y el Señor se sentó en su lugar en la roca. Las imágenes retrospectivas de su presencia austera en el trono robaban mi gozo por momentos, pero procuré mantenerme danzando con gozo.

"Ven acá, hija mía", me llamó.

Comencé a llorar, porque sabía que la visita estaba a punto de terminar. "No quiero dejarte, Señor."

"Choo Nam, el lugar que te mostré es donde todos mis hijos se congregarán para adorarme. Nunca dejaré que nadie en la tierra te hiera. Si no fueras una hija tan especial, no te traería al cielo para mostrarte todas las cosas que has visto."

Este era el mensaje tranquilizador que necesitaba escuchar. El amor del Señor por mí disipaba todos mis temores. La incomodidad que había sentido antes se había ido, pero respondí al mensaje alentador en mi manera usual.

"No soy nada, Señor."

Me reprendió.

"No digas eso nunca más. Tú eres muy especial para mí. Debes creerlo. Tuve que escoger la hija correcta para este importante trabajo, y tú eres la

que yo he escogido. Quiero que tengas la mejor vida posible en la tierra hasta que llegue el día final. Nunca te dejaré, y siempre cuidaré de ti. Hija mía, te amo."

Sus tiernas palabras de amor y consuelo quebraron mi corazón. Lloré profusamente. Este era un momento de limpieza, sanidad y purificación, y me sentía completamente renovada.

Ahora sé que el cielo es un lugar de gran gozo. Fue diseñado para ser disfrutado por nosotros. Ese es su propósito. Como dice el catecismo de Westminster, el mayor fin del hombre es "glorificar a Dios y disfrutarlo por siempre". Mientras más cerca estoy de Jesús en la tierra, más puedo disfrutar mi vida. Su amor echa fuera todo temor.

Sí, el cielo es muy real.

Capítulo 13

ÁNGELES EN EL CIELO Y LA TIERRA

"Yo seré a él Padre, y él me será a mí hijo… Adórenle todos los ángeles de Dios. Ciertamente de los ángeles dice: El que hace a sus ángeles espíritus, y a sus ministros llama de fuego."

HEBREOS 1:5-7

Mis experiencias sobrenaturales con Jesús y el hogar celestial que todo verdadero creyente un día disfrutará, abrieron mis ojos a varias realidades espirituales. Comencé a comprender que de la misma manera que Dios nos creó a su misma imagen, Él creó la tierra a la imagen del cielo. Esto era muy emocionante para mí, conocer que las cosas más hermosas que disfrutamos en la tierra serán un día parte de nuestra existencia eterna.

Dios dijo: "Hagamos al hombre a nuestra imagen, conforme a nuestra semejanza; y señoree en los peces del mar, en las aves de los cielos, en las bestias, en toda la tierra, y en todo animal que se arrastra sobre la tierra" (Génesis 1:26). Dios nos dio una tierra preciosa, llena de peces, aves, ganado, y Él deseaba que nosotros tomáramos dominio sobre todo. En el cielo, como ya he mencionado, también hay peces, aves y ganado. Su creación fue maravillosa en todos los aspectos, un lugar para nosotros disfrutar eternamente.

Pero Satanás vino, y, en su orgullo y envidia, tentó a los primeros seres humanos a desobedecer a Dios. Satanás, por su pecado, había perdido el derecho a la gloria eterna. En forma similar, Adán y Eva fueron echados del paraíso terrenal para siempre, y aquellos que no obedezcan a Dios en esta vida, serán echados del paraíso celestial. El Señor me ha enfatizado esto una y otra vez.

Con frecuencia, me había preguntado a quien se refería Dios cuando dice "Hagamos" en Génesis 1:26. Ahora entiendo que se refería a la Santa Trinidad. Muchas personas, como yo, están teniendo experiencias con ángeles en estos últimos días. Los ángeles nos están visitando de la misma manera que lo hicieron en los tiempos antiguos. Ellos están afirmando el amor de Dios por sus hijos, y están advirtiéndoles de cosas que están por suceder. Como Jesús me ha dicho tantas veces, realmente estamos en los últimos días.

Los ángeles son sus mensajeros. Yo conocí uno de ellos. Son seres maravillosos que irradian el amor y la gloria de Dios. Ellos disfrutan adorando al Padre en los cielos, y le obedecen compartiendo su mensaje con nosotros en la tierra.

Amo a los santos ángeles de Dios, y creo que ellos están conmigo aún mientras escribo. El Señor me ha dicho que tengo ángeles personales rodeándome. No debemos olvidar la promesa de Dios: "Pues a sus ángeles mandará acerca de ti, que te guarden en todos tus caminos. En las manos te llevarán, para que tu pie no tropiece en piedra" (Salmo 91:11-12).

Sobre las nubes

La mañana del 8 de abril trajo consigo otro dulce encuentro con el Señor. Él me visitó desde las seis hasta las nueve de la mañana. Mi cuerpo tembló por cuarenta minutos, antes de escuchar su fuerte voz llamándome. Él tomó mi mano, y en mi cuerpo transformado fuimos a la playa, donde caminamos por un tiempo más largo de lo normal. Entonces volamos hacia el cielo.

Después de cambiar nuestras vestiduras, cruzamos el puente de oro y tomamos el mismo camino de otras veces. Eventualmente, doblamos a la izquierda y comenzamos a caminar por un camino ancho que estaba bordeado por una hilera de grandes y frondosos árboles, cuyas hojas eran color naranja brillante.

Recorrimos un largo trayecto y entonces tomamos un camino pedroso que zigzagueaba entre altas rocas. Llegamos a un puente alto que se extendía entre dos montañas. Después de cruzar el puente, ascendimos una montaña y desde allí observamos la escena frente a nosotros.

Estábamos por encima de las nubes. De hecho, dondequiera que miraba había nubes. El Señor me dijo: *"Estamos sobre las nubes"*.

Las nubes tienen una importancia simbólica para el Señor. Las Escrituras nos dicen que cuando Él regrese "…los muertos en Cristo resucitarán primero. Luego nosotros los que vivimos, los que hayamos quedado, seremos arrebatados juntamente con ellos en las nubes para recibir al Señor en el aire, y así estaremos siempre con el Señor. Por tanto, alentaos los unos a los otros con estas palabras" (1 Tes. 4:16–18). El libro de Apocalipsis también menciona las nubes: "He aquí que viene con las nubes, y todo ojo le verá…"; "Miré, y he aquí una nube blanca; y sobre la nube uno sentado semejante al Hijo del Hombre…" (Apocalipsis 1:7; 14:14).

Este fue otro momento en el cielo que me inspiró gran asombro. Me alegraba saber que hay nubes en el cielo, porque siempre las he encontrado pacíficas y lindas. Recuerdo que cuando era niña, me preguntaba cómo se sentiría estar sobre las nubes, y ahora lo sabía. Era una vista espectacular, y la estaba disfrutando junto al Señor.

Me preguntaba si íbamos a volar sobre las suaves y onduladas nubes que parecían estar tan lejos de donde estábamos parados. No sé realmente por qué Él me enseñó las nubes. Muchas personas me preguntan: "¿Por qué el Señor te muestra estas cosas?". Yo no conozco la respuesta a esa pregunta.

Todo lo que sé es que Él se deleita en mostrarme el reino celestial. Percibo que desea que nosotros conozcamos que el cielo es muy parecido a la tierra, sólo que mucho mejor.

Una cosa es cierta: Él es el Todopoderoso Dios, y sé que todo lo que me muestra es importante para Él. El sólo pensamiento de que dedique tiempo para escoltarme personalmente a través del reino, es algo impresionante para mí. Estas experiencias y los mensajes que me da son más importantes para mí que la vida misma.

Literalmente, ardo de pasión espiritual por compartir mis experiencias con los demás mortales que necesitan conocer y entender. Ser una representante de la humanidad me ayuda a convertirme en una vasija a través de la cual el Padre puede derramar su gran amor por sus hijos. Somos una generación privilegiada. Dios está a punto de moverse de forma espectacular. El Señor viene pronto.

CREE EN EL CIELO

Alguien escribió estas acertadas palabras: "El cielo es un lugar preparado para personas preparadas". Dios me ha dado estas experiencias para que yo esté lista para ir al lugar que ya tiene preparado para mí, y para que ayude a otros a prepararse.

El mensaje central es este: "Gozaos y alegraos, porque vuestro galardón es grande en los cielos…" (Mateo 5:12). La esperanza del cielo es el gozo de la tierra.

Después de nuestra visita a la montaña, sobre las nubes de gloria, el Señor me llevó de regreso al edificio blanco, donde nos cambiamos nuestras vestiduras. Abraham estaba allí para recibirnos, y él habló con el Señor por varios minutos mientras yo permanecía en silencio, reflexionando sobre mi reciente visita sobre las nubes.

Entonces, el Señor se fue al vestidor, y Abraham se me acercó. Puso su mano en mi espalda y me dijo: "El Señor te ha mostrado muchas cosas del reino". Abraham es un hombre muy alto, con una larga barba.

Yo asentí, y un hermoso ángel vino a escoltarme al vestidor. Vestida en mi túnica y mi corona celestial, caminé junto al Señor hasta el estanque. Inmediatamente llegué, comencé a cantar.

El Señor se sentó sobre la roca, y yo comencé a danzar, pero no pude continuar. Una profunda tristeza vino sobre mí, y comencé a llorar. Sentía que el Señor no me volvería a traer al estanque después de esta visita, y esto me causaba un gran desconsuelo.

Lloraba profusamente, y el Señor, quien conoce todos nuestros pensamientos y sentimientos, me llamó a sentarme a su lado. Yo no quería obedecer, porque creía saber lo que me iba a decir, que no volveríamos al estanque.

Me llamó otra vez, y le obedecí con resistencia. Me senté a su lado, agarré su brazo y continué llorando.

"Señor", le dije. "Siento que ya no volverás a traerme aquí. Por favor, no me dejes ir, porque te extrañaré mucho." Diciendo esto, apretaba su brazo con fuerza.

"Mi preciosa hija, tienes razón. No quiero volver a traerte aquí hasta el día final. Sabes que eso será pronto, así que sé paciente hasta que llegue el tiempo. Te he mostrado lo suficiente del cielo para que lo digas al mundo, pero aún tengo cosas que mostrarte en la tierra.

"Te llevaré a la playa y hablaré contigo allí, así que no llores más.

Estaré contigo en todo lugar. Siempre que desees verme, estaré allí y tú me verás. Te protegeré de todo mal en la tierra.

"Hija, sé que en tu corazón deseas ayudar a los necesitados. Te bendeciré abundantemente para que puedas ayudar a todo aquel que desees."

"Gracias, Señor. Eso es algo que deseo tanto. Deseo ayudar a los necesitados."

"Esa es una de las razones por las que te amo tanto, hija mía. Cuando regreses al reino para siempre, te traeré a este estanque. Siempre serás mi hija especial. No quiero que llores más. Quiero que estés feliz cada día mientras estés en la tierra.

"Gracias por ser paciente y hacer mi obra. Quiero que tú y tu esposo me sirvan hasta el final de los días. Termina este libro que estás escribiendo para mí, y te será dada dirección. No te preocupes por nada.

"Quiero que mis hijos lean este libro, porque muchos de ellos tienen dudas acerca del cielo. Quiero que ellos crean que hay un cielo y vivan vidas en pureza y obediencia para que puedan entrar en mi reino.

"Este libro contiene todas mis palabras sobre el reino que he preparado para todo aquél que desee entrar en él. Ya todo está preparado.

"Este libro debe ser escrito por una persona llena del Espíritu. Hija mía, si no estuvieras bajo el poder especial de mi Espíritu Santo, no podría usarte para este trabajo. Como dije antes, te he estado preparando por largo tiempo para esta obra, porque vuelvo pronto, y deseo que mis hijos conozcan que regresaré pronto por ellos. Mi hija preciosa, quiero que siempre recuerdes este estanque."

Sus palabras me conmovieron profundamente. Mi corazón me dolía de amor por mi Señor. Él se levantó, y entendí que había llegado el momento de partir. Yo continuaba llorando, pero mi corazón estaba confiado en el conocimiento de que estaría con el Señor para siempre y que Él siempre estaría conmigo en la tierra.

En el vestidor, un ángel del Señor me abrazó. Me regocijaba estar en un lugar donde había tanto amor, compasión y comprensión siempre presentes. Cuando cambiaba mis vestidos, llegué a la conclusión que tanto Abraham como el ángel sabían que ésta sería mi última visita al cielo. Al salir del vestidor, el ángel me volvió a abrazar.

Este ángel vestía una vaporosa túnica blanca, tenía el cabello rubio y su rostro irradiaba cariño y ternura. El ángel me sonrió, y yo caminé hacia el Señor.

Regresamos a la tierra, donde nos sentamos a la orilla del mar, y el Señor me recordó las cosas que me había dicho en el estanque del cielo. Me dijo que no me dejaría ni me desampararía, y que volveríamos a encontrarnos en la playa. Me recordó que escribiera todo lo que me había mostrado y hablado.

Cuando se fue, mi tristeza se disipó. Creía en sus palabras. Proclamé sus promesas. Un pasaje de las Escrituras habló a mi corazón: "Por tanto, id, y haced discípulos a todas las naciones, bautizándolos en el nombre del Padre, y del Hijo, y del Espíritu Santo; enseñándoles que guarden todas las cosas que os he mandado; y he aquí yo estoy con vosotros todos los días, hasta el fin del mundo" (Mateo 28:19–20).

Comprendí lo que los discípulos debieron sentir cuando entendieron que Jesús los dejaba para ir al cielo. Él les dio seguridad con estas mismas palabras que me dijo. Yo sabía que Él siempre estaría conmigo, y que sus ángeles cuidarían de mí mientras yo me esforzara en cumplir las palabras de su gran comisión.

> "No temeré mal alguno, porque tú estarás conmigo; tu vara y tu cayado me infundirán aliento. Aderezas mesa delante de mí en presencia de mis angustiadores; unges mi cabeza con aceite; mi copa está rebosando. Ciertamente el bien y la misericordia me seguirán todos los días de mi vida, y en la casa de Jehová moraré por largos días."
> —SALMO 23:4–6

Verdaderamente creo las palabras del Salmo 23.

PRECIOSAS MEMORIAS

A pesar de sentirme triste de saber que por ahora no volvería a visitar el cielo, sabía también que no cambiaría ni un sólo momento de mis experiencias celestiales por ninguna cosa que el mundo tuviera que ofrecer. Verdaderamente, nada se compara con la gloria del cielo.

Pasé la mayor parte de la mañana y la tarde del 8 de abril cantando canciones celestiales, meditando y tratando de orar más de lo normal, porque no sabía cuando podría ver al Señor otra vez. Hago esto cada mañana. Pero esa mañana en particular, pasé muchas horas de continua oración, adoración y meditación en la Palabra de Dios. Desde que me convertí al Señor, la oración ha sido parte de mi vida. De esta manera, el Señor es parte de mi vida cada minuto.

En esta ocasión, me sentía triste al pensar que no podría volver al cielo con mi Señor hasta el día final.

Esa tarde, a eso de la 1:00 P.M., comencé a sentirme triste otra vez. Estaba recordando que no estaría otra vez con el Señor en el cielo. Estar con el Señor fue la experiencia más feliz de mi vida. No existen palabras que puedan explicar el gozo que sentí durante esas visitas al cielo. A pesar de sentirme exhausta durante esos meses, me sentía espiritualmente rejuvenecida.

Comencé a llorar. La voz fuerte y firme del Señor captó mi atención. Él me dijo: *"Hija mía, te dije que no lloraras más por mí"*.

Traté de controlar mis lágrimas pero no pude.

"Señor, lo siento. Sólo deseo que me lleves al cielo contigo."

Quería que Él me llevara en ese mismo instante, porque no me importaba ninguna otra cosa en el mundo. El pensar estar en el cielo con Jesús ocupaba todos mis pensamientos. Le expresé mi sentir abiertamente al Señor.

"No quiero esperar", le dije.

Su represión golpeó mi corazón. *"Mi preciosa hija, ya te he dicho que necesito que hagas mi obra en la tierra. Sé paciente."*

El tono de su voz reflejaba enojo. Continuó diciéndome: *"Volveré antes de lo que muchos piensan. Sólo recuerda que nunca te dejaré. Necesitas descansar"*.

Al decir esto, desapareció. Me quitó la carga que tenía, aunque todavía deseaba estar con el Señor en el cielo. Todo temor a la muerte se me había quitado, porque sabía que la muerte significaba el comienzo de la vida eterna en el cielo. Algunas veces deseé morir, pero ahora me he vuelto a comprometer a cumplir la misión que Jesús me ha dado.

Mientras tanto, tengo muchas memorias preciosas que recordar y revivir. Mi mente recuerda todo lo que vi en el cielo, cada camino que caminamos, los edificios que entramos, las montañas que escalamos, los ángeles, Abraham, las nubes, los ríos, los animales, las flores, los árboles, las aves, las rocas, el mar, el lago, los estanques, la gente, y la maravillosa paz y el gozo de todo ello.

Nunca más seré como era antes, cuando pensaba que deseaba disfrutar la vida en la tierra tantos años como fuera posible, vivir hasta una edad madura y viajar aquí y allá. Sólo deseo estar con el Señor. Sé que el cielo es tan real, y lo que es más importante, sé que Jesús está por siempre allí. Lo amo más que a mi vida, y deseo que todos crean en Él y conozcan que hay un cielo preparado para ellos.

Estoy de acuerdo con el salmista cuando escribió:

> "Porque mejor es tu misericordia que la vida; mis labios te alabarán.
> Así te bendeciré en mi vida; en tu nombre alzaré mis manos. Cuando
> me acuerde de ti en mi lecho, cuando medite en ti en las vigilias de
> la noche. Porque has sido mi socorro, y así en la sombra de tus alas
> me regocijaré. Está mi alma apegada a ti; tu diestra me ha sostenido."
> —SALMO 63:3–8

Solía preguntarme sobre estas cosas, y muchas veces luché por creer, pero ahora sé que sé que sé. Hay un cielo, y ese es nuestro verdadero hogar. El Señor me mostró los cuerpos de agua en el cielo muchas veces, y me dijo: *"Cualquiera cuyo corazón no sea tan puro como el agua, y que no viva de acuerdo a mi Palabra, no podrá entrar en mi reino".*

Me repitió esto una y otra vez, así que entiendo su importancia. También me dijo: *"Muchos no entrarán en mi reino porque no viven de acuerdo a mi Palabra. Es por esto que te mostré aquellos que llevaban túnicas color arena y los que llevaban túnicas grises".*

Yo sabía que no poseía ningún conocimiento en cuanto a escribir un libro, y sabía muy poco de la Palabra de Dios, excepto la importancia de ser obediente y temer al Señor, pero Él me dijo que no me preocupara. Al fin estoy aprendiendo cómo rendir todas mis preocupaciones a Él, porque sé que tiene cuidado de mí. Quiero hacer lo mejor para agradar al Señor en todo tiempo.

¡EL CIELO ES TAN REAL!

Ocho días después de mi última visita al cielo, el Señor me visitó por casi dos horas. Esto fue en la mañana del 16 de abril. Mi cuerpo tembló por veinte minutos, mientras yo gemía y sudaba preparándome para la visitación del Señor. Él me dijo: *"Hija mía, debo hablar contigo".*

Como de costumbre, tomó mi mano, y entonces vi mi cuerpo transformado caminando con Él en la playa. Nos dirigimos hacia las rocas donde siempre nos sentamos.

Mientras caminábamos, le dije: "Extraño estar contigo, Señor. Hacen ya ocho días desde que me llevaste al cielo por última vez".

Él escuchaba, y yo sabía que me entendía, pero Él no habló palabra por algunos instantes. Continuamos caminando, y luego nos sentamos en las piedras. Entonces el Señor me dijo: *"Yo también te he extrañado".*

Comencé a cantar en el Espíritu. Cuando estoy con el Señor, las canciones salen de mí y no tengo ningún control sobre ellas. Esto me hizo comprender que al Señor le gustan las canciones y la danza. Cuando canto, Él me observa y se ve muy feliz. Pero esta vez me interrumpió para decir: *"Hija, debo hablar contigo"*.

Yo estaba inmersa en el cántico, así que me repitió: *"Debo hablar contigo"*.

"Lo siento mucho, Señor."

"Veo que a mi libro le va muy bien. ¿Escribiste el título del libro que te di?"

"Sí, Señor."

"Te dije que tendría cuidado de todo."

Tratar de conseguir un título apropiado para el libro no había sido tarea fácil. Tal parecía que no se podía encontrar un título correcto. Entonces, durante un tiempo de oración la semana anterior, le pregunté al Señor por el título. Mientras oraba en el Espíritu, las palabras "el cielo es tan real" emanaron de mi espíritu una y otra vez, y no podía parar de decirlas.

Una gran paz vino sobre mí cuando comprendí que este era el título del Señor para su libro: ¡*El cielo es tan real!* No había un mejor título. Este es precisamente el mensaje, el tema y el argumento de este libro. Esto es lo que Jesús quiere que la gente conozca.

"Todo aquél que desee venir a mi reino, debe creer y prepararse para mi venida." El Señor continuó diciendo: *"Será mucho antes de lo que ellos piensan"*.

"Aún hay cristianos fieles que dudan que hay un reino de los cielos. Quiero que todos aquellos hijos que dudan, comiencen a creer que mi reino es real. Esto los llevará a ser más fieles, obedientes y puros de corazón, para que puedan entrar a mi reino."

No hay camino fácil para el cielo

El Señor quiere que todos crean. El escritor de la epístola a los Hebreos enfatizó la importancia de creer, al decir que no podremos agradar al Señor si no creemos.

"Pero sin fe es imposible agradar a Dios; porque es necesario que el que se acerca a Dios crea que le hay, y que es galardonador de los que le buscan" (Hebreos 11:6).

La fe viene por el oír de la Palabra de Dios, como señala Pablo:

"Así que la fe es por el oír, y el oír, por la palabra de Dios" (Romanos 10:17). Dios quiere que nosotros creamos su Palabra, y su Palabra nos señala hacia el cielo.

Jesús dijo: "Si permanecéis en mí, y mis palabras permanecen en vosotros, pedid todo lo que queréis, y os será hecho" (Juan 15:7). La Palabra de Dios imparte fe a nuestros corazones para que, cuando oremos, podamos alcanzar y recibir por fe la respuesta a nuestras oraciones.

Esto fue lo que sucedió cuando le pedí a Dios el título para su libro. Él escuchó mi oración y la contestó. Él es un Dios grande y glorioso, ¡y su cielo es tan real!

El Señor continuó: *"Llevaré a mi reino a todo aquél que viva por mi Palabra, pero el camino hacia el reino no es un camino fácil.*

"Hija, tú me sigues preguntando por qué te escogí para este trabajo. Te lo diré una vez más. Eres la hija adecuada para este libro. Sé que harás todo lo que yo diga, no importa cuán difícil sea.

"Serás una sorpresa para muchos, porque escogí a una hija, en lugar de un hijo, para este trabajo de los últimos días. Me doy cuenta que hay muchas hijas que son más puras de corazón que algunos hijos, y que procuran agradarme. A través de ti, muchas hijas serán bendecidas. Planifico darles una unción especial a muchas hijas para el trabajo de los últimos días, y deben prepararse para recibirlo.

"Quiero que escribas exactamente lo que te muestro y digo. Nada más y nada menos. Después de esto, recibirás dones especiales para servirme, y serás una bendición para mi pueblo. También te bendeciré más de lo que deseas."

"Señor, la única bendición que quiero es hacerte feliz. No necesito nada, porque tú me has dado todo lo que necesito o deseo aquí en la tierra. Pero si puedo servirte mejor, eso me hará sentir más feliz que ninguna otra cosa; y deseo que toda mi familia te sirva y que estén dispuestos a rendir sus vidas a ti."

"Por eso es que te amo tanto, hija", me respondió, y añadió: *"Asegúrate de usar las palabras proféticas del pastor Randolph en este libro. Y recuerda, volveré a traerte a este lugar otra vez".*

Nos levantamos, y regresamos caminando por la arena, y miramos el Océano Pacífico. Antes de Él ascender me dijo: *"Escribe lo que te he dicho".*

Lo abracé fuertemente; no quería que Él se fuera, pero sabía que era necesario. Sabía que el cielo es muy real, y que no tenía nada de qué preocuparme. Pues estaría con Él por toda la eternidad.

Capítulo 14

CAMINAR EN LA PALABRA

*Si permanecéis en mí, y mis palabras permanecen en
vosotros, pedid todo lo que queréis, y os será hecho. En
esto es glorificado mi Padre, en que llevéis mucho fruto,
y seáis así mis discípulos. Como el Padre me ha amado,
así también yo os he amado;permaneced en mi amor.*

JUAN 15:7-9

Mientras mantenía vigilia en oración y meditación en la mañana
del 18 de abril, el Señor me llenó de una unción muy especial.
Esto era señal de que Él estaría visitándome, y, tal como esperaba,
después de unos quince minutos de espera, lo vi sentado en el lugar
acostumbrado, frente a la ventana de mi habitación. También vi mi
cuerpo transformado sentado junto a Él. En respuesta a su presencia,
unos cánticos espirituales comenzaron a salir de lo profundo de mi
espíritu.

Mientras cantaba, mi mano sostenía la del Maestro, y yo intentaba
voltear su mano para poder mirar sus heridas, pero Él no me lo permitía. Él parecía estar particularmente feliz en esta ocasión, y me recordó:
"Ya no quiero que llores más".

El Señor compartió varias cosas importantes conmigo ese día.

*"Hija mía, no quiero que te preocupes por nada de lo relacionado
a este trabajo",* comenzó. *"Tendré cuidado de todo. Alégrate, hija mía.
Quiero que pongas tu retrato en la portada del libro."*

"Señor, tú siempre me sorprendes. Siempre me haces sentir tan
feliz."

"Yo conozco todas tus necesidades antes que me pidas, pero no deseo que mis hijos dejen de pedir cuando necesitan algo."

Sus palabras me recordaron algo que había estado leyendo en la Biblia esa misma mañana: "Y orando, no uséis vanas repeticiones, como los gentiles, que piensan que por su palabrería serán oídos. No os hagáis, pues, semejantes a ellos; porque vuestro Padre sabe de qué cosas tenéis necesidad, antes que vosotros le pidáis" (Mateo 6:7–8).

A través de este pasaje de la Biblia, donde tenemos un gran modelo de oración conocido como la oración del Padre Nuestro, Jesús nos enseña cómo orar. Nos da una guía efectiva para toda oración intercesora y personal, y yo uso sus principios siempre que voy delante del trono de gracia en adoración, intercesión y súplica. Siempre reclamo las promesas de Dios, tal como en Filipenses 4:19: "Mi Dios, pues, suplirá todo lo que os falta conforme a sus riquezas en gloria en Cristo Jesús". Y en esta mañana del mes de abril, el Maestro me estaba recordando estas preciosas verdades.

Luego de entregarme este mensaje acerca de la oración, el Señor se levantó y mi cuerpo transformado se paró a su lado. Vi al Señor tocar la cabeza de mi cuerpo transformado. Entonces Él partió, y mi cuerpo transformado desapareció. El temblor de mi cuerpo natural también cesó.

UNA VISIÓN DE MUCHOS LIBROS

Cuatro días más tarde, el 22 de abril, estuve con el Señor desde las 6:35 A.M. hasta las 8:18 A.M. Mi cuerpo tembló por veinticinco minutos, y entonces escuché la voz del Señor. Él tomó mi mano, y vi mi cuerpo transformado caminando con Él en la playa. El Señor me dijo: *"Te amo, hija mía".*

"Yo también te amo, Señor."

Subimos a las rocas donde siempre nos sentamos mientras miramos el majestuoso Océano Pacífico. Cuando nos sentamos, comencé a cantar, y luego lloré de alegría. Yo sostenía el brazo del Señor, y Él cariñosamente le daba palmaditas a mi mano con su mano derecha.

"Hija, debo mostrarte algo."

La inusual voz que acompaña las visiones sobrenaturales que el Señor me da brotó de mí. Entonces tuve una visión de una librería llena de libros, y me pregunté por qué había tantos libros allí. Mis ojos se sintieron atraídos a un libro en particular. La portada tenía un fondo color de oro y un castillo —un magnífico castillo como el que yo había visto en el cielo. En el medio de la portada aparecía el título —¡El cielo es tan real!— en letras muy llamativas. Debajo había una nube, suave y ondulada como las que había visto desde la montaña en el cielo.

Me sentí desconcertada por la visión. Y aún más sorprendente fue ver numerosos libros volando a través de los aires, y personas saltando y estirando sus brazos tratando de alcanzarlos.

La visión desapareció, y comencé a reflexionar en su importancia. El Señor me explicó: "*Te dije que tendría cuidado de todo por ti, hija. Ya no te preocupes por nada*".

Él me había mostrado el producto final del libro que estaba ocupando tanto de mi tiempo y atención. Era muy bonito, y la portada era muy atractiva. Y más importante aún, Él me había mostrado que hay muchas personas desesperadas por conocer la verdad acerca del cielo. Comprendí más enfáticamente que mi libro será el vehículo a través del cual ellos le conocerán.

"Señor, confío en todo lo que me has dicho", le dije, "pero no puedo evitar pensar en eso".

"*Hija mía, el libro tiene que hacerse en mi tiempo, y por mi voluntad. Quiero que estés completamente tranquila en cuanto a esto. Sé que ahora no tienes vida propia porque estás muy preocupada con el libro, pero algunas cosas no pueden apresurarse, sino que tienen que ser completadas en el momento correcto. Quiero que aprendas a ser paciente. Quiero que todos mis hijos sean felices en esta tierra.*"

"Señor, no importa lo difícil que sea, disfruto cada minuto del tiempo que invierto en tu libro. No es difícil escribir tus maravillosas palabras. El Espíritu Santo me dirige en cada palabra que escribo; nunca podría haberlo hecho sin su ayuda."

Lo más difícil para mí, debo admitir, era esperar. Sin embargo, el Señor era fiel a cada palabra que me había hablado. Su palabra es eternamente veraz. Como Isaías testificó: "Así será mi palabra que sale de mi boca; no volverá a mí vacía, sino que hará lo que yo quiero, y será prosperada en aquello para que la envié" (55:11). Sabía que esto también era cierto en cuanto al libro que me había dado que escribiera para Él. No volverá a Él vacío, sino que prosperará y cumplirá los propósitos que tiene para que cumpla.

Su presencia, su voz, su toque, sus palabras, todo era muy alentador para mí, y me daba una gran paz. Yo sabía que era su libro, no mío, y que Él cuidaría de cada detalle, desde la escritura, hasta el diseño de la portada, y la impresión, mercadeo y distribución. Será un trabajo maravilloso, que atraerá la atención de las personas por su descripción de las glorias del cielo.

El Señor se levantó, y caminamos de regreso a la orilla del océano. Él me dijo: *"Te amo, preciosa hija mía"*.

Esta vez Él no me abrazó, sino que se alejó caminando.

"¡TODO ESTÁ LISTO!"

En la mañana del 25 de abril, el Señor me visitó desde las 7:40 A.M. hasta las 9:13 A.M. Mi cuerpo tembló violentamente, y mis gemidos podían escucharse a través de toda la casa. Entonces, el Señor me dijo: *"Soy tu Señor, preciosa hija mía, y debo hablar contigo"*.

Cuando tomó mi mano, mi cuerpo natural se estremecía y temblaba como si una corriente eléctrica hubiese sido desatada en mi sistema. Entonces vi mi cuerpo transformado caminando con el Señor en la playa. Nos sentamos en el lugar acostumbrado en las rocas, pero en esta ocasión, no canté.

En lugar de eso, me fijé especialmente en la vestimenta que llevábamos puesta. Mientras observaba, el Señor me dijo: *"Hija mía, realmente disfruto estar contigo"*.

"Señor, yo te amo, y quiero estar contigo todo el tiempo."

"Muy pronto será, hija mía. ¿Has visto tus pies?"

No lo había notado antes, pero yo calzaba unas sandalias igual a las de Él, de color crema claro con bordes de oros. Puse mi pie derecho al lado del suyo, y noté que mis pies eran mucho más pequeños que los de Él. Esto fue motivo de risa entre nosotros.

Entonces palpé el material de mi túnica. Era increíblemente suave y brillante.

El Señor posó su mano sobre mi cabeza y tocó mis cabellos.

"Tienes un hermoso cabello", me dijo.

El cabello de mi cuerpo transformado es como el de una muchacha joven: largo, lacio, suave y lustroso. Lucía tal como era en mi años de adolescencia. El Señor entonces vio mi rostro y dijo: *"Eres hermosa, hija mía"*.

Aquellas eran palabras que yo realmente necesitaba escuchar, porque nunca había tenido una buena autoestima en cuanto a mi apariencia o habilidades. Escuchar al Maestro hablar sobre mi belleza, hacía una gran diferencia, y comencé a llorar de alegría.

"No seas tímida, hija mía," me dijo el Señor para consolarme.

Entonces levantó mi rostro. Podía ver las facciones de mi rostro transformado y el brillo de mi cabello oscuro. Por primera vez en mi vida me sentía verdaderamente hermosa, y entonces recordé las palabras del salmista:

> "Te alabaré; porque formidables, maravillosas son tus obras; estoy maravillado, y mi alma lo sabe muy bien. No fue encubierto de ti mi cuerpo, bien que en oculto fui formado, y entretejido en lo más profundo de la tierra. Mi embrión vieron tus ojos, y en tu libro estaban escritas todas aquellas cosas que fueron luego formadas, sin faltar una de ellas."
>
> —SALMO 139:14–16

Pude entender que Dios me había creado. Él me formó para que fuera una persona muy especial, y esto era lo que trataba de mostrarme en este día. Él admiraba su creación, y deseaba que yo hiciera lo mismo.

Normalmente, el Señor no habla mucho cuando me visita, excepto cuando necesita comunicarme cosas importantes acerca de mi vida y ministerio. Él frecuentemente me repite las cosas importantes.

Por ejemplo, me ha dicho una y otra vez que viene pronto. Me ha repetido con frecuencia que su reino ya está preparado para sus hijos. Me ha dicho muchas veces que deje de preocuparme, que sea paciente y confíe en Él.

Constantemente, me ha dicho que este libro es importante porque convencerá a muchos que dudan que el cielo sea real. Mientras más lo pienso, más comprendo que esta es una de las cosas más importantes que cualquier persona puede saber, el conocimiento del cielo hace que la vida sea más bella y maravillosa. Conocer que el cielo es nuestro hogar hace que el viaje a través de la vida sea más significativo.

Así es exactamente como me siento. Habiendo estado en el cielo tantas veces, no puedo esperar para estar allí permanentemente. Alguien una vez dijo: "En la tierra sólo puedes ganar una cosa permanentemente: el cielo".

Es un gran privilegio para mí tener una parte en este libro. Sé que Dios lo usará para dirigir muchas almas a su reino. Ese es su deseo, y el mío también.

En esta mañana particular del 25 de abril, el Señor parecía estar más jovial y comunicativo que de costumbre. Sus palabras y acciones me hacían reír, y Él también se reía. Fue un tiempo muy alegre. En muchas maneras, era muy parecido a cualquier persona normal, pero también era el Todopoderoso Dios. De seguro, estaba disfrutando ese momento conmigo.

Después de un rato, el tono de nuestra conversación cambió a uno más serio.

"Hija, gracias por estar disponible para este trabajo", me dijo. "Lo más importante para mí es que hagas el libro exactamente como te digo que lo hagas. Nunca cambies eso. Te he estado guiando paso a paso, tal como te dije que lo haría. Sabía que serías obediente en esto, y es por eso que te escogí.

"Otra vez te digo que todo en mi reino está listo para mis hijos. Quiero que todos los cristianos incrédulos y aquellos que dudan, entiendan que hay un cielo que es real. Quiero traer a todos mis hijos al reino, pero todo aquel que no viva conforme a mi Palabra, no entrará. Este libro será de ayuda a los que son infieles.

"Sé que estás orando por mucha gente, pero no puedo contestar todas tus oraciones, porque algunos que conocen mi Palabra siguen siendo egoístas y están viviendo para el mundo. No bendeciré a ninguna persona que viva de forma deshonesta y sin respeto a mi Palabra, aunque sean tus seres queridos.

"Hija, quiero que pienses en aquellos por los que has estado orando, esos que conoces, y quiero que pienses en cuales oraciones he contestado. Algunos nunca cambiarán sus corazones para ser puros, y nunca serán bendecidos.

"Muchos cristianos son pobres y tienen muchos problemas en sus vidas porque sus corazones no están correctos delante de mí, y no diezman. Todo cristiano que no diezme no será bendecido porque ellos aman al dinero más que a mi Palabra. Aquellos que aman al dinero más que a mi Palabra nunca verán mi reino. Ya sabes a donde irán al final.

"Si alguno viene a mí con un corazón rendido y trata de vivir por mi Palabra, este será bendecido de inmediato, y tendrá paz y gozo de continuo. Todo aquel que me ame y desee mi bendición tiene que tener un corazón correcto hacia mí, y ponerme siempre primero en toda área de su vida. También debe tener un corazón bondadoso para con los demás.

"*Amada, quiero que estés feliz cada día de tu vida en la tierra. Eres mi hija especial para siempre. No habrá final para mis bendiciones mientras estés en la tierra.*

"*Te protegeré de todo lo que no me gusta en la tierra, y nunca me alejaré de tu lado. Siempre tendrás sorpresas inesperadas de mi parte.*"

"Señor, ya me has sorprendido con tantas cosas. Nunca sé qué es lo próximo que vas a hacer."

Podía sentir que estaba sonriendo debido a mi respuesta. Entonces me dijo: "*Es hora de regresar.*" Nos levantamos y comenzamos a caminar hacia el agua.

Nos abrazamos, y me dijo: "*Te amo, hija mía*".

"Te amo, Señor."

OMNIPRESENTE Y OMNIPOTENTE

La siguiente visita del Señor tuvo lugar el 29 de abril. Estuve con Él desde las 6:05 A.M. hasta casi las 8:00 A.M. Mi cuerpo tembló por media hora. Luego escuché la voz del Señor decir: "*Hija mía, Choo Nam, debo hablar contigo y mostrarte algunas cosas*".

Cuando tomó mi mano, pude ver mi cuerpo transformado caminando con Él en la playa. Tan pronto nos sentamos sobre las rocas, agradecí al Señor por llevarme a este lugar especial para estar con Él.

Él gentilmente me recordó: "*Te amo, hija*".

"Te amo, Señor." Después, canté para Él. La voz sobrenatural volvió a brotar de mí. Pude ver la portada del libro otra vez. Después, el libro comenzó a volar por los aires y las personas en lugares áridos de la tierra brincaban y trataban de alcanzarlo.

Entonces, el libro voló hacia nosotros, y el Señor lo agarró. Me le dio. Yo lo sostuve fuertemente con ambas manos, y lo apreté contra mi pecho con profundo aprecio. Las lágrimas de felicidad fluían libremente por mi rostro.

En visión sobrenatural, me mostró el santuario de una iglesia donde el Señor estaba parado detrás del púlpito. Él levantaba el libro con ambas manos, y las personas corrían hacia Él. ¡Era tan maravilloso y emocionante ver tanta gente viniendo al Señor! Entonces entendí que Él estaba usando el libro para atraer las personas hacia Él.

La visión se abrió a diferentes vistas a la vez. Pude ver al Señor en diferentes iglesias alrededor del mundo, con personas de todas las nacionalidades presentes en varias iglesias. En cada casa de adoración, las personas corrían hacia Él. Mi Señor omnipresente y omnipotente era capaz de estar presente en todos lados, en diferentes iglesias a la misma vez.

Recordé el verso del libro de Apocalipsis: "Y oí como la voz de una gran multitud, como el estruendo de muchas aguas, y como la voz de grandes truenos, que decía: ¡Aleluya, porque el Señor nuestro Dios Todopoderoso reina! (Apocalipsis 19:6) Esto fue en la visión del cielo que el apóstol Juan recibió en la isla de Patmos, a donde él fue exiliado. Esto era lo que la gente en mi visión estaban haciendo—ellos estaban corriendo hacia el Señor para adorarlo, porque sabían que Él era el todopoderoso Dios.

Esto fue en respuesta a la verdad que Juan reveló en Apocalipsis: "Y salió del trono una voz que decía: Alabad a nuestro Dios todos sus siervos, y los que le teméis, así pequeños como grandes." (Apocalipsis 19:5). Cuando los santos hicieron esto, ellos fueron llenos de gozo y gritaron: "Gocémonos y alegrémonos y démosle gloria; porque han llegado las bodas del Cordero, y su esposa se ha preparado. Y a ella se le ha concedido que se vista de lino fino, limpio y resplandeciente; porque el lino fino es las acciones justas de los santos. Y el ángel me dijo: Escribe: Bienaventurados los que son llamados a la cena de las bodas del Cordero…" (Apocalipsis 19:7–9).

Como Juan, yo había sido llamada a escribir, y mi misión era la misma que la de él, decir a todo el mundo que la cena de las bodas del Cordero había sido preparada, y son bendecidos aquellos que son invitados a estar allí en el día final. La invitación está extendida hacia todos, pero sólo quienes estén dispuestos a escoger caminar en la Palabra de Dios podrán asistir. Es muy importante para nosotros vivir de acuerdo a la Palabra de Dios, orar de acuerdo a sus principios y creer todas sus promesas. Nosotros somos la novia de Cristo, y Él quiere que nosotros seamos santos, limpios y justos delante de Él. ¡Qué gran día de bodas será ese!

La visión terminó y el Señor me preguntó: *"Hija mía, ¿viste todas las cosas?".*

"Sí, Señor. ¿Cómo puedes estar en todos lados?"

"Puedo estar en cualquier lugar en un abrir y cerrar de ojos."

"Señor, sé que algunos cristianos son muy fieles, pero todavía tienen viejos hábitos. ¿Por qué no los cambias?"

"Cualquiera que desee ser cambiado, recibirá mi ayuda. Si me piden cualquier cosa que deseen, yo se las daré, si veo que son sinceros y que perseveran. Yo responderé sus oraciones.

"Muchos de mis hijos, sin embargo, no oran con sinceridad ni persistencia. Si no tienen paciencia, no pueden recibir mi bendición.

"Hija mía, tú eres tan persistente. Tú nunca te rindes. Tú persistes en pedir lo que quieres en oración. Yo escucho cada una de tus oraciones."

"Sí, Señor, yo no me rindo hasta que recibo, porque sé que tú tienes todas mis respuestas. Uno de mis maestros de la Biblia me dijo que nunca dejara de orar por algo que desee. Por eso es que soy tan persistente en mis oraciones, Señor.

"Yo sé que tú tienes las respuestas que necesito, especialmente en mis oraciones personales. Tú me has contestado más oraciones de las que esperaba. ¡Gracias, Señor!"

"Amo a mis hijos persistentes. La persistencia de las personas prueba su fidelidad, y en esto conozco que ellos creen que yo tengo la respuesta a todas sus oraciones. También quiero que mis hijos conozcan que aunque yo contesto las oraciones, también puedo remover las respuestas si ellos no son fieles."

"¿Qué cosa puede hacer una persona que ocasione que tú quites una bendición de su vida?"

"Hija, cuando algunos de mis hijos necesitan algo, ellos oran día y noche, y pasan tiempo conmigo. Ellos se esfuerzan por ser obedientes y vivir conformes a mi Palabra. Entonces, tan pronto los bendigo, ellos cambian, alejándose de mí y volviendo a su vieja manera de vivir. Ellos continúan haciendo las cosas que no me agradan. Es por eso que a veces quito mis bendiciones."

Su visita, su presencia y su visión partieron, y me quedé con un conocimiento más claro de los caminos de Dios. "En cuanto a Dios, perfecto es su camino, y acrisolada la palabra de Jehová; escudo es a todos los que en él esperan" (Salmo 18:30).

Capítulo 15

BENDICIONES CAÍDAS DEL CIELO

*Todo valle se rellenará, y se bajará todo monte y collado; los
caminos torcidos serán enderezados, y los caminos ásperos
allanados; y verá toda carne la salvación de Dios.*

LUCAS 3:5–6

La mañana del 2 de mayo tuve un tiempo de oración de especial
significado. La unción del Señor sobre mí era más intensa de lo
usual, y el temblor de mi cuerpo, al concluir el tiempo de oración,
era más fuerte que nunca. Parecía que el temblor no se detendría. Los
gemidos de mi espíritu eran como convulsiones de lo profundo de mi
interior. El calor de mi cuerpo aumentó, y sudaba copiosamente.

Era algo tan sobrecogedor, que fallé en mirar el reloj. Después de
un tiempo, el Señor entró por la ventana de mi habitación y se sentó
en su lugar de costumbre.

Su voz aquietó las manifestaciones físicas en mi cuerpo.

*"Hija preciosa, vine a decirte y mostrarte algunas cosas. Tienes muchas
cosas que hacer por mí antes de que regrese por mi pueblo. Debes ser paciente conmigo. Muchos de mis hijos no están listos para mi retorno. Mi reino
está completamente listo para cualquiera que desee entrar.*

*"Cada creyente debe estar delante de mí al final, y muchos de los que
no viven por mi Palabra serán engañados.*

*"Deseo que todos mis hijos vengan a mi reino. Deseo que todo el que
lea este libro, crea y se dé cuenta de cómo tiene que vivir en el mundo para
poder entrar a mi reino.*

"Hija, te bendeciré hasta que sobreabunde. Te bendeciré más de lo que has esperado o pedido."

"Señor, la única cosa que deseo para ser bendecida es poder servirte y hacerte feliz."

"Hija, ya tú me has hecho muy feliz. Es por eso que te escogí para este trabajo. Tú y tu esposo me servirán grandemente hasta el último día. Dile a tu esposo que me agrada el trabajo que está haciendo con este libro.

"Cuando todo se complete, quiero que edifiques mi iglesia."

Esta declaración hizo que comenzara a ver la misma iglesia que Él me había mostrado antes. Después de ver el interior y exterior del edificio de la iglesia, me sentí completamente relajada. No podía ver al Señor, ni sentir su presencia.

Esa mañana en particular y las mañanas siguientes, las visitas del Señor fueron completamente impredecibles, y no seguían el curso acostumbrado. Durante este tiempo, nunca sabía lo que iba a acontecer durante su visita porque cada una era diferente de las otras.

Una cosa pude entender con claridad: Él nunca aparecía el día que ya tenía planes. Sin embargo, en los días que no tenía nada planificado, Él frecuentemente aparecía y me llevaba a la playa en la tierra. En otros días, mi maravilloso Señor simplemente llegaba, se sentaba cerca de mi ventana y me hablaba en mi tiempo de oración. Él es muy considerado y amable. No hay palabras para expresar mi amor por Él.

Todavía me asombra saber cuánto sabe sobre mí. Él conoce mis pensamientos, sentimientos, planes, y motivos. Mi oración continua es la del Salmo 139:23-24: "Examíname, oh Dios, y conoce mi corazón; pruébame y conoce mis pensamientos; y ve si hay en mí camino de perversidad, y guíame por el camino eterno".

COMO UN NIÑO

Mi fe continuó aumentando mientras crecía en mi relación con el Señor. Verdaderamente creo que nunca más tendré otra duda. He estado con el Señor, y Él me ha llevado al cielo muchas veces. Creo en su Palabra, y sé que el cielo es muy real.

"Dejad a los niños venir a mí, y no se lo impidáis", dijo Jesús, "porque de los tales es el reino de Dios. De cierto os digo, que el que no reciba el reino de Dios como un niño, no entrará en él" (Marcos 10:14–15).

El Señor desea que seamos como niños para que podamos disfrutar las bendiciones del reino de los cielos para siempre. Las cualidades de los niños son posibles en los adultos que rinden sus vidas totalmente y sin reservas a Jesucristo. La inocencia, la confianza, la pureza de corazón, la fascinación, el sentido de maravillarse, el creer, la alegría, la felicidad, el vivir el momento presente, todas éstas son algunas de las cualidades de la niñez que Dios desea que evidenciemos para ir al cielo.

El Maestro dijo: "El que no reciba el reino de Dios como un niño, no entrará en él" (Marcos 10:15). Obviamente, Él desea que nosotros creamos en el cielo para que lo recibamos como un niño. Esta es la llave que abre la puerta de los cielos para todos aquellos que desean entrar en él.

Sin embargo, las cosas que vienen contra nosotros mientras crecemos, nos hacen perder rápidamente nuestra inocencia, fe, confianza y pureza. Estos nos son restaurados cuando venimos al Señor en completo rendimiento, y nuestra vida se convierte en una hermosa transformación: "De modo que si alguno está en Cristo, nueva criatura es; las cosas viejas pasaron; he aquí todas son hechas nuevas" (2 Co. 5:17).

Dios es nuestro Padre; nosotros somos sus hijos. Él quiere que nosotros seamos hijos que confían, aman y obedecen a su Padre. Jesús dijo: "Hijitos, aún estaré con vosotros un poco. Me buscaréis… En esto conocerán todos que sois mis discípulos, si tuviereis amor los unos por los otros" (Juan 13:33, 35).

El Señor desea que todos sus hijos estén con Él en el cielo para siempre. Para poder llegar allí, para vivir en la montaña más alta en los cielos, necesitamos ser como niños. La verdadera demostración del cristianismo es que los adultos se convierten en pequeños niños que caminan en confianza, obediencia y amor.

Jesús me hizo ver muy claro que esto es lo que Él desea que cada uno de nosotros sea, que tengamos la fe de un niño pequeño. Él quiere que caminemos de acuerdo a su Palabra, que creamos totalmente en Él y que esperemos con expectación la realidad del cielo. Quienes no lo hagan, Él me indicó, en varias ocasiones, que estarán en las afueras del cielo, pero nunca podrán entrar al gozo del Señor.

UNA PRECIOSA CASA Y UN AUTO

En la mañana del 6 de mayo, estuve con el Señor desde las 6:17 A.M. hasta las 8:14 A.M. Mi cuerpo tembló por veinte minutos, y yo estaba sudando bajo una muy fuerte unción. Gemidos salían de lo profundo de mi espíritu. Entonces sentí la presencia del Señor en mi habitación…

"Ven, mi hija Choo Nam, debo llevarte a la playa", me dijo.

Noté que su mano se movía hacia mí. Lo próximo que vi fue mi cuerpo transformado caminando con el Señor por la playa. Estos eran momentos muy felices. Yo le sonreía al Señor como una pequeña niña que está disfrutando un momento especial con su padre. Mi ser entero se sentía feliz, y podía percibir que el Señor también estaba contento.

"Señor, te he extrañado. Te amo tanto."

"Te amo, hija, y es por eso que te he traído hasta aquí."

Fuimos a la roca que servía como nuestro lugar de descanso en estos viajes a la playa. Yo siempre me siento a su izquierda, y tomo su mano o pongo mi mano bajo su brazo. Canté de alegría por algunos momentos antes que el Señor me dijera: *"Hija mía, te voy a mostrar algo. Deseo que te sientas feliz".*

La voz que salía de mí cuando tenía una visión, brotó de mi espíritu y se mantuvo por un largo tiempo.

Entonces vino la visión, y vi un enorme río que normalmente no era ancho. Había muchas casas localizadas cerca del río, pero estaban construidas por encima del nivel del agua, sobre magníficas rocas.

Una casa en particular llamó mi atención, pues era de una estructura color blanco, de dos niveles, y rodeada con una pintoresca verja blanca. No había césped al frente de la casa, sino que el terreno estaba arreglado en la forma de un espectacular jardín de rocas. Las flores y los árboles proliferaban alrededor de la casa.

Un ancho portón servía de entrada al patio. Un flamante auto rojo estaba estacionado al lado izquierdo del garaje. Era un auto de lujo. En el frente de la casa, había par de escalones que llevaban a una hermosa puerta doble.

La visión continuó dentro de la casa, donde había una alfombra crema, y los bien construidos muebles estaban decorados en un arreglo de colores. La sala era muy grande, y cerca estaba el dormitorio principal. El dormitorio era enorme, y tenía una cama matrimonial extra grande, tocadores de madera color marrón rojizo, mesas y guardarropas. El cubrecama era dorado, y las cortinas en combinación.

Pude mirar en la cocina donde vi gabinetes hechos de madera de cerezo. En el centro de la cocina, había un asador para barbacoa y electrodomésticos modernos por dondequiera.

Afuera de la cocina había una terraza, y en el patio trasero había árboles que bordeaban una atractiva verja. Esta era verdaderamente una mansión, y pensé: *"Esto es muy bonito, pero, ¿por qué el Señor me lo estará mostrando a mí? Nosotros ya tenemos un buen auto y una buena casa que el Señor nos ha provisto. Realmente, ya no me interesan las cosas materiales".*

La visión se evaporó, y el Señor me habló: *"¿Te gustó lo que viste?"*

"Era muy hermoso, Señor."

"Será tuyo."

Comencé a llorar. Todo era tan maravilloso. Era gracia que excedía todas mis expectativas, gracia inmerecida. Me preguntaba: "¿Por qué yo?" La gente a veces se hace esa pregunta cuando le sucede algo malo. Pero yo lo preguntaba por causa de las bendiciones, pues ya el Señor estaba derramando multitud de bendiciones sobre mí.

Verdaderamente, las bendiciones eran más de lo que yo podía contener. Era como si la profecía de Malaquías se convirtiera en realidad en mi vida, en el aquí y ahora, en esta tierra:

> "Traed todos los diezmos al alfolí y haya alimento en mi casa; y probadme ahora en esto, dice Jehová de los ejércitos, si no os abriré las ventanas de los cielos, y derramaré sobre vosotros bendición hasta que sobreabunde."
>
> —Malaquías 3:10

Por largo tiempo, Roger y yo hemos estado diezmando de nuestros ingresos, y ofrendando a varios ministerios. Siempre que puedo, ayudo a cada ministerio, pero nunca había esperado tales resultados por mi obediencia. Dios es tan maravilloso. Verdaderamente, no podía contener las bendiciones que Él derramaba sobre nosotros. Él ha abierto las ventanas de los cielos, y prepara aún más para nosotros.

"Pero Señor", le dije, "no necesito nada. Ya tengo todo lo que deseo."

"No llores, mi hija", me dijo para consolarme.

Tal parecía que al Señor le molestaba que yo llorara. Estoy segura que es porque Él desea verme feliz. De todas maneras, lloré aún más fuerte, porque la visión me había confundido. Me preguntaba si eso significaba que Él no volvería por sus hijos tan pronto como yo había creído. Si viene pronto por nosotros, ¿por qué quiere darme una casa tan grande y un auto tan caro?

Como siempre, Él conocía mis pensamientos.

"Hija, ¿estás preocupada pensando si yo no volveré pronto porque te estoy dando esta casa y el auto?"

Su pregunta conmovió mis más profundas emociones, y comencé a llorar más fuerte. El Señor levantó mi rostro y secó mis lágrimas. Entonces, en un tono tranquilizador, me dijo: *"Mi hija preciosa, volveré así como dije que lo haría, pero hasta entonces, deseo que tengas lo mejor".*

"Señor, ya tú nos has dado una hermosa casa y un auto. Yo no necesito ni deseo nada más. Lo único que quiero es agradarte y servir a otros hasta que tú vuelvas por nosotros. Tú dijiste que si te amamos, debemos ser bondadosos con los demás. Por eso quiero llevar tanta gente como pueda a ti, porque sé que eso es lo que tú deseas."

"No quiero que te preocupes más. Tú sólo deseas agradarme, y no estás esperando nada más. Es por eso que yo deseo darte más de lo que ahora tienes. No digas más; alégrate."

Sus palabras me confortaron y llenaron de gozo y esperanza. Él regresará pronto, y no tengo nada de qué preocuparme. Mi mente se sintió atraída a un versículo que había escuchado en la iglesia. El predicador nos había dicho que los verdaderos creyentes serán cabeza, y no cola (ver Deuteronomio 28:44). Esta es una bendición que viene a todos aquellos que sirven al Señor "con alegría y con gozo de corazón, por la abundancia de todas las cosas" (ver Deuteronomio 28:47).

El Señor me dijo: *"Debemos regresar ahora",* y entonces se levantó. Caminamos de regreso al lugar donde siempre comenzamos y terminamos nuestras visitas a la playa. Mientras caminábamos, el Señor hizo algo que no había hecho antes. Él me tomó en sus brazos y comenzó a darme vueltas de la misma manera que un padre hace con su pequeño hijo. Comencé a reírme incontrolablemente, y noté que mi cuerpo natural casi se levanta de la cama. El poder del Señor era muy fuerte sobre mí.

Fue un momento precioso, de gozo indescriptible, que me permitió comprender a cabalidad el significado del pasaje que dice:

> "Para que sometida a prueba vuestra fe, mucho más preciosa que el oro, el cual aunque perecedero se prueba con fuego, sea hallada en alabanza, gloria y honra cuando sea manifestado Jesucristo, a quien amáis sin haberle visto, en quien creyendo, aunque ahora no lo veáis, os alegráis con gozo inefable y glorioso; obteniendo el fin de vuestra fe, que es la salvación de vuestras almas."
> —1 Pedro 1:7-9

¡Gozo inefable y glorioso! Mi fe había sido fortalecida por la revelación personal de Jesucristo, a quien amo tanto. Mis ojos le han visto. Fue algo glorioso, y continúo disfrutando un gozo inexplicable y lleno de gloria.

VOLAR COMO LAS AVES

Un evento milagroso acontecerá en un futuro cercano. A pesar de que la Biblia nunca usa la palabra rapto, el apóstol Pablo describe un evento cataclísmico en el cual el Señor Jesús regresará del cielo con sus santos para "raptar" a su Iglesia. Esta será una experiencia definitiva para aquellos que conocen a Jesús.

> "Por lo cual os decimos esto en palabra del Señor: que nosotros que vivimos, que habremos quedado hasta la venida del Señor, no precederemos a los que durmieron. Porque el Señor mismo con voz de mando, con voz de arcángel, y con trompeta de Dios, descenderá del cielo; y los muertos en Cristo resucitarán primero. Luego nosotros los que vivimos, los que hayamos quedado, seremos arrebatados juntamente con ellos en las nubes para recibir al Señor en el aire, y así estaremos siempre con el Señor. Por tanto, alentaos los unos a los otros con estas palabras."
> —1 TESALONICENSES 4:15–18

Pero aquellos que no conocieron al Señor, comparecerán delante del trono de Cristo para juicio, y allí escucharán la sentencia que amerite su falta de fe, "porque la paga del pecado es muerte" (Romanos 6:23). Aquellos que conocieron a Jesús, sin embargo, recibirán el regalo de la gracia de Dios, "la dádiva de Dios (que) es vida eterna en Cristo Jesús Señor nuestro" (6:23).

La segunda venida de Jesucristo fue el tema de mi siguiente visitación del Señor, que tuvo lugar el 13 de mayo. Estuve con Él desde las 6:20 A.M. hasta las 9 A.M. Me desperté temblando intensamente. Mi cuerpo tembló por más de media hora, y entonces comencé a sentir una unción caliente, y gemidos comenzaron a salir de mi interior. El Señor se me acercó y dijo: "Hija mía, yo soy tu Señor. Debo hablar contigo y mostrarte algo".

Esta vez, al caminar con el Señor en mi cuerpo transformado, le sonreí y dije: "Te amo, Señor".

Pude percibir que Él me sonreía, a pesar de que no podía ver su rostro con claridad. "Te amo, mi preciosa hija", me contestó.

Nos sentamos en las rocas, y el Señor me dijo: *"Puedo ver que tu esposo está tomando tiempo libre de su trabajo para ayudarte con el libro. Ambos están haciendo un buen trabajo.*

"Hija mía, debo decirte algo. Sé que te pedí que escribieras exactamente lo que te he mostrado y hablado. Mas he podido notar que no has estado explicando todo lo que te he mostrado con suficiente claridad."

"Señor, lo siento. Lo repasaré otra vez."

El Señor me había dicho en repetidas ocasiones que escribiera todo después de sus visitas, sin importar lo cansada que me sintiera. Hubo momentos en que mi mente estaba aturdida, pero inmediatamente tomaba papel y lápiz, y las palabras fluían con rapidez. Aprendí que esto era obra del Espíritu Santo, quien me guiaba. Eso es exactamente lo que estaba haciendo conmigo, y ahora sabía que Él encontraría otro escritor que me ayudara a reproducir las enseñanzas que acompañaran mis experiencias.

Sé que algunas personas hallarán difícil de entender cómo alguien puede tener las experiencias que yo he tenido el privilegio de disfrutar. Ellos dirán: "Eso no está en la Biblia".

La verdad, sin embargo, es que la mayoría de las cosas que Dios me ha mostrado están registradas en la Biblia. Creo que Él simplemente desea que este libro vuelva a enfatizar las verdades bíblicas acerca del cielo a todo cristiano. Él me ha escogido como un instrumento, y este libro es un vehículo para reiterar las verdades de las Escrituras a la Iglesia. También creo que el Señor desea que sus hijos conozcan que hay muchas cosas maravillosas acerca del cielo que no están registradas en la Biblia.

Él continuó: *"Quiero que recuerdes cuán preciosa eres para mí, hija mía. Sólo así podré usarte. Vengo por mis hijos mucho antes de lo que algunos esperan."*

"Señor, cuando vayamos al cielo, ¿vivirán todos los cristianos en casas como la que tiene mi nombre en la puerta?"

"Llevaré muchos de mis hijos a mi reino, pero no todos vivirán en mansiones como la que tiene tu nombre en la puerta. Esas mansiones son para hijos muy especiales."

"¿Irán todos los cristianos contigo cuando tú vengas por nosotros?"

"Te voy a mostrar algo", me dijo el Señor. *"Quiero que recuerdes todo lo que veas. Quiero que todo el mundo conozca lo que va a suceder en*

poco tiempo. Sé que muchos cristianos no creen lo que mis profetas les están diciendo. Es por eso que te mostraré esto."

Mi otra voz irrumpió como usualmente sucede, en preparándome para la visión sobrenatural de parte del Señor. Este parece ser el medio que Él utiliza para prepararme, para que vea las cosas que desea mostrarme. En esta ocasión, la voz duró por un largo tiempo. Después de más de media hora de cantar en el Espíritu con mi voz sobrenatural, comencé a ver las cosas que Dios quería mostrarme.

La primer parte de la visión era más una impresión que una experiencia visual. Parecía que todo el mundo estaba muy emocionado. El ambiente de la tierra estaba alborotado, y había mucho movimiento. Entonces comencé a ver de qué trataba tanta actividad.

El aire estaba lleno de objetos blancos en movimiento. Cuando la visión se aclaró, vi personas con túnicas blancas volando a través de los aires. La gente salía de todos lados de la tierra, y volaba hacia arriba en el aire. El cielo estaba literalmente lleno de personas volando, como aves en migración.

Era algo tan inusitado como impresionante. Para entonces, yo estaba cantando en alta voz, y mis manos se movían con mis puños cerrados en movimientos rápidos y alternos. No me había sentido tan emocionada en toda mi vida. Mi cuerpo estaba brincando por causa de la unción y el temblor. Sentía como si yo también estuviera volando con la gente que veía vestida de blanco. El movimiento de mi cuerpo y l voz eran tan fuertes, que estoy segura que me podían escuchar por toda la casa.

Había escuchado una descripción del rapto, pero nunca había imaginado cuán asombroso será este espectáculo. Me preguntaba qué pensarán esas personas que no conocen a Jesús cuando contemplen esta escena. Yo me sentía impresionada y emocionada, pero estoy segura que ellos se sentirán aterrorizados.

Esta había sido la sorpresa más grande que el Señor me había mostrado. Era lo más atemorizante que había visto jamás, seres humanos volando por los aires como aves en vuelo. Ellos se remontaban con la velocidad de un cohete. Algunos parecían remontarse como cometas en el viento de un claro y hermoso día.

Vi a mi nieta de un año. Ella llevaba puesta una túnica blanca, y su cabello le había crecido hasta los hombros. Se veía que había crecido.

Primero la vi en su casa con ropa normal. Entonces, de repente, la vi vestida con una túnica blanca y volando a través de los aires. Yo estaba boquiabierta por la visión. Ciertamente parecía confirmar que el Señor regresará en un futuro cercano.

Entonces vi a mi nieta de diez meses. No tiene mucho pelo ahora mismo, pero en la visión su cabello le llegaba hasta los hombros, y al igual que mi otra nieta, ella volaba a través de los aires.

Comencé a llorar y gritar. El ruido en mi habitación debió haber sido ensordecedor. Fue bueno que Roger estuviera en su trabajo, porque seguramente se hubiera sentido alarmado y preocupado por el ruido.

Al principio, no sabía si mi llanto era producto de alegría o tristeza. Mi nieta más pequeña también parecía estar más crecida. Sentí que el Señor tenía una buena razón para mostrarme las niñas. Primero, estoy segura que Él deseaba que yo supiera que ellas estarán con Él en el cielo para disfrutar la eternidad con Jesús. Segundo, sé que Él quería que yo viera cuánto ellas habrán crecido para el tiempo de su regreso. Es más pronto que lo que muchas personas piensan.

La alegre visión cambió. Comencé a ver personas que no ascendían como las otras. Hubo lugares de la tierra que se trastornaron; algunos lugares parecían estar virados al revés. Había alboroto por todos lados, y personas en un innegable estado de pánico. El terror estaba escrito en todos los rostros.

La gente corría como salvaje. Sobre la tierra, reinaba un total pandemónium. Parecía que cada persona buscaba a alguien o algo que no podía encontrar. Yo comencé a llorar como una niña mientras observaba la gente correr y gritar por las calles. Algunos echaban sus pocas pertenencias en sus carros y botes. Había miles de botes en el océano. La gente estaba tratando de escapar.

Muchos hombres uniformados entraban violentamente a las casas, saqueando y tomando las pertenencias que encontraban. Pude ver una familia de cuatro o cinco tendidos en el piso de una casa, la mayoría de ellos boca abajo, sobre un charco de sangre que cubría el piso.

Cientos de personas huían corriendo hacia las montañas, y en su huída, los guardias uniformados les disparaban y algunos se caían. Los que estaban más cerca de los guardias eran golpeados con palos y garrotes.

Vi personas destruyendo iglesias. Un hombre tiró una piedra a una hermosa ventana en vitrales que mostraba a Jesús con sus ovejas. La ventana se rompió, y los vidrios volaron en todas direcciones. Yo grité con más fuerzas.

Una mujer, que parecía estar buscando a su hijo perdido, corría por toda su casa, y gritaba de pánico y temor. Gritaba el nombre de su hijo, y caminaba de un lado a otro en total frustración y desesperación. Yo deseaba ayudarla, pero no había nada que pudiera hacer.

Lloré y lloré, por ella y por los demás.

Entonces vi una familia que conozco personalmente. El padre corrió adentro de la casa, y buscaba apurado de cuarto en cuarto, llamando los nombres de su esposa e hijos. Encontró un miembro de su familia, y ambos se sentaron acurrucados en una esquina del cuarto, abrazándose el uno al otro y llorando. Yo sé quienes son, pero no tengo la libertad de mencionar sus nombres en este libro.

La visión se disipó y continué llorando. El Señor secó mis lágrimas.

"Hija", me dijo, *"debo mostrarte estas cosas para que puedas decirle a todo el mundo lo que va a suceder. Amo a todos mis hijos, y quiero que ellos se den cuenta de que vendré pronto por ellos, pero no puedo traer a quienes no viven de acuerdo a mi Palabra, porque ellos no están preparados para mí.*

"Muchos cristianos serán sorprendidos cuando llegue el tiempo final. Lo que acabas de ver es sólo una pequeña parte de lo que sucederá muy pronto. Será mucho peor de lo que puedas imaginar para aquellos que no me conocen. Es por eso que quiero que todos mis hijos puedan venir conmigo a mi reino.

"Hija, te he mostrado parte del reino y las cosas que van a suceder en este mundo, porque el tiempo es corto. Volveré pronto. Es por eso que este libro es tan importante para mí. Es para mis hijos. Tú has visto lo que va a suceder en la tierra en un futuro cercano.

"Yo estoy listo para mis hijos, pero hay muchos de mis hijos que no creen y viven para las cosas de este mundo. Yo los amo a todos, y deseo traerlos a todos al cielo conmigo, pero no puedo traer quienes no están listos para mí. Aquellos que vengan a mi reino, tienen que ser puros de corazón y obedientes."

Mi corazón se compadeció por todos los que no conocen al Señor, y comencé a orar por su salvación. Mencioné cada nombre que conozco, y le pedí a Dios que interviniera en sus vidas, que llamara su atención. Entonces oré por los cristianos que no están viviendo para Jesús. Le pedí que los trajera de regreso a Él.

Me determiné a completar el libro tan pronto como pudiera, y le prometí al Señor que iría a donde Él me enviara. Me sentía verdaderamente honrada de ser una sierva de los últimos días, trabajando en los campos de la mies del Señor. Recordé un pasaje de la Biblia que muestra exactamente lo que Jesús está sintiendo ahora mismo:

> "Y al ver las multitudes, tuvo compasión de ellas; porque estaban desamparadas y dispersas como ovejas que no tienen pastor. Entonces dijo a sus discípulos: A la verdad la mies es mucha, mas los obreros pocos. Rogad, pues, al Señor de la mies, que envíe obreros a su mies."
>
> —MATEO 9:36–38

¡El cielo es tan real! Pablo lo describe de la siguiente manera: "Cosas que ojo no vio, ni oído oyó, ni han subido a corazón de hombre, son las que Dios ha preparado para los que le aman" (1 Corintios 2:9). La forma de mostrarle nuestro amor a Dios es a través de la obediencia, tal como dijo Jesús: "Si me amáis, guardad mis mandamientos" (Juan 14:15).

Capítulo 16

El gran amor de Dios

En el amor no hay temor, sino que el perfecto amor echa
fuera el temor; porque el temor lleva en sí castigo. De
donde el que teme, no ha sido perfeccionado en el amor.
Nosotros le amamos a él, porque él nos amó primero.

1 Juan 4:18-19

Mis experiencias en el cielo, con el Señor, me han ayudado a entender lo que el apóstol Juan quiso decir en estos versos. Dios es amor, y el cielo es un lugar donde el amor es la parte dominante del ambiente, la luz y vida del cielo.

Los eventos que precederán el rapto de la Iglesia, sin embargo, serán aterrorizantes y horrorosos. A pesar de que el Señor había borrado de mi mente la memoria de mi madre en el infierno, todavía tenía un vago recuerdo de que ella estaba allí, y sentía un gran dolor en mi corazón por el destino eterno de mis padres.

Cuando me convertí al Señor, oraba constantemente por mis padres. Le imploraba al Señor, pidiéndole que no los enviara al infierno, y le recordé cuán buenos ellos eran. Lloré y oré tantas veces por ellos, que de alguna manera me sentí segura de que el Señor no los echaría al abismo del infierno. También le pedí a Dios que me permitiera agradarle por el resto de mi vida para así reparar cualquier error de mis padres.

Mi madre había sido una buena persona. Parecía muy pura e inocente en muchos aspectos. Yo siempre pensé que mi madre nunca supo lo que era ser malo. Ella había estado enferma la mayor parte de su vida, y murió a la edad de cuarenta años. Su última preocupación al morir había sido por mí.

Cuando mi madre murió, sentí que yo también me quería morir. Ella era el único amor que conocía en aquel tiempo. Yo odiaba a mi padre porque sabía que, durante la enfermedad de mi madre, él estaba con otra mujer.

A pesar de ser parte de las costumbres orientales el que algunos hombres buscaran otra mujer cuando su esposa estaba enferma, yo permanecía profundamente perturbada por el comportamiento de mi padre. Sabía que él traicionaba a su esposa, y yo sentía el dolor de ella.

Yo cargué este odio hacia mi padre por mucho tiempo, pero cuando me convertí al Señor lo pude perdonar, porque comprendí que él no lo conocía. Tuve que recordarme a mí misma que es sólo la gracia de Dios la que nos mantiene libres de pecar.

Con frecuencia, me había preguntado si vería a mi madre después que yo muriera. Este pensamiento era recurrente en mí después de su muerte, contando yo con catorce años de edad.

EL CIELO ES AMOR

Fue el Señor quien cerró la brecha entre el amor que debí haber recibido de mis padres y el amor que realmente recibí. Para mí, Él es puro amor. El Señor me dijo: *"Hija mía, has estado viviendo para mí por tanto tiempo, y has sido muy fiel a mí durante los pasados meses. Todo será hecho pronto. Necesitas descansar".*

"No estaré feliz con ninguna cosa en esta tierra, Señor, si tú no estás ahí."

Después de la muerte de mi madre, sentí que nadie me amaba de verdad. Ciertamente, ninguna cosa se asemejaba al amor que mi madre había mostrado por mí. Necesitaba ser amada, pero pasado un largo tiempo, parecía que no había amor en el mundo para mí. Después de casarme y tener hijos, disfruté grandemente el amor de familia que compartíamos, pero aunque el amor de ellos era maravilloso para mí, todavía extrañaba el amor de mi madre. Parecía que dentro de mí había un vacío que necesitaba ser llenado.

Ese vacío lo llenó el inmenso amor de Dios. Después de entregarle mi corazón a Jesús, me sentí segura y confiada en su amor. Conocí la verdad del himno que dice: "Nadie me ama como Cristo".

Recuerdo que cuando niña, a veces me caía y golpeaba, y mi madre me levantaba, mimaba y curaba las heridas. De la misma manera, siendo una joven cristiana me tropezaba, Jesús me levantaba y traía sanidad a mis heridas. Nuestro Señor fue ungido para hacer eso.

La Biblia describe la unción que Jesús recibió de la siguiente manera: "El Espíritu del Señor está sobre mí, por cuanto me ha ungido para dar buenas nuevas a los pobres; me ha enviado a sanar a los quebrantados de corazón; a pregonar libertad a los cautivos, y vista a los ciegos; a poner en libertad a los oprimidos; a predicar el año agradable del Señor" (Lucas 4:18–19).

Jesús me había traído buenas nuevas. Él había sanado mi quebrantado corazón. Me había libertado de mis temores, mi autoestima negativa y mis inseguridades. Me había abierto los ojos del espíritu y levantado mi opresión. Y ahora proclamaba el "año agradable del Señor" para mí. Ese "año agradable" está al doblar de la esquina.

Aún cuando algunas personas tratan de hacerme quedar mal o chismear de mí, me siento segura en el amor de Jesús. Él es mi lugar seguro, mi fortaleza, mi torre fuerte, mi amparo y mi refugio. Cuando alguien me lastima de forma intencionada o involuntariamente, puedo ir al Señor en oración, y su paz y gozo vuelven a mí. Yo sé que Dios me ama. Él nunca me dejará, ni me desamparará.

Me gusta reflexionar en las promesas de la Palabra de Dios. Una de mis favoritas se encuentra en los Salmos: "Bendito el Señor; cada día nos colma de beneficios el Dios de nuestra salvación" (Salmo 68:19). Su amor por nosotros no tiene fin: "Con amor eterno te he amado; por tanto, te prolongué mi misericordia" (Jeremías 31:3).

Sé que nada me puede separar del maravilloso amor de mi Dios y Rey. "Por lo cual estoy seguro de que ni la muerte, ni la vida, ni ángeles, ni principados, ni potestades, ni lo presente, ni lo por venir, ni lo alto, ni lo profundo, ni ninguna otra cosa creada nos podrá separar del amor de Dios, que es en Cristo Jesús Señor nuestro" (Romanos 8:38–39).

Su perfecta paz está siempre conmigo. "Tú guardarás en completa paz a aquel cuyo pensamiento en ti persevera; porque en ti ha confiado" (Isaías 26:3). Su Palabra es el cofre de un tesoro lleno de regalos que Él desea compartir con todos sus hijos, y estos regalos serán nuestra porción diaria en el cielo.

Veamos lo que Pablo escribió a los Efesios:

"Bendito sea el Dios y Padre de nuestro Señor Jesucristo, que nos bendijo con toda bendición espiritual en los lugares celestiales en Cristo, según nos escogió en él antes de la fundación del mundo, para que fuésemos santos y sin mancha delante de él. En amor habiéndonos predestinado para ser adoptados hijos suyos por medio de Jesucristo, según el puro afecto de su voluntad, para alabanza de la gloria de su gracia, con la cual nos hizo aceptos en el Amado."
—Efesios 1:3-6

Dios ya nos ha bendecido con toda bendición espiritual en Cristo. Aún en esta vida podemos disfrutar los "lugares celestiales en Cristo".

De hecho, Pablo añade en el próximo capítulo de su carta a los Efesios:

"Pero Dios, que es rico en misericordia, por su gran amor con que nos amó, aun estando nosotros muertos en pecados, nos dio vida juntamente con Cristo (por gracia sois salvos), y juntamente con él nos resucitó, y asimismo nos hizo sentar en los lugares celestiales con Cristo Jesús."
—Efesios 2:4-6

Espiritualmente, ya hemos sido resucitados para estar sentados en los lugares celestiales con Cristo Jesús.

Cuando el Cuerpo de Cristo entienda esta realidad con toda certeza, su vida cambiará. El mundo dice: "Ver para creer", pero el cristiano dice: "Creer para ver". La verdadera realidad es espiritual, no temporal. La mayoría de las personas piensa que la "realidad" sólo se encuentra en lo que podemos ver, escuchar, gustar, oler y sentir. Pero la verdadera realidad está en el mundo espiritual.

Hay cuatro clases de amor: *ágape* (el amor de Dios), *storge* (el amor de la familia), *fileo* (amor de hermanos) y *eros* (amor sexual). Lamentablemente, el mundo pone al eros primero y muy pocos alguna vez encuentran el amor *ágape*. El sistema del mundo trabaja poniendo sus prioridades a la inversa del sistema de Dios. Dios nos creó a su imagen. Él es una Trinidad (Padre, Hijo y Espíritu Santo), y nosotros somos tripartitas (cuerpo, alma y espíritu).

La palabra griega *pneuma* es la palabra que ha sido traducida como "espíritu," y esta es la parte real de nosotros, pues es el hálito de vida, el corazón de corazones, el lugar donde el Espíritu de Dios busca encontrar morada. La palabra griega para alma es *psuche*, y esta es la parte de nosotros donde residen el intelecto, las emociones y la voluntad. Es aquí donde muchos de nuestros problemas aparecen.

Por último, la palabra soma es la parte física de nosotros: los órganos y sistemas de nuestro cuerpo. Aquí también el mundo ha revertido el orden. Mientras que Dios quiere que pongamos nuestro espíritu primero, muchos les dan atención primero a sus cuerpos, segundo a sus sentimientos, y, si queda tiempo, a su espíritu en último lugar. Nos olvidamos que somos más que seres humanos en un viaje espiritual; la realidad es que somos seres espirituales en un viaje humano.

Dios ya nos ha bendecido con toda bendición espiritual y celestial en Cristo Jesús, porque Él nos ama con amor eterno. Cuando comencé a entender estas verdades, sentí que quería dejar toda cosa mundana para simplemente agradar al Señor por el resto de mi vida.

Desde ese momento, le he puesto primero en mi vida, muy por encima de cualquier otra persona o cosa. Esto es lo que Él espera de cada uno de nosotros. Su Palabra nos promete: "Mas buscad primeramente el reino de Dios y su justicia, y todas estas cosas os serán añadidas" (Mateo 6:33).

Dios, en su gran misericordia, me ha permitido encontrar su reino, y Él ha tomado cuidado de todas mis necesidades. Como resultado, puedo obedecer su Palabra que dice: "Así que, no os afanéis por el día de mañana, porque el día de mañana traerá su afán" (Mateo 6:34).

La preocupación, que solía ser mi constante compañía, ha sido reemplazada por seguridad, paz, confianza y amor. No me importa lo que la gente diga de mí, y no temo lo que pueda sucederme. Mi gozo más grande está en agradar y servir al Señor. Sólo amarle a Él me da un increíble gozo.

Él me ama, no importa lo que haga bien o mal. Me ha dicho tantas veces: *"Quiero que seas feliz, hija mía."* En este día en particular, 13 de mayo de 1996, sentía una gran felicidad y paz, aún viendo los escenarios relacionados a los tiempos del fin que se desarrollaba delante de mis ojos espirituales, en la forma de una visión sobrenatural. El Señor me recordó: *"Hay muchas bendiciones especiales en camino para ti".*

No podía imaginar cómo podría haber más bendiciones de las que ya disfrutaba. Sabía la verdad de la Palabra que declara: "Porque el reino de Dios no es comida ni bebida, sino justicia, paz y gozo en el Espíritu Santo" (Romanos 14:17). ¿Qué más podría desear? Estas bendiciones, y tantas más, eran mías ya, en el aquí y ahora, y yo sabía que también continuarían para siempre en el cielo.

El Señor dijo: *"Sé que estás cansada, hija mía. Te llevaré de regreso ahora".*

Esa mañana fue muy intrigante para mí. Había pasado dos horas y media con el Señor, y luego estuve en oración por una hora y media. Sentía que ya estaba en el cielo, donde el amor de Dios es el aire que respiramos.

ENCERRADA CON DIOS

Desde el 19 de febrero de 1996, he pasado cada minuto con el Señor. Mi vida social ha sido limitada a los servicios de adoración y las compras básicas de alimentos para mi familia. El resto del tiempo es de Dios. Los únicos que nos visitan a nuestro hogar son los miembros de nuestra familia. El Señor me ha dejado saber claramente que así es como Él quiere que yo viva, enfocada en Él, su Palabra y su voluntad. Él me está preparando para la próxima etapa del ministerio.

A pesar de que parezco estar "enclaustrada," la realidad es que mi "lugar secreto" se ha convertido en una puerta abierta al reino de los cielos. En lugar de estar encerrada, he sido lanzada a la más alta dimensión de gloria que jamás haya conocido.

Con frecuencia, ha sucedido que cuando la gente llama con planes de visitarme, vuelve a llamar para decir que surgió alguna cosa que le impidió venir a visitarme. Creo que esto sucede porque Dios quiere que pase tiempo a solas con Él, para así poder continuar su trabajo de preparación en mi vida. Desde un principio, Él me dijo que por un tiempo no debía salir a ningún sitio, especialmente fuera de la ciudad, hasta que el libro se finalizara. Realmente, aunque hubiera deseado salir a algún lugar, no hubiera podido, porque la unción era demasiado fuerte. La unción del Señor me tiene de rodillas en su presencia.

Había sentido su unción desde antes de la Semana Santa de 1995, pero desde entonces, mi cuerpo comenzó a temblar cada vez que la unción de la presencia del Señor venía sobre mí. Desde enero de 1996, esa unción ha sido tan fuerte que no puedo controlar el temblor y las manifestaciones físicas en mi cuerpo.

Por ejemplo, ni siquiera puedo entrar a la habitación donde Roger trabaja en la computadora, porque la presencia del Espíritu Santo es muy fuerte allí. Roger está implementando las correcciones al manuscrito para el libro. Él tomó una semana de vacaciones para este propósito, y estoy muy agradecida por su ayuda.

Cuando me acerco al cuarto de la computadora, mi cuerpo comienza a brincar de gozo. Esta es una respuesta física que viene del Señor, y no tengo control sobre la misma. No es algo que voy "creando" por mí misma. De hecho, es más una manifestación espiritual que una emocional.

El Todopoderoso Dios, mi Padre y mi Señor, ha pasado tanto tiempo conmigo, que es un privilegio el devolver un poco de mi tiempo. Disfruto cada momento de mi obra para Él. No es difícil para mí trabajar para Él porque lo amo más que a mi vida. Creo en las palabras del salmista que dicen: "Porque mejor es tu misericordia que la vida" (Salmo 63:3).

La inquietud es preocupación

Como he mencionado en varias ocasiones, a través de mi vida he sido propensa a la preocupación. Esto quizás nació debido a una confusión que sufrí durante mi niñez. Cualquiera que fuera la razón, sin embargo, muchas veces lucho con la preocupación, temor e inseguridad. Sabía que esto no era la voluntad de Dios para mí. De hecho, el Señor me había dicho en varias ocasiones: *"No te preocupes, hija mía"*.

Comencé a mirar a mi preocupación de una manera diferente, y la llamé inquietud en vez de preocupación. De algún modo, cuando decía que estaba "inquieta" en vez de "preocupada," me hacía sentir bien. El 20 de mayo de 1996, estuve con el Señor desde las 5:40 a.m. hasta las 7:50 a.m. Mi cuerpo tembló desde las 5:40 a.m. hasta las 6:10 a.m., y mis gemidos espirituales duraron por treinta minutos. El Señor caminó hacia mí y me dijo: *"Mi preciosa hija, Choo Nam, debo hablar contigo"*.

Su mano se extendió hacia mí, e inmediatamente vi mi cuerpo transformado caminando con Él en la playa. Él parecía estar muy feliz, y yo estaba realmente disfrutando su presencia. Mientras caminábamos por la arena, le dije: "Señor, te amo y extraño".

Él respondió sin vacilar: *"Te amo, mi hija"*.

El gozo de aquel momento me hizo acelerar el paso, y me le adelanté al Señor. Él comenzó a reír, y yo hice lo mismo. Luego nos sentamos en nuestro lugar de costumbre.

"Veo que estás trabajando continuamente en mi libro."

"Sí, Señor. Roger está trabajando muy duro en él. Mi inglés no es tan bueno, así que él está corrigiendo muchos de mis errores ortográficos y problemas gramaticales."

"Sé que ambos están trabajando muy arduo."

Sabía que el Señor conocía todos mis pensamientos, sentimientos y acciones. Sabía que no podía esconder nada de Él, y no deseaba ocultarle nada. Él sabía que yo había estado preocupada acerca del libro. Me preguntaba cómo saldría, quién lo escribiría, y quién lo publicaría.

El Señor sabía todo esto, así que me dijo: *"Choo Nam, te estás preocupando por el libro otra vez, a pesar de haberte dicho que no debes preocuparte".*

"No estoy preocupada, sólo inquieta", le respondí mientras, avergonzada, bajaba mi cabeza.

El Señor levantó mi rostro y me dijo: *"Hija, estás avergonzada".*

Reconocí la verdad de su observación con una sonrisa que se convirtió en una carcajada. Él comenzó a reír, y me dijo: *"Hija, la inquietud es preocupación. De ahora en adelante, no quiero que te preocupes por nada. Este es mi libro; yo tendré cuidado de todo. ¿Acaso no lo he hecho así hasta ahora?"*

"Oh, sí, Señor. Lo siento tanto. Por favor, perdóname por no obedecerte."

Él respondió con alegría. Parecía tomar gran placer en mi honestidad y humildad. Sabía que me había perdonado. Sentí una gran paz en mi alma, y me sentí libre de la preocupación que había pretendido negar, al decir que sólo era inquietud.

Ese día, aprendí otra importante lección del Señor: Él desea que nosotros seamos totalmente honestos con Él, los demás y nosotros mismos. No podemos usar los medios mundanos para justificar, racionalizar o cubrir nuestros pecados. Sabía que la preocupación era un pecado, y había tratado de pretender que no lo sentía.

Aunque esto parezca ser algo insignificante para algunos, yo sabía que era muy importante para mi Maestro. Él no quería que me preocupara. De hecho, nos invita a cada uno de nosotros al decir: "Venid a mí todos los que estáis trabajados y cargados, y yo os haré descansar. Llevad mi yugo sobre vosotros, y aprended de mí, que soy manso y humilde de corazón; y hallaréis descanso para vuestras almas; porque mi yugo es fácil, y ligera mi carga" (Mateo 11:28–30).

Es de humanos preocuparse. Es de Dios confiar. "Dios resiste a los soberbios, y da gracia a los humildes. Humillaos, pues, bajo la poderosa mano de Dios, para que él os exalte cuando fuere tiempo; echando toda vuestra ansiedad sobre él, porque él tiene cuidado de vosotros" (1 Pedro 5:5–7). ¿Por qué vamos a escoger preocuparnos cuando nuestro Padre nos promete tanto?

El Señor parecía querer borrar mi preocupación, mostrándome por segunda vez algunas de las cosas que Él tiene preparadas para mí. Me dijo: "Quiero que veas esto otra vez".

Nuevamente, la voz sobrenatural brotó de mí, y después de un largo rato, vi en visión la casa que Él ya me había mostrado. La última vez, el Señor no me había mostrado el nivel superior de la casa, pero en esta ocasión vi cuatro cuartos de huéspedes y un cuarto de oración en el segundo piso. Vi un retrato que colgaba en una pared del cuarto de oración; era un retrato del Señor. Aunque no podía verlo con claridad, sentía que había algo particularmente llamativo y atractivo de su retrato.

La visión me llevó por cada cuarto de la casa, el hogar que Él había prometido me daría a mí y mi familia. El Señor preguntó: *"¿Te gusta la casa?"*

"Sí, gracias, Señor. Pero realmente no necesito otra casa. Todo lo que quiero es agradarte, hacer tu trabajo, y ver que mi familia sea más fiel a ti.

"Todas las cosas que me has mostrado son tan hermosas, pero son cosas mundanas, y ya no me interesan. Roger piensa lo mismo, Señor."

"Hija mía, déjame decidir lo que quieres y necesitas. Amo vuestros corazones. Debemos irnos ahora."

Después de visitar el cielo por nueve ocasiones, el Señor me dijo que ya no me iba a volver a despertar, y Él cumplió su promesa. Yo me despertaba pocos minutos antes o después de las seis, luego de una noche completa de descanso.

Era un tiempo de profunda paz y gozo. No había preocupación ni inquietud. El Señor me abrazó y me dijo: *"Te hablaré más tarde"*. Me sentí completamente relajada.

¿El cielo o el infierno?

Desde esa visita en mayo, he estado orando por los futuros lectores de este libro. Estoy orando por usted, querido lector. Deseo que Dios prepare su corazón para recibir la verdad de todas las cosas que he experimentado y escrito. El cielo es muy real, y yo quiero que usted crea en Él más de lo que se ha atrevido a soñar. Esto es lo que Dios desea de usted, porque Él lo ama con amor eterno.

El Señor me llevó al cielo en muchas ocasiones diferentes, para que yo pudiera decirle cuán maravilloso será para cada uno de nosotros los que le amamos y vivimos para Él. Él y yo deseamos que pueda ir a la gloriosa mansión que ha preparado para usted. Las cosas que el Señor me ha mostrado y hablado, son verdaderas y completamente bíblicas, y son una realidad que excede nuestra experiencia terrenal. Sé que las cosas celestiales son más reales que las cosas de esta tierra, y yo deseo que usted conozca esta realidad.

Antes que el Señor me bendijera con tantas revelaciones de verdades celestiales, y a pesar de que lo amaba y creía en Él con todo mi corazón, a veces sentía dudas acerca de que hubiera un cielo. No entendía con claridad las cosas del cielo, y sé que algunos cristianos tampoco las entienden. Ahora sé cuán real es. Para mí, ya no es siquiera una cuestión de fe, sino de conocimiento real, la clase de conocimiento que nadie puede quitar. Es conocimiento verdadero.

Antes solía temerle a la muerte, y me preocupaban muchas cosas acerca de mi vida, pero después de lo que experimenté en el cielo, no hay nada en este mundo que importe ya para mí. Sé a donde iré cuando esta vida termine. Estaré con Jesús para siempre en su paraíso. No existen palabras para explicar cuán perfecto es el cielo. Allí sólo sentí puro gozo.

Después de los viajes al cielo, le supliqué al Señor que me llevara a mi hogar celestial, pero Él con voz desilusionada me dijo: *"No te mostré mi reino y el abismo del infierno para traerte a tu hogar ahora. Te mostré todas estas cosas para que ayudes a salvar a los perdidos, y les digas a todos lo que se requiere para entrar en mi reino".*

Después de decirme esto, me sentí sumamente avergonzada por mi egoísmo, y le pedí perdón. Ahora sólo puedo pensar en servirle hasta el último día. Le agradaré, no importa lo que cueste.

Como una de sus hijas especiales, ¿por qué iba Él a herirme usando el ejemplo de mi madre en este libro, si no fuera importante para su pueblo entender que ser bueno no los salvará si no conocen a Jesús? Alguien me dijo en cierta ocasión, "Si Él te ama, ¿por qué usó a tu madre para herirte de esa manera? Me sentí perpleja por esta pregunta tan escéptica.

A pesar de ser un recuerdo muy doloroso para mí, luego de ver a mi madre y a otros en el infierno, tuve que entender que nada los va a sacar de allí. Así que acepté el hecho de que ellos estarán allí por la eternidad, simplemente porque no conocieron al Señor Jesús.

Mi Señor tenía una razón muy especial para usar a mi madre en este libro. Si a través de ella otra madre puede ser salva, yo me sentiré honrada.

No importan los tiempos difíciles que puedan venir a mi vida, nunca estaré enojada con el Señor. Si alguno de mis seres amados muere por mi Señor, yo me sentiré muy contenta por ellos. Entonces sabré de seguro que su vida eterna será en el cielo con el Señor Jesús. Como dijo Jesús:

"Porque de tal manera amó Dios al mundo, que ha dado a su Hijo unigénito, para que todo aquel que en él cree, no se pierda, mas tenga vida eterna" (Juan 3:16).

Creo que la segunda venida del Señor está muy cerca, Él les está dejando saber a sus hijos cuánto les ama y que deben estar preparados para Él.

Dios le ama, y esta es la verdad más grande en todo el mundo. Es por eso que ha preparado su reino para usted. Aunque ama a sus hijos, Él está enojado con quienes no creen en Él. Esa es la razón por la que me ha comisionado a escribir este libro. Me ha dicho en muchas ocasiones que la salvación de las almas es extremadamente importante para Él. Está preocupado de que algunos de sus hijos escojan el infierno para la eternidad, en lugar de la hermosa gloria que Él ha preparado para ellos.

Después de todo, el cielo es una elección. El Señor no desea que ninguno termine en el abismo del infierno. Si usted cree en Él, tendrá vida eterna con el Señor:

"Cerca de ti está la palabra, en tu boca y en tu corazón. Esta es la palabra de fe que predicamos: que si confesares con tu boca que Jesús es el Señor, y creyeres en tu corazón que Dios le levantó de los muertos, serás salvo. Porque con el corazón se cree para justicia, pero con la boca se confiesa para salvación. Pues la Escritura dice: Todo aquel que en él creyere, no será avergonzado" (Romanos 10: 8–11).

Si usted no cree en Él, terminará en un lugar de tormento donde mis padres y muchos otros tienen que pasar la eternidad. Es una elección personal. Es el camino de Dios contra el camino de Satanás. Es el reino de los cielos contra el reino de las tinieblas. Es vida contra la muerte. Es el cielo contra el infierno. ¿Cuál conquistará su vida? La elección es suya.

Cada palabra en este libro es veraz. Las palabras de Jesús han sido transcritas exactamente como Él me las dijo. El Señor me escogió para este trabajo, y yo he procurado ser fiel a cada palabra y experiencia. Con la ayuda de Dios, y la asistencia de Roger y el escritor, he tratado de dar una descripción precisa de cada experiencia que he disfrutado.

Por último, sin embargo, me doy cuenta que la elección es suya. Todo lo que puedo hacer es escribir mis experiencias. Luego de haber leído estas páginas, usted es responsable por la verdad que le ha sido impartida. ¿Qué hará usted con la verdad que le he compartido?

Antes de ir al cielo, yo deseaba salvar almas para el reino, pero ahora me doy cuenta que debo hacer todo lo que pueda para rescatar a los perdidos. Nunca podré borrar la memoria de aquellos cuerpos desnudos que se movían alrededor del fuego y gritaban en su miseria. Todo terminará pronto para cada uno de nosotros, y entonces será demasiado tarde para tomar decisiones por Jesús y el cielo.

Tengo un deseo ardiente de ver a los perdidos salvarse, para evitar que vayan al terrible lugar que el Señor me ha revelado. Mi más profundo deseo es que todos encuentren su nombre escrito en la puerta de una mansión en el cielo.

El libro de Apocalipsis describe dos grupos de personas. Yo vi las mismas cosas que el apóstol Juan vio. Juan describe el destino eterno del primer grupo como sigue: "Y el humo de su tormento sube por los siglos de los siglos. Y no tienen reposo de día ni de noche" (Apocalipsis 14:11). El segundo grupo, de otro lado, es descrito de esta manera: "Aquí está la paciencia de los santos, los que guardan los mandamientos de Dios y la fe de Jesús... Bienaventurados de aquí en adelante los muertos que mueren en el Señor...descansarán de sus trabajos, porque sus obras con ellos siguen" (Apocalipsis 14:12–13).

¿Está su nombre escrito en el Libro de la Vida?

Preparación
y unción

Capítulo 17

UNCIONES ESPECIALES

Y derramó del aceite de la unción sobre la cabeza
de Aarón, y lo ungió para santificarlo.

LEVÍTICO 8:12

La segunda parte de este libro revela cómo el Señor obró en mi vida y preparó mi cuerpo para danzarle y servirle después de haberme dado la visión de este libro. Desde el lunes, 27 de mayo de 1996, Él me visitaba con regularidad. Cada lunes en la mañana, me llevó en mi cuerpo transformado a una playa aquí en la tierra.

Esta hermosa playa, la cual describo detalladamente en las secciones previas de este libro, es un lugar muy especial para el Señor. El 27 de mayo de 1996, Él prometió llevarme a esta playa cada lunes, y Él ha sido completamente fiel a su promesa, nunca faltando a estas visitas semanales.

Antes de comenzar el trabajo de preparación en mi cuerpo, el Señor me estuvo visitando cada mañana. Esto comenzó el 11 de julio de 1996. Me ungió y comenzó a prepararme para la obra que me había llamado a realizar. Me explicó que el libro no podría ser publicado hasta que todo el trabajo preparatorio no fuera completado. Claramente me mostró su deseo de que yo mantuviera un registro de todo lo que Él estaba haciendo en mí, de manera que pudiera ser incluido en el libro.

Además, el Señor ha trabajado conmigo durante las tempranas horas de la noche. De hecho, ya casi nunca lo hace en las mañanas. Al principio, las visitas nocturnas ocurrían tarde en la noche, cerca de las 10 P.M. o las 11 P.M. Pero luego comenzó a aparecer en las primeras

183

horas de la noche. Fue por esto que me pidió que me fuera temprano a la cama cada noche.

Al prepararme para ir a dormir, encontré que mi cuerpo comenzaba a temblar bajo el poder de Dios a eso de las 8:00 P.M. cada noche. Durante estos períodos de temblores, leía mi Biblia y oraba. Entonces, cuando me acostaba, mi cuerpo experimentaba tremendos y violentos temblores por alrededor de cinco o diez minutos. En este proceso, mi estómago se tensaba, y experimentaba contracciones en la región abdominal.

Esto sucedía cada noche antes que el Señor visitara mi habitación. La poderosa unción de su Espíritu Santo también caía sobre mí. Durante esas maravillosas visitas, el Señor me hablaba directa y personalmente. Luego, comenzó su trabajo preparatorio en mi cuerpo. Cuando esto sucedía, no tenía ningún control sobre mi cuerpo por un período de dos a cuatro horas. El Señor estaba conmigo todo el tiempo.

Con frecuencia, Él hablaba conmigo mientras mi cuerpo temblaba violentamente. En ocasiones, Él me decía con anticipación qué era lo próximo que iba a hacer, y cuando Él sentía que mi corazón se quejaba sobre su plan, me reprendía diciéndome: *"¡Obedéceme!"*.

Él siempre ha tenido cuidado de reiterar sus expectativas y planes. Esto, en ocasiones, me hacía sentir cargada, como si ya no pudiera más, pero Él conocía que el deseo de mi corazón era agradarle en todo lo que hacía, así que continué confiando en Él.

Cuando comenzaron estas sesiones nocturnas, yo podía ver las caras de los demonios alrededor de todo el cuarto. A pesar de verse groseras e intimidantes, yo no sentía ningún temor. Podía verlas volando detrás de la cabeza del Señor, pero cuando yo les reprendía, salían instantáneamente.

Creo que durante este proceso, el Señor me estaba enseñando cómo protegerme a mí misma. También creo que el Señor me permitió ver su presencia durante todo el tiempo que Él estuvo haciendo su trabajo en mí, para que yo aprendiera a mantener mi enfoque en Él solamente, en todo momento.

Me ha dicho en repetidas ocasiones que debo enfocarme en Él y su obra solamente. Por esta razón, me permitió terminar el libro hace algún tiempo, y dejarlo a un lado hasta que estuviera listo para publicar. Mientras tanto, quería que yo aprendiera a concentrarme en

Él y el trabajo preparatorio que ha estado realizando en mi vida. La terminación del libro era una gran carga para mí, pero con la ayuda de Dios y mi esposo, así como también la colaboración de un escritor lleno del Espíritu Santo, la mayor parte del proyecto fue completado para febrero de 1997.

VISIONES ESPIRITUALES

Antes de comenzar a trabajar conmigo, el Señor siempre me hablaba sobre mi futuro. Entonces comenzaba el trabajo en mi cuerpo, mientras Él me mostraba una multitud de visiones: los océanos, los ríos, las montañas que brillaban bajo el fuego, las minas de oro, la Tierra, todos los edificios del mundo, la nieve, las iglesias, las cascadas con el Señor en medio de ellas.

Él también me ha dado visiones de muchos otros fenómenos naturales y espirituales. Cada visión es mostrada repetidamente. Él también me mostró una gran piedra de granizo que caía del cielo. Esta visión vino en forma de sueño. Nunca puedo olvidar las cosas que el Señor me muestra.

Las visiones eran tantas y variadas que eran realmente incontables. El Señor llevaba mi cuerpo transformado al océano, tomando mis manos mientras caminábamos sobre el agua. ¡Qué sensación de gozo me daba hablar y caminar con el Señor sobre el mar! Muchas veces yo respondía con risa.

Estas visitas a la costa eran muy emocionantes. Me sentía como una niña pequeña, a veces el Señor y yo competíamos para ver quién corría más rápido. Estas maravillosas experiencias ocurrían cuando el Señor me llevaba a la playa, y sólo eran posibles porque el Señor había transformado mi cuerpo.

UNA UNCIÓN CONSTANTE

Durante cada una de estas visitas preparatorias, la unción del Señor podía ser tan fuerte que yo me sentía adormecida y muy cansada. Sin embargo, no importa cuán cansada estuviera, yo me humillaba delante del Señor, y me sometía a la obra que Él estaba haciendo en mí.

En par de ocasiones, mientras Él trabajaba en mí, me quedaba dormida por alrededor de una hora. Pero tan pronto despertaba, mi cuerpo comenzaba a temblar otra vez, y el trabajo volvía a empezar. El Señor no estaba interesado en enseñarme de una manera fácil, y creo que esto estaba específicamente diseñado para mostrarme que la obra para la cual Él me estaba llamando sería una desafiante.

También noté que el Señor siempre termina lo que comienza. Al comprenderlo, no quería quedarme dormida, pero a veces era muy difícil para mí mantenerme despierta.

En otras ocasiones, el Señor trabajaba en mí por par de horas temprano en la noche, entonces yo me quedaba dormida y Él me despertaba otra vez a las dos o tres de la mañana, para trabajar en mí por otras dos o tres horas. Cuando experimentaba noches como esta, al siguiente día me sentía tan cansada que mi cara lucía hinchada por la falta de sueño.

Ahora me parece que el Señor estaba trabajando a toda prisa para terminar el trabajo preparatorio. Él constantemente me decía: "No hay mucho tiempo." Creo que esta fue la razón por la que pasó tantas horas conmigo cada noche. Él me estaba preparando para lo que todos estaremos enfrentando en los días finales.

El aceite de la unción

El trabajo preparatorio incluía mi cara, mis manos, mi cabeza, mis pies y mi espalda. El Señor usaba mis manos para tocar cada parte de mi cuerpo desde la cabeza hasta mis pies, una y otra vez. Entonces frotaba con mis manos todo mi cuerpo, como si lo estuviera lavando y luego ponía ambas manos juntas como si limpiara el sucio de mis manos. El Espíritu Santo me dirigía en todo esto.

Realmente no tenía control de mis manos, o de ninguna otra parte de mi cuerpo, cuando el Espíritu Santo estaba haciendo su trabajo de unción en mí. Como resultado de todo esto, sin embargo, experimentaba una fuerza física realmente sobrenatural. Cuando oro por otras personas, y pongo mis manos sobre ellas, mis manos frecuentemente dan pequeños golpes de arriba abajo sobre sus cabezas u hombros, por el poder del Espíritu Santo que fluye a través de mí. Cuando estoy bajo la unción, nadie puede sostener mis manos, debido a su movimiento rápido bajo el poder del Espíritu Santo.

Durante varias noches, el Señor derramó aceite sobre mí. Este precioso aceite estaba dentro de vasijas ovaladas que lucían como pequeñas botellas de perfume. Estas botellas eran de muchos colores diferentes. Él derramaba el aceite sobre mí desde la cabeza hasta los pies, y también sobre mi espalda.

Yo mantenía un registro de esta experiencia especial en mi diario, y encontré que Él había derramado un total de ochenta y siete botellas de aceite ungido sobre mí. Todas las botellas que había usado tenían sus tapas, excepto la última.

Antes de ser bañada en el aceite ungido, una inusual canción y visión venían a mí, y podía ver al Señor mucho más claro que antes. Cada vez que derramaba el aceite sobre mí, me decía que recordara el color de la botella para que pudiera escribirlo. Algunas veces era muy difícil para mí distinguir el color, y en esas ocasiones, el Señor me decía de qué color era. Cada color parecía tener un significado especial para el Señor.

El Señor conoce cada uno de mis pensamientos, y fue así como Él percibía que yo tenía dificultad en distinguir los colores de las botellas. Algunas noches derramaba aceite de siete diferentes botellas, y cada una tenía su propio color distintivo. Algunas eran de un sólo color, y otras tenían muchos colores. Cada color era extraordinariamente bello.

Mientras derramaba el aceite ungido sobre mi cuerpo, yo temblaba, me estremecía, sudaba y sentía un intenso calor. Los gemidos que salían de lo profundo de mi espíritu eran cada vez más fuertes, y sentía que me faltaba el aliento. Esta sensación persistía por espacio de diez minutos, y luego descansaba por otros cinco minutos.

Una canción especial emergía dentro de mí cuando el Señor se me acercaba otra vez con la botella de aceite. Como antes mencioné, durante algunas noches Él derramaba aceite de siete botellas diferentes. En otras ocasiones, derramaba aceite de una sola botella. Desde entonces, he aprendido que siete es el número de la perfección, y que significa estar completos en Él. Cuando el Señor decía: "Voy a derramar esto sobre tu espalda", mi cuerpo respondía volteándose sobre mi estómago bajo el poder del Espíritu Santo. Cuando Él decía: "Esto es para tus manos", mi cuerpo se volteaba de lado hacia la dirección donde Él estaba parado, y el Espíritu Santo me hacía extenderle ambas manos.

En muchas ocasiones, el Señor tocaba mis manos con sus manos ardientes. Estas eran intensas experiencias que me hacían sentir el calor de la presencia de Dios, y me hacían llorar. El poder y fuego de Dios eran tan fuertes durante esos momentos que mi voz se volvía débil y jadeante.

Canciones del Espíritu

Durante algunas noches, yo cantaba por espacio de tres horas bajo la unción del Espíritu Santo. Estos cánticos son cánticos del Espíritu; compuestos y dirigidos por el Espíritu Santo. Son muy edificantes e inspiradores.

Después de una noche de cánticos espirituales, mi voz no se sentía débil ni cansada al siguiente día, como hubiera sido el caso si no cantara bajo la dirección del Señor. Lo mismo sucedía con mi cuerpo. Después de una noche de Dios trabajar con mi cuerpo, me sentía completamente normal, excepto por el cansancio que a veces experimentaba.

Algunas noches, mientras el Señor trabajaba con los movimientos de mi cuerpo y mis manos, mi cuerpo físico se ponía morado y frío. Al principio, esto me asustó y sorprendió, pero la presencia del Señor siempre echaba fuera el temor. Él me decía: *"Estoy aquí a tu lado; no temas a nada".* En otras ocasiones, mi cuerpo entero se volvía invisible mientras el Señor hacía su trabajo preparatorio en mí.

La mayoría del trabajo en mi cuerpo era con mis manos, los ojos, la cara y cabeza. A veces Él hacía que mi cuerpo tomara la forma de una cruz, y soplaba su aliento en mi boca y nariz. Había ocasiones cuando de sus ojos salían disparadas llamas a mis ojos. En el proceso de estas bendiciones especiales, la unción del Espíritu Santo era a veces tan fuerte que me preguntaba si me estaba muriendo. Yo respondía con profundos gemidos internos y muchas lágrimas.

Durante algunas de estas sesiones, el Señor elevaba y bajaba mi cuerpo. Mi cuerpo obedecía a su poder, en unas ocasiones parándose, y en otras ocasiones volteándose.

Como mencioné anteriormente, las visiones sobrenaturales frecuentemente acompañaban el trabajo de mi cuerpo. En una ocasión, Él me mostró una montaña. Al principio, la montaña parecía normal, pero luego se convirtió en fuego. Toda la montaña ardía, y comenzó a brillar como la brillante luz del sol. Entonces noté que la presencia del Señor estaba en medio de la luz, y su cuerpo formaba una cruz.

Bajo la dirección del Espíritu Santo, mi cuerpo también tomó la forma de una cruz. Mi cuerpo era tensado tan severamente que experimentaba gran dolor. Cada miembro de mi cuerpo era estirado por al menos diez minutos, y yo pensaba que el Señor me estaba castigando. Yo lloraba mientras atravesaba esta memorable experiencia.

Cada tipo de trabajo en mi cuerpo y las visiones sobrenaturales continuaron por muchos días. Entonces, cuando el Señor estaba listo para continuar, tanto el tipo de trabajo como el énfasis cambiaban. Usualmente, cada tipo de trabajo preparatorio duraba de tres a cinco días. Al completarlos, Él volvía a repasar cada una de las cosas que hacía en mí. Muchas veces, elevaba y bajaba mi cuerpo cuarenta y nueve veces cada noche.

Cuando Él completaba cada sesión, su presencia permanecía cerca de mí. Algunas noches simplemente me ungía con el precioso aceite del Espíritu Santo. A través de cada visitación, yo sudaba por el intenso calor, y mi espíritu gemía. El poder del Espíritu Santo era abrumador, tanto así que, en una ocasión, sentí como si perdiera la mente.

VÍSPERA DE NAVIDAD

Cuando el Señor me visita, usualmente viste una túnica blanca, pero en la víspera de Navidad de 1996, 1997, 1998, 1999, 2000, 2001 y 2002 vistió una túnica y corona preciosas. La corona era de oro y tenía repujado en relieve un arco iris de joyas de todos los colores y descripciones. Su túnica era de un rojo intenso con bordes dorados.

"Señor, ¿por qué llevas puesta una túnica y corona tan preciosas?", le pregunté.

"Hija, es mi cumpleaños", me respondió con una sonrisa.

Siempre que el Señor me sonríe, devuelvo su sonrisa automáticamente. Aunque lo quisiera, no hubiera podido cerrar mi boca. A pesar de que usualmente no puedo ver su cara, sí puedo saber cuando Él está alegre, triste o enojado.

En veintiocho ocasiones diferentes, el Señor usó esta túnica y la corona. En dichas ocasiones, siempre parecía estar especialmente feliz. Él usa estos vestidos espectaculares cada vez que hay una celebración, incluso cada vez que una nueva fase del trabajo de mi cuerpo era completado.

Cuando mi corazón se pregunta por qué lleva puestos vestidos de realeza, Él me dice: *"Estoy celebrando, hija mía".* Con manos de danzadora, mi corazón y cuerpo responden a su deseo para celebrar, y mi espíritu responde con mi voz especial y cánticos celestiales del Espíritu.

UNA LLAVE DORADA

Después de muchos meses de este trabajo especial, el Señor me dio una pequeña llave dorada, y yo lloré con profundo aprecio y humildad.

Al recibir este precioso regalo de mi Maestro, mi cuerpo tembló y se estremeció incontrolablemente, y el Señor elevó y volvió a bajar mi cuerpo. Estaba ungida con fuego del cielo, y mi cuerpo se sentía agotado bajo el poder del Espíritu Santo.

Cuando esto fue completado, descansé por varios días. Entonces el Señor reapareció y comenzó a hablarme. Por varias noches, Él simplemente me ungía. Cada una de estas unciones duraba quince minutos, entonces descansaba por cinco minutos. Esto continuó una y otra vez por al menos siete veces por noche. Cada vez yo gemía y me sentía como si estuviera enferma, y parecía que me iba a quedar inconsciente.

CRUCIFIXIÓN

Después de pasar muchas noches de estas unciones especiales, el Señor me mostró su cuerpo crucificado, recordándome de todo lo que Él hizo por mí. Antes de esto, Él me dijo que no temiera a nada porque Él estaría conmigo, pero me advirtió que las siguientes sesiones serían difíciles y agotadoras para mi cuerpo físico, porque iba a experimentar su poder de una manera más fuerte que nunca.

Cuando vi su cuerpo crucificado, la sangre fluía de su cara y su cuerpo. La corona de espinas estaba sobre su cabeza. Noté cuán grande y fuerte era su cuerpo. Su piel era bronceada y su cabello oscuro y rizado. Su cuerpo musculoso brillaba por el sudor.

Los ojos del Señor eran vívidamente penetrantes y vivaces. A pesar de que su cuerpo estaba cubierto de sangre, se veía muy atractivo. Nunca olvidaré esta experiencia. Él se paró frente a mí con sus manos extendidas formando una cruz. Como antes, mi cuerpo respondió estirándose, y yo también extendí mis brazos a los lados formando de una cruz.

El poder era tan fuerte que sentí que iba a morir. Fue la experiencia espiritual más asombrosa que jamás he tenido. Me sentía falta de aire, y lloré a través de esta experiencia. Sentía tristeza y gozo a la vez. Pero el gozo que experimentaba era tan completo que sentía que quería morir por Él justo en ese momento.

No puedo decir cuánto tiempo pasó, pero sé que debió ser un largo rato porque mis brazos estaban estirados tanto como podían estarlo, y era muy doloroso. Cuando esta visión de su crucifixión y mi identificación con ella terminó, el Señor dijo: *"Este fue el trabajo más difícil de todos"*. La siguiente noche, me llenó de una unción tan poderosa, que mi cuerpo fue elevado y bajado siete veces. Muchas unciones diferentes le siguieron, y entonces descansé por diez días.

La experiencia fue profundamente conmovedora. Fue un acontecimiento que cambió mi vida. Por primera vez en mi vida, verdaderamente comprendí un poco de lo que el Señor atravesó por mí en la cruz. En poca medida, realmente sentí el dolor que Él experimentó, y lloré en la angustia de mi alma de una manera que debió ser como Él lo experimentó.

De igual manera, comprendí más profundamente que Él atravesó tales horrores por mí para que yo pudiera vivir y no perecer. El verso que proclama mi salvación significa tanto para mí: "Porque de tal manera amó Dios al mundo, que ha dado a su Hijo unigénito, para que todo aquel que en él cree, no se pierda, mas tenga vida eterna" (Juan 3:16). ¡Gracias, Señor, por salvar mi alma!

MI CUERPO SE ABRE

Después de diez días de descanso, el Señor comenzó a trabajar en mi cuerpo de diferentes maneras. Era como si Él estuviera abriendo el potencial dentro de mi cuerpo. Por ejemplo, Él elevaba mi cuerpo de una posición postrada a una posición sentada, y me hacía salir de la cama y estar de pie en el piso. Todo esto fue bajo el poder del Espíritu Santo, no en mis propias fuerzas.

Todo este inusual trabajo del cuerpo me extenuaba, porque hacía que mi cuerpo se incorporara y se arrodillara delante de Él en intervalos de siete, una y otra vez. Yo lloré durante todo el tiempo que duró este proceso, porque su trabajo en mí era tan abrumador y desconcertante para mí.

Hubo momentos que me sentí tan cansada que casi no podía mantenerme en pie. El trabajo preparatorio que tomó lugar mientras estuve acostada fue mucho más fácil de soportar. Durante algunas noches se me requería estar de pie por dos horas, y cada aspecto de este trabajo corporal, que incluía cada parte de mi cuerpo, era repetido por siete veces.

En treinta y tres diferentes ocasiones, Él "abrió" las partes de mi cuerpo que necesitaban su trabajo de preparación. Algunas de las "cerraduras" de mi cuerpo necesitaron ser "abiertas" siete veces diferentes durante cada sesión. Cuando Él "abrió" mis manos, por ejemplo, éstas temblaban tan fuerte que me asustaba, y cuando Él "abrió" mis ojos, se sintieron tan intensamente calientes que tuve que mantenerlos cerrados por espacio de cinco minutos.

El Señor siempre me hacía saber de antemano cuál parte de mi cuerpo sería la próxima en ser abierta. Cada parte de mi cuerpo tenía una reacción especial a este trabajo. Como mencioné, Él abrió mis manos siete veces, y lo mismo hizo con mi cara y cabeza. El resto de las treinta y tres ocasiones fueron para otras partes de mi cuerpo.

Cada vez que el Señor derramaba el aceite ungido sobre mí o abría las "cerraduras" de mi cuerpo, mi ser físico respondía con temblores violentos, estremecimientos, calor intenso, gemidos y poder sobrenatural que hacía que mi cuerpo se elevara. Todo este trabajo tensaba los nervios y los músculos de mi cuerpo, como si mi cuerpo tratara de tirar de sí mismo. Cuando estas cosas sucedían, mi voz sonaba atemorizada y me quedaba sin aire. Antes de estas cosas ocurrir, la inusual voz sobrenatural emergía de mí.

Cuando el Señor terminó esta fase del trabajo en mi cuerpo, me dio otra gran llave dorada. Nunca antes había visto una llave tan grande, y creo que simboliza que Él está abriendo cada área de mi vida para poder usarme para su gloria.

LA ÚLTIMA LLAVE Y SEGURO

La noche del 11 de noviembre de 1997, el Señor trabajó en mí por aproximadamente dos horas y media, un tiempo más corto que lo usual. Todo este tiempo fue dedicado a trabajar en mis manos. Mientras lo hacía, mis manos temblaban vigorosamente de muchas maneras diferentes. Esta reacción duró por una hora y media.

Esta vez yo sentía miedo porque mis manos nunca habían temblado de esta manera, y el proceso era repetido por siete veces diferentes. Cuando Él completó el trabajo en mis manos, una voz inusual emergió de mí, y el Señor me mostró una llave y un seguro.

Él había abierto mi cuerpo entero para su servicio. La última llave y seguro eran los más grandes que había visto jamás. Él me dijo que la llave abriría todo mi cuerpo. Cuando la llave entró en el seguro, vi el seguro abrirse, y mi cuerpo se elevó mientras temblaba. Me estremecía y sudaba profusamente. Después de esto, mis manos comenzaron a temblar violentamente otra vez, y gesticulaban en la forma de una cruz por siete veces diferentes.

Entonces el Señor me habló.

"Mi hija, estoy muy complacido con todo el trabajo de cuerpo en tu vida. Ahora estás lista para el mundo. Por tu obediencia y fe, pude completar este trabajo en detalle. Gracias por tu paciencia."

El Señor me ha dicho con frecuencia que el trabajo en el cuerpo que hizo en mí fue la parte más difícil. Sin su poder de sanidad, yo no lo hubiera soportado. Después de cuatro horas de su continuo trabajo, mi cuerpo se sentía tan cansado que me preguntaba cómo podría continuar.

El Señor me explicó: *"Una hora del trabajo en el cuerpo que tú has atravesado es más fuerte que ocho horas de trabajo durante el día, debido a la unción"*.

Yo sabía que esto era cierto, porque al final de cada fase de trabajo, me sentía mareada y débil por largo rato. Siempre tenía que reponer mis horas de sueño y descanso.

VISIONES DE FUEGO

El 6 de diciembre de 1997, el Señor comenzó a trabajar conmigo de una manera diferente después de mi tiempo de oración en la noche y mi tiempo de oración en la mañana. Él me mostró una nueva visión que era acompañada por una voz sobrenatural. Pude ver al mundo entero envuelto en un cielo azul claro, y luego la escena cambió a una pesada nube. Cuando las nubes comenzaron a separarse, fuego llovió del cielo. Toda la tierra estaba en llamas, y entonces el fuego cambió a nieve. Todo el mundo estaba cubierto por una espesa sábana de blanca nieve.

Una segunda visión apareció, acompañada de una fuerte voz. Esta vez el Señor me mostró el mundo entero otra vez. El cielo estaba lleno de nubes negras. Entonces comenzó a tronar y llover. Los relámpagos centelleaban, y muchas ciudades fueron destruidas. Podía ver los edificios dentro de esas ciudades que colapsaban.

Mi voz se intensificó, y comencé a llorar mientras el Señor me decía que todas esas cosas comenzarían a suceder en este tiempo.

"Destruiré muchos países con inundaciones, tornados y temblores de tierra para mostrarles a la gente que yo soy Dios, y que necesitan prepararse para mi venida. Muchos sufrirán, muchos se divorciarán, muchos corazones serán rotos por sus seres amados, y muchas vidas serán tomadas, incluyendo muchos cristianos. Debes incluir estas visiones en tu libro, hija mía".

Fueron incontables las veces que me mostró visiones similares, y me dijo que es tiempo de prepararse para su venida.

Capítulo 18

UNA PROFETISA DE LOS ÚLTIMOS TIEMPOS

Y Él mismo constituyó a unos…profetas… a fin de
perfeccionar a los santos para la obra del ministerio,
para la edificación del cuerpo de Cristo.

EFESIOS 4:11-12

Cada vez que la presencia del Señor se acerca, mi espíritu comienza a gemir. No puedo pronunciar palabras, sólo gemidos. Esto permite que me comunique con el Señor directo de mi corazón a su corazón, obviando mi voz y mi mente. A veces también nos susurramos el uno al otro.

El Señor me explicó que la comunicación de corazón a corazón es la parte más importante de la adoración. De esta manera, Satanás es incapaz de escuchar lo que estamos diciendo. Durante cada sesión de trabajo en mi cuerpo yo no podía hablarle al Señor con mi voz, sino sólo con mi corazón.

"Hija mía, tú eres una profetisa de los últimos tiempos", el Señor me dijo, *"y eres una prueba viviente de mi Palabra y mis profecías"*.

Él continuó explicándome que esa fue la razón por la que me mostró los escritores con sus libretas en el salón del trono, cuando fui al cielo con Él. Me dijo que muchas personas no creen en sus palabras y profecías, y que aún algunos cristianos no las creen. Ahora me doy cuenta de que todo lo que Él compartió conmigo es una confirmación de las palabras de la Biblia, y las profecías que Él me dio, son ecos de su Palabra.

GOZO ABUNDANTE

En momentos de adoración, en la iglesia, experimento un gozo tan maravilloso que es imposible describirlo. Lo consume todo, tanto así que me olvido de la gente alrededor de mí. Después de las visiones celestiales que me ha dado, yo me enfoco sólo en su presencia. Puedo verlo al frente en la iglesia, y Él siempre se ve muy feliz.

Ya no me importa lo que otras personas piensen de mí. Cuando voy a la iglesia, busco agradar a mi Señor solamente, no a las personas. He aprendido que una persona no puede verdaderamente agradar al Señor, si lo que le preocupa es lo que otras personas piensen.

Después de Semana Santa en 1995, algunas personas consideraron mis acciones como entretenimiento, debido a los temblores y saltos que yo daba bajo el poder del Espíritu Santo. Sin embargo, las canciones celestiales y las danzas fueron luego incluidas en cada tiempo de adoración. Antes solía preocuparme de lo que otras personas pensaran de mí, pero ahora no me importa, siempre y cuando el Señor se agrade de mi obediencia. El pastor Larry Randolph profetizó que yo soy "diferente desde el punto de vista de Dios", y él está absolutamente correcto.

MÁS SOLTURAS Y VISIONES

Después de dieciséis meses del Señor trabajar en mi cuerpo, descansé por veintiséis días. Pensé que el Señor comenzaría a usarme, pero Él simplemente me visitó cada mañana entre la una y las dos, y hablaba conmigo por espacio de una hora. Esto sucedió en ocho ocasiones diferentes. Luego, comenzó a ungirme, y continuó trabajando en mis manos después de mi oración de la noche, y en ocasiones también después de mi oración matutina.

Cada vez que tenía un tiempo regular de oración, su presencia me sobrecogía. Después que hablaba conmigo, usualmente me ungía con un poder muy fuerte, y yo repetía todos los movimientos de manos que Él había hecho primero. Me mostró muchas visiones que Él previamente me había revelado. Luego continuó trabajando en muchos aspectos diferentes de mi preparación, incluyendo los movimientos de las manos. Me permitía descansar entre las diferentes fases de este trabajo en mi cuerpo.

Cuando abrió el seguro número treinta y tres, tuve una experiencia diferente a las anteriores. Este seguro era de una forma diferente a los otros, y tenía la cerradura y la llave más grande de todas. El Señor llevaba puesta una corona y una túnica dorada. Él tocó mis manos con las suyas, y entonces dijo: *"Eres ordenada por tu Señor"*.

La siguiente noche, Él hizo que ambas manos me dieran vueltas siete veces diferentes, de siete diferentes maneras. Esto fue seguido por mi inusual voz, y noté su túnica dorada. Me mostró una bola plateada que era tan redonda y brillante, que parecía de cristal. Él la sostuvo en su mano derecha y me dijo: *"Hija mía, eres una vasija hecha a perfección"*.

Aprendí que cada vez que el Señor traía un objeto en sus visitas, éste simbolizaba algo que Él estaba haciendo en mi vida. Una noche, después de mi tiempo de oración, el Señor me mostró otra visión del cielo.

La luna y las estrellas alumbraban el firmamento, y vi al Señor en un rayo de luz que era tan brillante como el sol. Él llevaba una corona y túnica doradas, y sostenía una bola dorada que estaba cubierta de piedras, y que Él bajaba del cielo. Una brillantez deslumbrante le rodeaba.

Mi voz sobrenatural salió de mis adentros, y vi al Señor delante de mí. Él sostenía la bola con ambas manos, y luego la sostuvo en su mano derecha y dijo: *"Derramaré esta unción sobre tu cabeza"*.

Cuando removió la parte superior de la bola, salió vapor de adentro. Cuando lo derramó sobre mí, no sentí el mismo poder que había sentido en las unciones anteriores. Después de esto, me mostró todo el océano y el mundo, y me dijo: *"El mundo es tuyo"*.

Una columna de fuego

El 31 de marzo de 1998, después de mi oración nocturna, la presencia del Señor se acercó a mí. Después que hablamos, me dijo: "Debo mostrarte esto." Mis ojos se cerraron herméticamente, y la voz de visión salió de mí. Un poder espiritual llenó mi cuerpo, y pude ver los cielos prendidos en fuego.

Descansé por unos minutos, y mis ojos se cerraron herméticamente otra vez. Esta vez vi una gran columna de fuego que bajaba del cielo. Esta cayó en medio del océano. Después de otro momento de descanso, mis ojos se cerraron herméticamente otra vez, y el poder entró en mi cuerpo.

Escuché un fuerte ruido en los aires, y vi muchos aviones en el cielo. Estos disparaban grandes misiles en forma ovalada. Cuando los misiles salían disparados, muchos edificios eran destruidos. Personas armadas y con uniforme se esparcieron por todos lados, y yo comencé a llorar. El Señor me explicó que esta guerra comenzaría en el año 1998.

TIEMPO DE DESPERTAR

En la mañana del 1 de abril de 1998, luego de mi oración matutina, el Señor me mostró la misma visión de la noche anterior. Él me dijo que no todas las cosas terribles que estaban sucediendo eran obra de Satanás.

"Debo despertar a la gente dormida", me explicó. "Muchos están viviendo en tinieblas, y cuando cosas malas suceden, culpan a Satanás. Haré que el corazón de esa gente tiemble, porque muchos no están viendo ni escuchando cuán pronto vendré por ellos. Los únicos que escucharán la trompeta serán aquellos que estén listos y esperando mi venida. El resto tendrá que pasar por la tribulación".

UNA BOTELLA DORADA

El próximo día, 2 de abril de 1998, fue también especialmente significativo. Después de mi oración de la noche, la presencia del Señor se me acercó como de costumbre. Después que hablamos, Él me dijo: *"Hija mía, tengo una sorpresa especial para ti esta noche. Debes ver esto".*

Inmediatamente después de haber dicho esas palabras, mis ojos se cerraron herméticamente y gemí fuertemente. Entonces vi los cielos abiertos y dos personas que bajaban. El área que rodeaba a estas personas era brillante como el sol. Uno llevaba una túnica blanca, y sostenía una gran botella con ambas manos. El Señor vestía una túnica y corona doradas. Entonces, las dos personas desaparecieron y la voz sobrenatural salió de mí.

Después, el Señor se paró frente a mí. Él sostenía en sus manos la gran botella dorada. La botella parecía hecha de oro puro y no tenía cubierta. El Señor la sostenía con ambas manos. Me sorprendió lo enorme de su tamaño, y pensé que no sería capaz de sostenerla con mis brazos.

La curiosidad llenó mi corazón y alcancé la botella, y ésta verdaderamente llenaba mis brazos. Supe por qué el ángel tuvo que bajarla para el Señor. Él habló y me dijo: *"Derramaré esto sobre ti, desde tu cabeza hasta tus pies. Tu cuerpo será ungido con fuego*".

Al instante de Él comenzar a derramar el contenido de la botella dorada sobre mí, todo mi cuerpo se sintió en fuego, y mi voz parecía la de una persona enferma, y comencé a llorar. Entonces comencé a cantar, y mis manos se estiraron a ambos lados, y levanté mi cabeza.

Mientras esto sucedía, yo decía: "Padre, gracias por todo lo que me has prometido". No podía bajar mis manos hasta que dijera: "En el nombre de Jesús".

Luego, mis manos se levantaron al Padre siete veces diferentes, y dije cosas que quería decir en el nombre de Jesús. Entonces caí postrada en el piso, y mi cara tocó el piso mientras me humillaba delante del Padre. Descubrí que no podía levantar mi cabeza hasta decir: "En el nombre de Jesús".

Muy pronto aprendí que no podría hacer estas cosas por mí misma. Hasta que dijera: "En el nombre de Jesús", mis manos no se bajaban, y mi cara no se movía. Creo que el Señor me estaba enseñando la importancia de orar al Padre en el nombre de Jesús.

Siempre oro por todas las cosas en el nombre de Jesús, y creo que Él desea que incluya esto en el libro para que quienes no usan el nombre de Jesús, entiendan su importancia. El Señor me dijo entonces que el ángel que le había asistido había sido Miguel.

EL ÁNGEL MIGUEL

Temprano en la mañana del 3 de abril de 1998, luego de mi tiempo de oración, el Señor me aconsejó que recordara todo lo que me había dicho la noche anterior. Le pregunté si podría ver a Miguel, el arcángel. Él dijo: *"Miguel es un ángel muy hermoso. Él mide siete pies de alto, pesa 300 libras, tiene ojos azules y cabello rubio"*.

A través de la comunicación de corazón a corazón que habíamos establecido, le pregunté al Señor si yo podría ver a Miguel con claridad. Justo entonces, mis ojos se cerraron herméticamente, y el gemir de mi espíritu subió muy fuerte. Mi cuerpo comenzó a moverse hacia atrás contra la cama. Entonces vi a Miguel parado en el patio de atrás.

En cuestión de segundos, él estaba parado delante de mí, y su cabeza casi tocaba el techo. Justo como el Señor lo había descrito, Miguel tenía cabello rubio y profundos ojos azules. Su tez era muy clara, su cara dibujaba una maravillosa sonrisa. Él dijo: *"Choo Nam, tú eres la hija preciosa de mi Señor, y estás agradándole"*. Entonces, él sonrió una vez más y se fue. Lo que más claramente recuerdo de él son sus profundos y brillantes ojos azules. Su bella sonrisa me hizo sentir gozo y paz.

OTRA VISITA DEL CIELO

El 28 de abril de 1998, después de mi oración de la noche, el Señor me mostró todas las cosas que Él ya previamente me había mostrado en mis viajes al cielo. Él también me recordó todas las cosas que van a suceder en la tierra en un futuro cercano.

Algo que no me volvió a mostrar fue el infierno. Creo que no quiso que yo volviera a experimentar las horribles escenas. Verdadera-mente, nunca podré olvidar nada de lo que el Señor me ha mostrado o ha dicho.

Jesús dijo a sus discípulos: "Os he dicho estas cosas estando con vosotros. Mas el Consolador, el Espíritu Santo, a quien el Padre enviará en mi nombre, él os enseñará todas las cosas, y os enseñará todo lo que yo os he dicho" (Juan 14:25–26).

Esto era exactamente lo que estaba sucediendo en mi vida, y la obra del Espíritu Santo, de hacerme recordar estas cosas, continúa en mi vida hasta el presente.

Capítulo 19

AUMENTA LA CONFIANZA

Mas tenga la paciencia su obra completa, para que seáis
perfectos y cabales, sin que os falte cosa alguna.

SANTIAGO 1:4

E l 7 de marzo de 1998, el Señor apareció ataviado con una corona
y túnica doradas. Él se detuvo frente a mí, y mi cuerpo cayó bajo
una unción tan fuerte, que me sentí atemorizada. Vi la mano derecha
del Señor levantada, y mis manos se extendieron hacia Él. Me dijo: *"Te*
estoy bendiciendo para la obra que te he preparado para hacer".

Desde el 11 de julio de 1996 hasta el presente, el Señor ha realizado un gran trabajo en mi vida. He tratado de detallar todo en este libro,
escribiendo todos los pasos. El Señor me dijo que escribiera su trabajo
y sus palabras, bajo la dirección del Espíritu Santo. Al principio, todo
parecía muy difícil de creer, los dones especiales, las maravillosas visitaciones, las visiones proféticas, los viajes al cielo y los eventos sobrenaturales. Todo parecía demasiado bueno para ser verdad.

Al echar una mirada atrás, hacia todo lo que he experimentado, me
doy cuenta que el Señor me estaba llevando a través de un crecimiento
especial y un proceso de aprendizaje en preparación para el ministerio.
Como resultado, mi fe se ha remontado, y la esperanza ha estallado
dentro de mí. Ahora creo todo lo que Él me dice y muestra. Él ha sido
fiel a cada promesa, incluyendo todas las promesas acerca del libro.
Él me dio el título para el libro, y me guió hacia un escritor lleno del
Espíritu, quien me ha ayudado a pulir algunas de mis palabras y frases.

Saber que todo lo que Él me ha dicho es cierto, hace la espera más dificultosa.

Después de la visión del cielo, el Señor cumplió todas las cosas que necesitaban hacerse hasta el momento. Su presencia siempre aparecía después de mis tiempos de oración. Esa fue su promesa, y fue completamente fiel en cumplirla. Hace alrededor de dos años, sintiéndome entristecida por situaciones en mi iglesia, oré al Señor con fervor. Yo necesitaba su sabiduría y dirección.

Sabía lo veraz de la promesa que dice: "Y si alguno de vosotros tiene falta de sabiduría, pídala a Dios, el cual da a todos abundantemente y sin reproche, y le será dada. Pero pida con fe, no dudando nada; porque el que duda es semejante a la onda del mar, que es arrastrada por el viento y echada de una parte a otra" (Santiago 1:5-6).

A pesar de creer en esta promesa, los cielos parecían de bronce cuando oraba. No podía ver al Señor, ni escuchar su voz. Me preguntaba si alguna vez volvería a verlo, y comencé a llorar. Después de haber llorado y gritado en alta voz, llamando a Jesús una y otra vez, por un período de quince minutos o más, el Señor volvió a aparecer.

Ese día, aprendí algo de vital importancia. Él me mostró que, para poder experimentar su presencia y escuchar su voz, mi corazón debe estar alegre y limpio. Creo que esa fue la razón por la cual el Señor quitó de mi vida todo contacto con las personas que conocía, desde que Él comenzó a llevarme al cielo hasta el presente. Él no quiere que ninguna cosa perturbe mi mente mientras me entrena para la obra que tiene para mí.

La oración y la presencia de Dios

Amo al Señor, y sé que Él me ama. Oro muchas veces durante el día, casi siempre a las mismas horas cada día. La presencia del Señor siempre se allega a mí cuando oro; entonces Él y yo hablamos. Esto sucede todos los días, y en ocasiones, nuestras conversaciones duran un buen tiempo. El Señor me recuerda todas las cosas importantes que Él me ha mostrado y que ha compartido conmigo.

Siempre que termino de orar, mi estómago se tensa, mi cuerpo tiembla, mi espíritu gime y entonces el Señor aparece. Cuando Él desaparece, mi cuerpo atraviesa las mismas manifestaciones que experimentó antes que Él apareciera.

Cuando todo el trabajo de mi cuerpo fue completado, el Señor comenzó a visitarme todos los días a la hora de la cena. Mi esposo, Roger, siempre ora antes de la comida, y yo me pongo de acuerdo con él en la oración, hablando en otras lenguas. El Señor siempre aparece mientras oramos, y luego desaparece al final de la oración. Él siempre comenta algo acerca de la comida, y en ocasiones bromea conmigo. Yo siempre me río de su maravilloso sentido del humor.

El Señor normalmente me dice que coma todo lo que desee, y me explica que en el cielo no podré comer muchas de las cosas que disfruto aquí en la tierra. Roger sabe lo que experimento en esos momentos, porque mi cuerpo comienza a temblar. Cuando esto sucede, la unción es tan fuerte, que mi cuerpo se siente como en fuego. Cuando la comida consiste en pescado y vegetales, el Señor siempre me comenta que son muy buenos y nutritivos.

Quién es el Señor para mí

Muchas personas opinan que el Señor es un individuo muy estricto. Para mí, Él es una persona bondadosa, divertida, comprensiva, paciente, amorosa y compasiva. Él siempre me habla con gentileza, excepto cuando le cuestiono sobre algo que me ha mandado a hacer. Entonces se enoja conmigo. He aprendido que al Señor no le gustan los cuestionamientos y las quejas.

Él es un oyente muy paciente, no importa lo mucho que yo hable. Él nunca me interrumpe. Descubrí que él conoce todo acerca de mí. Por eso, muchas veces me recuerda mis planes para el día.

Hace cerca de dos años y medio que vivo bajo el control del Señor. Siempre procuro obedecer sus caminos en lugar de los míos, y encuentro que estoy muy a gusto, pero aún así, a veces lucho con la impaciencia.

Jesús es mi mejor amigo, y encuentro que es una persona muy humana. Puedo hablar con Él en todo momento y en todo lugar. Él me ha dicho que puedo hacerle cualquier tipo de pregunta, pero no debo cuestionarlo cuando Él me pide que haga algo.

A pesar de que es mi mejor amigo, siento profunda reverencia y me humillo en su presencia. Le temo y respeto, porque sé que Él es Dios. Al principio, le pedía que pudiera contemplar su presencia y escuchar su voz con más claridad. Él me respondió: "Hija mía, tú ves mi espíritu".

Por cuanto Él es espíritu, no puedo verle con toda claridad.

Cuando su presencia se hace más vívida ante mí, me siento abrumada por el fuerte poder de su unción sobre mi vida.

Durante algunas de las sesiones de trabajo en mi cuerpo, he podido distinguir la presencia del Señor con más claridad de lo normal. Cuando esto sucede, la unción que la acompaña es tremendamente poderosa.

Desde que el Señor me mostró el cielo y el abismo del infierno, no he vuelto a ser la misma. Ahora, cuando veo los inconversos o noto la tibieza en la vida de un cristiano, mi corazón se conduele por ellos, porque sé lo que se requiere para entrar en el reino de Dios.

La urgencia que siento por las almas perdidas me mantiene motivada en todo tiempo. Ahora quisiera ayudar aun a mis enemigos, siempre que me sea posible. El Señor me ha repetido en varias ocasiones lo que va a sucederle a mucha gente después del juicio.

Él me explicó que sólo un veinte por ciento de los cristianos procuran agradarlo de todo corazón. Él me ha asegurado, sin embargo, que le dará a su pueblo una última oportunidad para purificarse, antes que Él vuelva por nosotros. Él me explicó que esa es la razón por la que Él me escogió para escribir este libro.

Él quiere que yo sea una prueba viviente de lo que habla la Biblia y sus profecías, porque muchas personas no creen lo que dice la Biblia, y tampoco creen que Él venga pronto por su pueblo. También me dijo que este libro sería una herramienta de salvación para millones de almas.

¡NINGÚN TEMOR!

Debido a todo lo que he experimentado, ya no siento temor, sino un nuevo denuedo, una valentía santa en el Señor. Ahora puedo pararme frente a millones de personas y testificar al mundo todo lo que he visto y oído.

El Señor selló mi cuerpo y boca durante el tiempo que tomó hacer su trabajo en mi cuerpo y cumplir su enseñanza preparatoria para mi vida. Me pidió que mantuviera estas cosas guardadas en mi corazón hasta el momento que Él me indicara. El tiempo tenía que ser el correcto o, de lo contrario, muchas personas no creerían lo que me había sucedido.

Después de experimentar las visiones y otros fenómenos sobrenaturales, mi escritor me señaló algunas Escrituras que ayudarían a afirmar las experiencias que Dios me había dado. Para ese entonces, yo no conocía las Escrituras lo suficiente como para encontrar dicha información.

Por eso, en ocasiones me quejaba delante del Señor, sintiéndome insuficiente para ser usada por Él, y le preguntaba: "¿Por qué me escogiste, Señor?". Él me contestaba con toda claridad: *Te escogí porque eres educable*.

Me explicó que Él sabía que yo no haría nada por mi propia cuenta, porque entendía que lo necesitaba a Él para todas las cosas. Esta es la clave de todo progreso espiritual. También es la clave para ser usados por Dios, para permanecer abiertos a Él y a todo lo que tiene guardado para nosotros.

Ahora, cuando leo la Biblia, puedo entender algunas verdades que antes no veía con claridad. También puedo memorizar la Palabra con facilidad, y al día de hoy he memorizado cerca de 300 de mis versículos favoritos. El Señor me ha ayudado porque siento un gran deseo por conocer su Palabra. Este conocimiento me era necesario para testificar y meditar. Sé que es difícil testificar cuando no se conoce la Palabra de Dios.

A través de mis años de entrenamiento, el Señor me ha disciplinado, probado, y aun desilusionado, para así determinar cuán firme es mi fe.

Él removió toda influencia negativa de mi vida (incluyendo personas). En ocasiones, Él permitió que la enfermedad regresara a algunos de los que Él había previamente sanado; esto, para probar cuán firme era mi fe y amor por Él. Hubo ocasiones cuando permitió que me sintiera defraudada, para ver cuán impaciente y enojada me volvía. Aun bajo dichas circunstancias, nunca le amé menos, ni confié menos en Él; sin importar cuán desilusionada me sintiera.

Lloré en su presencia incontables veces, y le pregunté por qué me hacía esperar tanto tiempo para ver el cumplimiento de sus promesas. Hubo momentos cuando pensé que cumpliría su promesa en un tiempo determinado, sólo para descubrir que tendría que atravesar otra vez el mismo proceso de entrenamiento que ya había atravesado. Esto me causó tanta frustración, que deseé morir.

A veces me he sentido tan agotada, que he querido dejar a un lado todo lo que el Señor me ha prometido. Hubo momentos en que pensé haber escuchado la voz incorrecta. En varias ocasiones, le pregunté al Señor si estaba escuchando otras voces o mi propia voz. En dichas instancias, su voz reflejaba desilusión, cuando me recordaba que estaba escuchando la voz del Señor Jesús de Nazaret.

Cuando me decía estas palabras, instantáneamente sentía un gozo que me hacía olvidar todo mi desánimo. Pienso que no hubiera soportado la prueba, a no ser porque Él me hablaba de esta manera.

Durante mi entrenamiento, lloré en numerosas ocasiones. Cuando Él terminaba, me decía: *"Choo Nam, has pasado tu prueba con un resultado de más de cien por ciento"*. Sus palabras de elogio y afirmación estremecían mi alma. Fue un curso de tres años para el ministerio, y puedo decir con honestidad, que nunca desobedecí al Señor. Él sabía que yo siempre estaba disponible para que Él hiciera su obra mí.

No importaba cuán difícil fuera el trabajo, ni cuán desilusionada me sintiera, siempre conocí un gozo y una paz permanentes. Desde que visité el reino celestial, siento que vivo en el reino de Dios. Sólo puedo pensar en agradar a mi Señor, y haré lo que sea necesario para agradarle. Las cosas de la tierra no tienen valor para mí.

Frecuentemente, le he pedido al Señor que me lleve a mi hogar para siempre, pero Él se ha rehusado y dicho que aún queda mucho trabajo por hacer. Desde enero de 1996, he vivido mi vida diaria completamente para Dios. Él es primero y último, y todo lo demás. Él es mi todo. Normalmente oro cuatro o cinco horas al día, pero durante el tiempo de trabajo en mi cuerpo, pasaba de siete a nueve horas al día con el Señor, y a veces más.

MI AMADO ESPOSO

¡Cuán agradecida me siento por el fiel amor y paciente comprensión de mi esposo Roger! Oré para que él viniera al conocimiento del Señor, y lo hizo un año y medio después de mí. Nunca he presionado a Roger en relación a las cosas espirituales, pero él siempre me ha respaldado con su constante compañía y apoyo. Le he pedido a Dios que nos ayude a tener la misma mente para su servicio, y Él me ha dado un hombre completamente nuevo. El primer año de su caminar con Dios, Roger leía la Biblia seis veces al día.

Si él no hubiera estado de acuerdo conmigo, nuestro matrimonio no habría sobrevivido. Roger es una verdadera ayuda para mí en todo aspecto, y un gran respaldo en mi ministerio.

Roger y yo sabemos que sin Dios no somos nada. Con Él, sin embargo, sabemos que podemos lograr todas las cosas. No hay nada que sea imposible para nuestro Dios perfecto. Él conoce todo acerca de nosotros. Él conoce qué cosas necesitamos aún antes que le expresemos nuestra necesidad. Jesús dijo: "Vuestro Padre sabe de qué cosas tenéis necesidad, antes que vosotros le pidáis" (Mateo 6:8).

Hemos escogido poner a Dios primero en nuestras vidas. Jesús dijo: "Mas buscad primeramente el reino de Dios y su justicia, y todas estas cosas os serán añadidas" (Mateo 6:33). Una y otra vez, esta maravillosa promesa ha probado ser cierta en nuestra vida.

Debo admitir que no siempre es fácil vivir una vida espiritual, poniendo a Dios siempre primero, pero he aprendido que no puedo hacer nada sin el permiso del Señor. Él siempre me dice que me mantenga enfocada en Él y en la obra para la cual me está preparando para realizar. Él me ha advertido que no ponga a nada ni a nadie primero que a estas metas.

Ha sido difícil, pero he aprendido que mantener mi mente en Él es la fuente de perfecta paz, como dijo el profeta Isaías. Si algo me molesta, entonces no soy capaz de enfocarme en Él, y pierdo mi paz. Conozco que esa no es la voluntad de Dios para mí, porque Jesús dijo: "La paz os dejo, mi paz os doy; yo no os la doy como el mundo la da. No se turbe vuestro corazón, ni tenga miedo" (Juan 14:27).

El Señor es una ayuda constante en nuestras vidas, aún cuando no le vemos ni escuchamos. "Jesucristo es el mismo ayer, y hoy, y por los siglos" (Hebreos 13:8). Él vive en nosotros, y es así como conoce todo acerca de nosotros. He aprendido que cuando le oramos y adoramos, su deseo es que estemos totalmente enfocados en Él.

Capítulo 20

LOS CIELOS FUERON ABIERTOS

> *Pero Esteban, lleno del Espíritu Santo, puestos los ojos*
> *en el cielo, vio la gloria de Dios, y a Jesús que estaba a*
> *la diestra de Dios, y dijo: He aquí veo los cielos abiertos,*
> *y al Hijo del Hombre que está a la diestra de Dios."*
>
> HECHOS 7:55-56

En la mañana del 16 de mayo de 1998, el Señor me indicó que me preparara para ir temprano a la cama esa noche. Así que, después de mi oración nocturna, fui llena de una unción especial, y el Señor me dijo: *"Debo mostrarte algo"*. Al momento de haber mencionado esas palabras, mis ojos se cerraron herméticamente, y un gemir especial salió de mi espíritu. El cielo comenzó a abrirse delante mí.

Al principio, todo era brillante, y entonces vi todo el cielo. Era un lugar de pureza y blancura, y las calles y edificios estaban inmaculadamente limpios.

Él me llevó al cielo, una vez más, y comenzó a enseñarme todas las cosas, una por una. En todas partes, se podía ver una brillantez como la luz del sol.

Entonces, el Señor me mostró todos los océanos del mundo y toda la tierra. La nieve cubría la tierra. El Señor me explicó: *"Debo purificar mi pueblo antes de traerlos a mi reino. A menos que tengan un corazón puro, ellos no podrán ver mi reino"*.

Recordé, entonces, una de las bienaventuranzas: "Bienaventurados los de limpio corazón, porque ellos verán a Dios" (Mateo 5:8).

Mis brazos se extendieron a ambos lados, tomando mi cuerpo la forma de cruz. Esto duró por al menos diez minutos. Lloré durante todo ese tiempo, pero no sabía si mis lágrimas eras de gratitud, gozo o dolor. El Señor me repetía algunas de las lecciones anteriores, y me reiteraba su deseo de que yo escribiera todo en el libro.

Esto me ayudaría a entender el título que Él le dio al libro, *¡El cielo es tan real!* Al repetir estas lecciones y experiencias en mi vida, pude entender con exactitud cuán real es el cielo realmente.

EL TRONO DE DIOS

El 6 de junio de 1998, el Señor me dijo otra vez que fuera temprano a la cama. Yo sabía que algo grandioso estaba por suceder. Luego de haber orado, una fuerte unción cayó sobre mí, y una vez más los cielos me fueron abiertos. Entonces, vi al Padre sentado en su trono. Él llevaba una corona y vestía una túnica blanca. Sus cabellos eran largos y blancos. El Señor Jesús estaba parado a su derecha. La apariencia de Jesús era igual a la que siempre recuerdo.

Tanto el Padre como el Hijo vestían de blanco. No podía ver sus caras, pero escuché una voz que decía: *"Choo Nam, te estoy lanzando para hacer el trabajo para el cual te he preparado. Ahora me servirás. Estoy complacido de ti".*

Escuchar esta confirmación fue más emocionante de lo que palabras puedan expresar. Al desvanecerse esta visión del cielo, la presencia del Señor apareció una vez más, y me repitió lo que el Padre había dicho. Sentí que me iniciaba en el servicio para el cual Dios me había llamado, y era maravilloso saber que esto sucedía.

ÁNGELES QUE CUIDAN DE NOSOTROS

A través del mes de diciembre de 1998, el Señor me mostró de nuevo muchas de las cosas que ya me había mostrado. Repitió también algunos de los ejercicios del cuerpo. El Señor abrió los cielos para mí una y otra vez. Cada vez que lo hacía, podía ver el firmamento entero con mucha claridad, incluyendo las estrellas del cielo.

Sobre las estrellas vi nubes, y sobre las nubes, vi el cielo. La brillantez del cielo era maravillosa, y su inmensidad, indescriptible. El cielo es una expansión sin límite que rodea toda la tierra. Cuando el Señor me muestra el cielo, yo respondo con un cántico de gozo.

Esta vez, cuando el Señor me mostró el cielo, también me mostró una multitud de ángeles que volaba por todos lados. Noté que los ángeles del cielo también volaban a través de la atmósfera de la tierra. El Señor me dijo que los ángeles que veía volando alrededor de la tierra estaban cuidando de sus hijos.

Algunas de las visiones que Dios me dio, vinieron luego del Señor hacer que mis manos tocaran mis ojos por más de mil ocasiones durante dos meses. Él me llevó siete veces a través de cada paso.

Cuando esto sucedía, podía ver los destellos más hermosos, como diamantes, y entonces veía las piedras preciosas del cielo. Una piedra en particular, se veía como la bola de un ojo. Al principio, parecía ser de un color púrpura oscuro, luego cambiaba volviéndose cada vez más clara, hasta que se veía como un diamante refulgente. Es la piedra del color más hermoso que jamás haya visto. Podía ver sus destellos con tal claridad que parecía tenerla en mi propia mano.

Memorias de víspera de Navidad con el Señor

El 24 de diciembre de 1998, el Señor apareció una vez más con su magnífica corona y túnica de Navidad. Su presencia lucía igual a la de las dos Navidades anteriores, pero la experiencia era diferente. Inmediatamente lo vi, me arrodillé delante de Él. Entonces canté, dancé y lloré de gozo indescriptible. Esto no era algo que yo creaba; era el resultado de que mi vida estaba bajo el control del Espíritu Santo.

Puedo decir con honestidad que nunca olvidaré ninguna de las cosas que el Señor me mostró o dijo. Él frecuentemente repetía algunas cosas para ayudarme a desarrollar paciencia, y me recordaba que sin paciencia, nadie podría servirle de veras.

Él me hizo notar que la salvación es un don inmerecido de su gracia, pero recibir otros dones especiales requiere arduo trabajo. Todos los dones son gratuitos, pero debemos practicar la paciencia para obtenerlos. Todo en nuestra vida debe ser de acuerdo a sus caminos, y no a los nuestros. Debemos obedecerle sin importar el precio.

Me explicó que el tiempo que vivió en la tierra fue sólo para obedecer la voluntad de su padre. Él no estaba interesado en buscar su propia voluntad o sus planes, sólo los de Dios. También me hizo saber que a quienes Él les imparte dones especiales para el ministerio, deben pagar un precio más alto que los demás. Concluyó al decir esto: *"Aunque tú no quieras hacer este trabajo, tienes que hacerlo, porque te he escogido para ser una profetisa de los últimos días".*

Como mencioné antes, el Señor comprende mucho mis necesidades, aun cuando me quejo. Siempre espera y escucha todo lo que tengo que decir. Cuando termino, me dice: *"Hija mía, entiendo cómo te sientes, pero debo hacerlo de esta manera. Tiene que ser a mi manera y en mi tiempo"*. Luego de su gentil represión, yo siempre me humillaba, y respondía en arrepentimiento por mi impaciencia, mis cuestionamientos y mi falta de entendimiento.

El amanecer de un Nuevo Año

El primero de enero de 1999, el Señor apareció otra vez vistiendo su bella túnica y corona. Era la primera vez que vestía ese atuendo en el día de Año Nuevo. Le pregunté cuál era el significado de eso, y me explicó: *"Mi hija, este es un año muy especial para mi pueblo"*. Su amorosa presencia inundó mi ser, y comencé a cantar y danzar delante de Él.

El 8 de enero de 1999, El Señor vestía otra vez su especial corona y túnica. La voz sobrenatural salió a través de mí, y comencé a llorar. Sabía que el Señor usaba estas vestiduras especiales sólo en ocasiones muy significativas, usualmente para celebrar un acontecimiento importante.

Él me dijo que estaba celebrando mi trabajo. Conversamos por un rato, entonces mis manos se extendieron hacia Él, y Él puso sus manos sobre las mías. Simplemente dijo: *"Te bendigo"*.

Al decir eso, el poder era tan fuerte que sentí que todo mi cuerpo se fundía con el de Él. Sollocé bajo la intensa unción de aquel momento, y entonces mis manos volvieron a mi regazo y me aquieté.

El período del 9 al 14 de enero de 1999, fue uno particularmente memorable para mí. El Señor me mostró una visión de la iglesia que yo asistía. En esta visión particular, vi a muchas personas en la iglesia que estaban rebosando con el Espíritu Santo, vi personas minusválidas que comenzaban a caminar, sillas de ruedas vacías y otras bendiciones. Comencé a cantar y danzar, y vi también el estacionamiento de la iglesia lleno de carros.

El poder de la oración

La noche del 15 de enero de 1999, después de mi tiempo de oración, el Señor vino a mí y caminamos juntos. La unción especial cayó sobre mí y la voz inusual surgió de mí. Entonces vi al Señor vistiendo su hermosa corona y túnica, y comencé a cantar y danzar. Realicé varios movimientos de manos, y cada movimiento era ejecutado siete veces diferentes.

Después que esta sesión de trabajo en mi cuerpo terminó, el Señor volvió a aparecer en su túnica blanca normal. Entonces me dijo que me estaba revelando todo el trabajo para el cual me había preparado. Me explicó que a partir de ese momento, yo debía orar en lenguas solamente, para así revelar continuamente todo el trabajo que Él había preparado y todas sus promesas para mí. Cuando Él comenzará mi ministerio de danza, tendría comunión solamente con Él y oraba por el trabajo. Me señaló que no dispondré de tanto tiempo para orar.

Por muchos años, he estado comprometida con la oración intercesora los siete días a la semana. Me toma casi dos horas orar por las personas que Dios pone en mi corazón, y por todas las naciones del mundo. Le dije: "Señor, será difícil para mí no orar por todas estas personas".

Él me respondió: "*Es hora de que ellos oren por ti*".

Entonces, Él procedió a decirme cómo orar más efectivamente. "*Choo Nam, cuando ores, adora siempre al Padre primero, y entonces comienza a orar en lenguas por tu trabajo y ministerio.*" Él me alentó a pararme firme en sus promesas para que el enemigo no pudiera robármelas.

Cuando el Maestro me enseñó estas y otras cosas acerca de la oración, me di cuenta de cuán importante es la oración para nuestra vida. Me dijo que orara en lenguas cada domingo en la mañana, antes de ir a la iglesia, hasta que el fluir cesara. Entonces me urgió a llegar a la iglesia treinta minutos más temprano, para orar en lenguas sin interrupción hasta que la adoración comenzara.

Algunas personas no entienden por qué hago esto, pero los que sí entienden son aquellos que tienen un caminar profundo y personal con el Señor. Ellos entienden lo que significa cuando digo que Jesús es más real para mí de lo que soy para mí misma.

Cuando le hablo, Él me escucha muy pacientemente. No importa lo negativo que parezcan las circunstancias, lo único que tengo que hacer es llevarlo todo a Él, y la situación mejora. Yo le hablo en el espíritu, pero Él es tan humanamente real para mí, que siento como si entrara a una dimensión de vida completamente diferente. Nadie me entiende como Jesús. Yo lo valoro a Él sobre la vida misma.

Ahora mi trabajo en la iglesia consiste solamente en orar por la congregación y los pastores. Hago esto diariamente, y adoro al Señor con todo mi corazón durante los servicios. Durante esos preciosos momentos de adoración, me desconecto de aquello que me rodea.

Usualmente veo al Señor caminando alrededor del frente de la iglesia con una cara de felicidad. Es por esto que frecuentemente me río a carcajadas durante la adoración. En esos momentos, entrego cada onza de mi energía y atención al Señor, y creo que de eso se trata la adoración.

PERMANECER QUIETA HASTA EL MOMENTO OPORTUNO

En enero de 1999, estaba yo bajo instrucciones del Señor de no compartir con ninguna persona las cosas que Él había hecho en mí y por mí. Él me había dicho que revelaría esas cosas a las personas cuando el momento oportuno llegara. En ocasiones, esto era difícil para mí, especialmente cuando tenía que ver con mi familia y mi pastor, pero no tenía otra alternativa, sino obedecer al Señor porque sabía que perdería su bendición si no lo hacía.

A veces, esta comprensión me hacía desear dejar mi iglesia e ir a otro lugar donde nadie me conociera. Casi deseaba esconderme de los demás, porque soy una persona muy sensible, y me molesta que otros piensen que los estoy evitando.

Todo esto requería una paciencia sobrenatural. Percibía que muchas personas no creerían mi revelación del cielo, pero no me preocupaba este asunto, porque sabía que mi Señor Jesús tendría cuidado de eso, así como Él dijo que lo haría. Ahora sé que Jesús sentía cuando nadie le creía durante su tiempo en la tierra. Comprender lo que Él tuvo que atravesar por mí, siempre me hace sentir mejor cuando soy malentendida o juzgada por otros.

UNA VASIJA PULIDA

Para principios de enero de 1999, el Señor me mostró un barro áspero de color marrón, y me dijo: "*Hija mía, tú eras así antes de que yo comenzara a trabajar en tu cuerpo físico y la mente. Tú eres ahora una vasija perfectamente pulida*". Me mostró el barro otra vez, y entonces se veía brillante y reluciente. Esta revelación me hizo sentir humillada una vez más, pues nuevamente comprendía lo que Dios había hecho en mi vida.

El 23 de enero de 1999, el Señor me dijo que en el próximo día (un domingo) a las seis de la mañana, comenzara a orar en lenguas por todas sus promesas, y que continuara hasta que el fluir cesara. También me dijo que me fuera a la iglesia treinta minutos más temprano; que primero alabara al Padre y orara en lenguas hasta el comienzo del servicio de adoración.

Tuvo cuidado en advertirme que no permitiera que nadie me interrumpiera. Sus direcciones eran claras: *"Puedes irte antes, pero no después de las 9:30"*. Comprendí que esta debió ser la razón de la nueva lengua que me había dado hacía diez días.

Una semana después, el Señor me dijo que volviera a hacer esto mismo. Alrededor de diez minutos antes de que la adoración comenzara, vi al Señor sentado en la plataforma. Llevaba puestos la hermosa corona y túnica que siempre usa en ocasiones especiales. Se veía muy feliz, y al instante de haber notado su presencia, experimenté una fuerte unción espiritual.

Apenas podía mantenerme de pie durante el tiempo de adoración. Al llegar a mi casa después del culto, oré como de costumbre, y le pregunté al Señor por qué llevaba puesta esa mañana su vestidura especial. El me respondió: *"He abierto la puerta para que tu trabajo comience"*.

EL TRABAJO COMIENZA

El 7 de febrero de 1999, el Señor me despertó alrededor de las dos de la mañana, para dejarme saber que mi trabajo había comenzado. Me explicó que por que este era un día muy especial para mí. Así que, yo esperaba que Él me llevaría al frente de la iglesia a danzar, tal como Él me había prometido que lo haría hacía mucho tiempo, pero esto no sucedió.

Me sentí muy decepcionada, y al regresar a la casa, lloré y me quejé delante de Él. El Señor me escuchó por alrededor de una hora, y cuando terminé de desahogarme, me humillé en arrepentimiento delante de Él. El Señor simplemente me dijo que debí haberlo malentendido. A pesar de todos mis sentimientos negativos, había sentido una unción más fuerte que nunca durante el tiempo de adoración.

El 11 de marzo de 1999, después de mi tiempo de oración matutina, mis manos comenzaron a tocar mis ojos, y el Señor me mostró las piedras hermosas otra vez. Yo no quería abrir mis ojos. Un pensamiento vino a mí, y le dije al Señor que si nunca más volvía a ver nada o a nadie mientras estuviera en la tierra, que aun así quería ser usada por

Él, como Él lo había prometido, para que los espiritualmente ciegos de la tierra pudieran ver.

He visto lo suficiente de este mundo, y todo lo que tiene para ofrecer palidece en comparación con la luz de la visión celestial que Dios en su gracia me ha dado. Al darme cuenta que sólo ver a mi Señor y servirle por el resto de mis días es suficiente para mí, comencé a llorar. Mis palabras eran ciertas, y el Señor conocía mis pensamientos. Él me dijo: *"Hija mía, eres doblemente bendecida".*

A pesar de no saber exactamente lo que eso significaba, sabía que le había dicho al Señor que me sentiría honrada si tenía que canjear mi vida por este libro. Ahora la vida en este mundo tiene poco significado para mí. Sólo deseo que todos lean este libro, y descubran lo que toma entrar en el reino de Dios.

Capítulo 21

UNA NECIA PARA DIOS

Lo necio del mundo escogió Dios, para avergonzar a los sabios...

1 CORINTIOS 1:27

El primer día de la primavera de 1999, el Señor me dijo muchas cosas durante la adoración, y casi cometo una tontería. Generalmente, durante la adoración, mis manos se mueven en cada dirección mientras participo en danza y cánticos espirituales, pero este domingo en particular, ni siquiera pude levantar mis manos durante todo el servicio, aunque mi cuerpo fue poderosamente ungido en esos momentos. Estaba confundida por este cambio de eventos.

De hecho, la experiencia en general me hizo sentir miserable. Esta era la cuarta vez que me no me sentía feliz desde que el Señor había comenzado a mostrarme las visiones celestiales. Sentía paz, pero mi mente estaba turbada, aun después del servicio, cuando estuve en oración en la presencia del Señor.

Después del servicio, me quejé delante del Señor, y lo hice otra vez antes de la comida, pero el Señor permanecía en silencio. Cada vez me sentía más miserable. De repente, un pensamiento vino a mí de que este era un ataque de Satanás, así que reprendí al diablo en el nombre de Jesús, y el gozo retornó a mi vida instantáneamente.

Me regocijé y sonreí de felicidad; entonces le pedí perdón al Señor. Él me respondió: *"Hija mía, tú no sabes cómo protegerte. Muchos cristianos no saben cómo echar fuera al enemigo como lo acabas de hacer, y debes incluir esta experiencia en el libro".*

"Es muy importante para cada cristiano saber cómo echar fuera al

enemigo. Cuando estás enferma o tienes problemas en tu vida, primero
echas fuera al enemigo, y entonces oras al Padre en mi nombre".

¡Qué importante fue esta enseñanza para mí! Esta experiencia fue
seguida por otra enseñanza acerca del juzgar a los demás. Me preguntaba por qué algunos creyentes llenos del Espíritu tienen tantos
problemas con las cosas terrenales. No pensaba mal de ellos, pero debo
admitir que a veces me cuestionaba acerca de esto. Pensaba que quizá
estos cristianos estaban viviendo fuera de la voluntad de Dios, y por esa
razón, les sucedían cosas malas a sus seres queridos. Entonces, Dios usó
a mi propia hija para enseñarme algo acerca de esta actitud.

Mi hija y yo teníamos una relación muy cercana, y éramos las
mejores amigas hasta que —de repente— nuestra relación se rompió;
esto hace alrededor de tres años. Ella es una cristiana llena del Espíritu,
y Roger y yo pensábamos que tenía un buen matrimonio, pero súbitamente ella y su esposo comenzaron a tener problemas.

Eventualmente, mi hija se divorció de su esposo. Ellos tienen dos
niños. Parecía que ellos tenían todo lo que necesitaban y querían —
más que la mayoría de las personas— pero lo perdieron todo como
resultado de sus problemas matrimoniales y subsiguiente divorcio. A
pesar de mi hija tener éxito en su trabajo, ella estaba rodeada de personas incrédulas, y comenzó a vivir una vida completamente impía.
Como resultado, ella tenía toda clase de problemas.

Antes de que los problemas matrimoniales comenzaran, noté cómo
mi hija se alejaba del Señor. Cada vez que le mencionaba al Señor, no
quería escuchar ni hablar de Él. Asistía a la iglesia con sus hijos una vez
por semana, leía la Biblia y oraba, pero aparte de esto, vivía una vida
mundana.

Antes de que sus problemas comenzaran, escuchaba mis consejos,
pero de repente ella ya no quería escuchar nada de lo que yo le decía.
Era una persona completamente cambiada. Roger y yo sentíamos que
realmente no la conocíamos. Sentimos que había perdido todos sus
principios.

En alguna medida, me sentía confortaba de saber que el Señor veía
su comportamiento, pero sabía que Él no haría nada por ella hasta que
ella se arrepintiera y entregara totalmente a Él. Dios nunca nos obligará
a hacer ninguna cosa que nosotros no queramos hacer.

El Señor nos enseñó muchas cosas a través de nuestra hija. Desde que me convertí, no creo en el divorcio ni en hacer cosas malas sdeliberadamente. Así que me sentía muy avergonzada por el divorcio de mi hija y su vida mundana. Me rompía el corazón ver cómo ella hería el corazón de nuestro Señor Jesús. Esta era la situación más difícil que nos había sucedido desde que fuimos salvos, pero nunca culpamos al Señor. Sabíamos que Él tendría cuidado de todo en su tiempo perfecto.

Creo que al Señor no le gustaban mis pensamientos vergonzosos en este respecto, pero Él no me dio otra alternativa, sino la de incluir la historia de mi hija en este libro. Yo le había prometido que le obedecería todos los días de vida, sin importar la situación. Así que nunca le cuestioné por qué tendría que hacer esto. Solamente dije: "Si eso es lo que tú deseas, Señor, yo lo haré".

Ahora la vida de mi hija se ha estabilizado, y nuestra relación volvió a ser como antes, pero su vida está tan ocupada que no tiene tiempo para ella ni para los demás. Me preocupa que ella no tenga tiempo para el Señor.

Después de recibir y experimentar la visión del cielo, el Señor me mencionó en varias ocasiones que habrá muchos divorcios, muchas familias rotas y muchas muertes. Entre ellos, muchos cristianos.

Aprendí que las cosas que les suceden a nuestros hijos no siempre tienen que ver con la vida que tienen sus padres en Dios. El Señor me lo explicó de esta manera: *"Les pueden suceder cosas malas en ocasiones, aun a muchos cristianos fieles y sus seres amados. Juzgar a los demás es uno de los peores pecados. Nadie tiene el derecho de juzgar a otro, no importa cuál sea la situación, y hasta que aprendas esto a través de tu propia experiencia, esta será una verdad dura de entender".*

De ese momento en adelante, no importa lo malo que suceda en la vida de otra persona, escojo nunca pensar mal de ellos. En lugar de eso, escojo tenerles compasión, como Pablo enseñó: "Hermanos, si alguno fuere sorprendido en alguna falta, vosotros que sois espirituales, restauradle con espíritu de mansedumbre, considerándote a ti mismo, no sea que tú también seas tentado. Sobrellevad los unos las cargas de los otros, y cumplid así la ley de Cristo" (Gálatas 6:1–2).

TIEMPOS DE ADORACIÓN

Desde el 7 de febrero de 1999, el Señor se me revela cada domingo, siempre entre la una y dos de la mañana. Él usa este tiempo para decirme lo que debo hacer durante el servicio del domingo en la mañana. Desde el 21 de marzo, no he podido mover mis manos durante el tiempo de adoración.

Entonces, el 28 de marzo, y lloré de gozo y en humillación durante todo el servicio, porque sabía que era el Espíritu Santo quien controlaba mi cuerpo. El Señor me dijo que no debía hacer nada por mí misma cuando la adoración comenzara, así que siempre me sentaba tranquila hasta que el Espíritu Santo se moviera en mí.

En esta ocasión, mi cuerpo fue poderosamente ungido, y me levanté, pero no pude mover mis manos durante todo el servicio. Cuando la adoración terminó, mis manos y mi boca liberaron el poder de Dios.

En la mañana del 11 de abril de 1999, el Señor me dijo que ese sería un día especial. Así que me preparé pensando que ocurrirían milagros. En lugar de eso, el Señor apareció con su corona y túnica dorada, y se paró en el púlpito por casi veinte minutos. Me di cuenta de que eso sólo era un milagro suficiente.

Oré todo el tiempo bajo una fuerte unción. No pude mover mis manos ni danzar durante todo el servicio de adoración.

El 18 de abril de 1999, el Señor me dio instrucciones sobre lo que debía hacer esa mañana después de orar en otras lenguas por media hora antes de la adoración. Me dijo que no moviera el cuerpo a mi manera, sino que me sentara y esperara, e hice exactamente eso.

Antes de terminar la primera canción de alabanza, mi cuerpo se levantó y se puso de pie, pero no podía mover ninguna parte de mi cuerpo. De repente, unas canciones espirituales comenzaron a salir de mí, y el Espíritu Santo comenzó a mover mi cuerpo hacia el frente del grupo de adoración. Mi cuerpo se volteó hacia la congregación, y comencé a danzar con mi canción celestial.

Cuando terminó el tiempo de adoración, mis cánticos y danza también se detuvieron, y regresé a mi asiento bajo la dirección del Señor. Durante todo el tiempo que estuve danzando, mis ojos se mantuvieron cerrados, fijos solamente en Jesús. Sentí un gozo inexplicable a través de todo el servicio. Por lo regular, soy una persona muy tímida, pero me sentía atónita por la fuerte unción de este momento, y no me importó lo que la gente pensara o dijera.

El Señor me dirigió a decirle al pastor que vendrían muchas sorpresas y bendiciones a la iglesia, y que la danza había sido bajo el impulso del Espíritu Santo. Este fue uno de los días más felices de mi vida, pues fue un día que había estado esperando, porque el Señor me había prometido que esta danza sería el comienzo de mi ministerio.

Ese día vi también una visión, después de Él empezar el trabajo en mi cuerpo. Me vi a mí misma parada en una roca, mirando hacia un interminable océano. Yo estaba vestida con una túnica blanca, y disfrutaba la visión, mientras danzaba y cantaba sobre la roca.

RAQUEL EN EL CIELO

La noche del 6 de mayo, después de haber orado, el Señor me dirigió a incluir en el libro el nombre de una estudiante que murió durante el tiroteo ocurrido en la Escuela Superior Columbine, en Colorado. Su nombre era Raquel.

"Raquel fue escogida para los tiempos del fin", me dijo, *"y fue escogida aún antes de nacer. A través de ella, tocaré millones de almas, jóvenes y adultos".*

Antes de esto, yo había estado llorando por Raquel, porque me bendijo en gran manera saber cómo ella se había parado firme por el Señor, y enfrentó la muerte. Sabía que ella estaba con Él en el cielo, y ese conocimiento me trajo grande gozo. Nunca he sentido pesar por lo que le sucedió a ella, porque sé adónde fue después de su muerte. Todo aquél que muere por el Señor Jesús, experimenta la mayor bendición de todas.

El Señor me dijo muchas cosas acerca de Raquel, pero al despertar a la siguiente mañana para escribir la experiencia en el libro, olvidé su nombre por completo. Sin importar lo mucho que me esforcé, su nombre no venía a mi pensamiento, así que pensé que no era tan importante incluirla en el libro.

Después de haber orado en la mañana, mientras el Señor y yo hablábamos, le dije acerca de cómo este nombre no venía a mi pensamiento. Me susurró: *"Raquel"*, y ya nunca jamás olvidé su nombre. El Señor me dijo: *"Raquel es más feliz conmigo de lo que era en la tierra, y bendeciré a su familia. Con demasiada frecuencia, las personas culpan a Satanás por las cosas malas que suceden. Si la muerte de Raquel hubiera sido la voluntad de Satanás, mi nombre no hubiera surgido antes de ella morir. Satanás no tiene poder sobre los míos, a menos que yo se lo permita.*

"Cada vida tiene un propósito especial en este mundo. Es por eso que uso algunas personas en maneras especiales. Así que no pienses que por

alguien ser un fiel cristiano, vivirá una larga y perfecta vida en la tierra. Si tengo que quitar una vida para salvar otra, lo haré.

"Como dije antes, tendré que tomar muchas vidas antes de yo volver. Entre ellas, habrá muchos cristianos. La salvación es así de importante para mí. Pero recuerda siempre que no quiero que ninguno perezca".

Reprendida

Un domingo de 1999, el Espíritu Santo me tomó y llevó al frente del santuario, frente al grupo de adoración, y comencé a danzar y cantar con gozo. De repente, el pastor apareció, y me reprendió por la danza.

El pastor me agarró del brazo y me llevó de regreso a mi asiento. Yo comencé a llorar, porque sabía que él estaba hiriendo a mi Señor, pero no sentí vergüenza ni enojo por lo que me hizo. De todas maneras, me sentí muy mal por mi pastor, porque fue el enemigo quien lo indujo a hacerlo.

La danza que hago durante el tiempo de adoración no es una danza común. Porque el Señor ha trabajado en mi cuerpo y mis manos por muchos meses. Un gran poder opera dentro de mí, y el Señor dirige cada movimiento de mi danza. Cuando danzo, no muevo mis manos, pero el Espíritu Santo las mueve por mí. Nunca trato de detener mis manos por mí misma; le permito al Espíritu Santo detenerlas.

Cada paso y movimiento es ejecutado siete veces, y nunca podría hacer tales movimientos por mí misma. El Espíritu Santo dirige cada parte. Es por esta razón que voy a la iglesia al menos treinta minutos antes de que comience la adoración, y también oro dos horas o más antes de ir a la iglesia, por instrucciones del Señor.

Cada lunes, el Señor me lleva a la playa en mi cuerpo transformado, y después que caminamos juntos, me arrodillo frente a Él. Después de esto, danzo delante de Él con una canción celestial; esta es la misma danza que Él me pide en los servicios de la iglesia.

Así que danzar se ha convertido en algo importante para el Señor, y yo sé que es parte del ministerio que me ha dado. Un gran poder opera en mi cuerpo, y después de la danza, me siento sin fuerzas y apenas me puedo mantener de pie.

Después de haber sido reprendida, fui a mi casa y hablé con el Señor. Supe que Él estaba muy triste con mi pastor. Él me dijo: *"Él no creyó en ti porque el diablo lo indujo. Él entristeció mi Santo Espíritu. No debes volver a esa iglesia".*

Estuve danzando por casi un mes al frente de esta iglesia, y el Señor tenía planeadas muchas bendiciones para ella. El diablo lo arruinó.

"Sólo alrededor de un veinte por ciento de las iglesias me están poniendo a mí primero, el resto de ellas se preocupa más por lo que la gente dice y por cuánto dinero tienen. A muchas iglesias no les preocupa alcanzar a los perdidos. Eso es lo más importante para mí.

"Tengo que decirte, hija mía, que muchos pastores irán a los valles que te he mostrado, y sus congregaciones les seguirán. Todo pastor que maltrate a mis siervos ungidos y profetas, no será bendecido. Pero aquél que tenga una bendición especial de parte mía, puede traer bendición a toda una iglesia. Debes incluir todo esto en tu libro, Choo Nam".

Le rogué al Señor que no me pidiera eso, porque me preocupaba el efecto que esto pudiera tener en el pastor, pero el Señor me recordó que necesitaba obedecerle a Él en todo tiempo. Me señaló que Él quiere que otras iglesias conozcan estas cosas también.

El pastor es una persona ungida y amorosa, pero dudó de mí porque Satanás se metió entre nosotros. Mi esposo y yo asistimos a esta iglesia por más de cuatro años, y sólo habíamos faltado un domingo debido a una fuerte nevada.

Mi ministerio en la iglesia había sido de oración intercesora, y mi esposo contribuía en el programa del edificio. Roger también era el director de los ujieres, y realmente amábamos mucho al pastor y la iglesia, pero la experiencia de un día lo cambió todo.

UN NUEVO COMIENZO

Había escuchado antes de la Iglesia Betel, pero nunca había sentido el deseo de ir allí, o a ninguna otra iglesia, porque el Señor me había ordenado permanecer donde estábamos hasta el momento que Él nos impulsó a salir.

El 16 de mayo de 1991, supe que nunca volvería a la iglesia que asistíamos, y creí que el Señor nos dirigiría a otra. Mi mente comenzó a pensar en Betel, y durante el tiempo de oración antes de la comida, el Señor me susurró: "Betel".

Eso lo confirmó, y mi corazón comenzó a desear ir allí para adorar. La noche que asistimos a un servicio en Betel, experimenté una tibia y maravillosa unción. La unción era tan intensa que mi traje se empapó de sudor.

El 23 de mayo, asistimos al servicio del domingo en Betel,

pero habíamos entendido mal la hora del servicio. Llegamos treinta minutos tarde, pero al minuto de haberme sentado, la intensa unción del Espíritu Santo de Dios cayó sobre mí una vez más. La unción era incontrolable, a pesar de que no tuve la oportunidad de orar y danzar antes del servicio. Para el Señor, esa media hora de oración en lenguas antes de la adoración, es extremadamente importante.

El 30 de mayo de 1999, fui al servicio en Betel otra vez, y esta vez dancé libremente durante el servicio de adoración. Antes, al danzar al frente en mi iglesia anterior, me había sentido incómoda.

El Señor me explicó que hubo una gran discusión acerca de mis danzas al frente del grupo de adoración en esa iglesia. Estoy segura que en esas ocasiones, mi incomodidad había venido del Espíritu Santo. El Señor me recordó: *"Cualquier iglesia que no permita al Espíritu Santo moverse con libertad, no puede ser bendecida. Planeo derramar una unción mucho más poderosa sobre la Iglesia antes de mi regreso, y las iglesias deben estar preparadas para ella".*

El Señor me dijo que Él hablaría conmigo después del servicio de adoración acerca de cosas muy importantes. Él me dijo que hablara con el escritor acerca del libro. Me pidió que enviara el manuscrito del trabajo de mi cuerpo e hiciera una lista de todas las visiones celestiales que me había dado durante los pasados tres años de entrenamiento.

A pesar que yo mencionaba con frecuencia el libro al Señor, Él siempre me decía que tendría cuidado de todo en su tiempo, y que no debía preocuparme por nada. Ahora el Señor me estaba dando cierta libertad con relación al libro, y yo me sentía muy emocionada.

También me dijo que le diera una lista de mis visiones celestiales, y que compartiera mis experiencias espirituales con mi nuevo pastor, el pastor Wolfson.

Después de tres años y medio con el Señor, me daba cuenta de que mis pensamientos y acciones ya no eran mías. Mi vida entera le pertenecía a Dios. Mis pensamientos, mis sentimientos y mi comportamiento, todo había cambiado. Siento tanta compasión por los perdidos y las almas necesitadas, que mi corazón se conduele por todo aquel que no conoce al Señor

Ahora sé que cuando le agrado a mi Señor y le pongo a Él primero, todo en mi vida obra para bien. Mi maravilloso Señor me ha transformado de adentro hacia fuera, y Él me ha enseñado muchas cosas asombrosas acerca de sus caminos. Ya nadie puede hacerme enojar, porque el gran amor del Señor en mí me capacita para perdonar.

"Te amo, oh Jehová, fortaleza mía. Jehová, roca mía y castillo mío, y mi libertador; Dios mío, fortaleza mía, en él confiaré; mi escudo, y la fuerza de mi salvación, mi alto refugio. Invocaré a Jehová, quien es digno de ser alabado, y seré salvo de mis enemigos" (Salmo 18:1–3).

TERCERA PARTE

Tres años de entrenamiento ministerial

Capítulo 22

EL TIEMPO ES CORTO

Y el Señor, el Dios de los espíritus de los profetas,
ha enviado su ángel, para mostrar a sus siervos
las cosas que deben suceder pronto.

APOCALIPSIS 22:6 (ÉNFASIS AÑADIDO)

El 11 de agosto de 1999, después de mi tiempo de oración antes de acostarme, sentí una unción muy especial y la presencia del Señor vino sobre mí. De mis adentros salió un hermoso cántico celestial con palabras maravillosas.

Entonces, el Señor me habló al instante, la voz sobrenatural surgió de mí, y mis ojos contemplaron la presencia del Señor. Él llevaba la corona y túnica doradas y se paró frente a mí.

Mi cuerpo se sintió más fuerte, y una sensación de poder asombroso vino sobre mí. El Señor me dio instrucciones de extender mis manos hacia Él, y, al hacerlo, mis manos se movieron hacia Él bajo su poder. Vi que Él sostenía una gran llave dorada. Entonces dijo: *"Te estoy dando esta llave dorada para tu trabajo de milagros".*

Cuando puso la llave en mis manos, mi cuerpo comenzó a brincar y temblar. Me faltaba la respiración a causa de la unción, y comencé a llorar. Entonces mi mano se cerró. Mis manos se juntaron y volvieron a reposarse en mi pecho por un momento. Luego, mis manos comenzaron a temblar sin control durante varios minutos.

El Señor se cambió a su vestimenta habitual, y me dijo que cada una de sus promesas estaban siendo liberadas. Me dijo: *"La llave que te di es la última de todas. Serás una sorpresa para el mundo, y eres mi muy bendecida hija".*

El 8 de diciembre de 1999, cuando terminé de orar para acostarme, el Señor comenzó a hablarme. Él usualmente habla acerca de mi trabajo, sus planes para mí, y cuán pronto Él comenzará el trabajo para el cual me ha preparado, pero en esta ocasión me explicó la razón por la que iba a publicar el libro pronto. Él dijo: *"'El cielo es tan real' será la última oportunidad para que las personas comprendan cuán pronto regresaré por mi pueblo".*

También dijo: *"Si los desobedientes no despiertan, no escucharán el sonar de la trompeta, y tendrán que pasar por la tribulación".* Entonces continuó explicándome que Él ha estado advirtiendo a la gente a través de eventos relacionados con los niños, pero que nosotros le hemos temido sólo por un corto tiempo y luego volvemos a nuestra vieja manera de vivir.

Continuó diciendo: *"Les he estado dando muchas señales para que la oración vuelva a las escuelas, pero la gente realmente no están haciendo nada por eso. Nunca obligaré a nadie. Sólo puedo darles señales para que sepan lo que deseo que hagan.*

"He dado suficiente aviso a mi pueblo para que sepan lo que he deseado que hagan por tanto tiempo. No puedo esperar por aquellos que no desean estar listos para mí. Vendré por aquellos que estén preparados para mi regreso, y esto sucederá antes de lo que ellos esperan."

El Señor me dijo que debía poner estas palabras en el libro.

Gozo indescriptible

En la noche de la Navidad de 1999, después de haber orado para acostarme, la presencia del Señor se hizo real. Después de hablar por unos momentos, sentí súbitamente una ardiente unción que vino sobre todo mi cuerpo. Esto fue seguido por mi voz inusual, y vi al Señor parado delante de mí con su corona y túnica de Navidad. Él dijo: *"Amada, me siento feliz de celebrar mi cumpleaños contigo".*

Al instante de Él haber dicho estas palabras, las canciones celestiales salieron de mí, y comencé a danzar en su presencia. Esto continúo por al menos treinta minutos. Durante todo ese tiempo, estuve danzando y cantando. La unción era tan fuerte que en mi mente sólo deseaba que me llevara a mi hogar en ese preciso instante. Yo lloraba, pero también le sonreía a mi Señor, pues el gozo era indescriptible.

El Señor espera por quienes están preparados

La noche del Año Nuevo del 2000, tuve exactamente la misma experiencia con el Señor que compartimos en la Navidad de 1999. Pero ésta fue una experiencia más asombrosa que las Navidades y Año Nuevo de años anteriores. Algunas de las cosas que el Señor me dijo no puedo escribirlas en este libro. Puedo decir, sin embargo, que el Señor está listo por quienes están preparados y esperando por Él.

El 6 de enero de 2000, después de orar para acostarme, el Señor me mostró una visión de nuestra iglesia, Church for All Nations (Iglesia para Todas las Naciones). Este es el nuevo nombre de la Iglesia Betel. Recibí esta visión durante un servicio de domingo, mientras hacía una danza de obrar milagros. En la visión, el Señor estaba parado en el púlpito y levantó su mano derecha. En respuesta, toda la congregación cayó al piso.

Una unción de poder

Era el 8 de enero de 2000. Esa noche, en mi oración antes de acostarme, el poder de la unción era tan fuerte que apenas podía mantenerme derecha. Mi cuerpo se debilitó, y mi lengua estaba muy pesada y no pude pronunciar palabra alguna mientras oraba. No podía emitir ningún sonido, y mi cuerpo cayó en el piso.

Al terminar el tiempo de oración, el Señor me dijo que me levantara a las 5:00 a.m. el próximo domingo, y que alabara al Padre primero. Él quería que luego orara por todas sus promesas en otras lenguas, y por mi ministerio. Me dijo que me fuera a la iglesia temprano, pero no más tarde de las 9:30 a.m., y que orara y no permitiera que nadie me interrumpiera.

"Cuando comiences a orar, no hagas nada por ti misma hasta que termines la danza", me indicó. *"Debes conocer todos los procedimientos de esta danza."*

Al minuto de haber entrado al santuario, mi cuerpo se sintió en fuego, y comencé a llorar. Antes de comenzar a orar, alabé al Padre, y cuando comencé a orar, vi la presencia del Señor. Él estaba vestido con su corona y túnica doradas, y estaba parado en el púlpito, sonriéndome.

Él sólo dijo: *"Estoy abriendo la puerta de tu ministerio para obrar milagros"*.

Comencé a danzar delante de la congregación. En mis primeros días, cuando comencé a asistir a esta congregación, dancé sólo en cuatro ocasiones durante los servicios de las mañanas. Sin embargo, al pasar el tiempo, comencé a danzar en los servicios de avivamiento los viernes en la noche. Continué haciéndolo hasta que se mudaron a la nueva iglesia, Iglesia de Todas las Naciones. Allí, no realicé la danza para obrar milagros por alrededor de dos meses.

No hay tiempo que esperar

El 13 de enero de 2000, después de mi oración matutina, el Señor comenzó a hablarme sobre mi trabajo y el libro, *El cielo es tan real*. Me dijo que ya no había tiempo que esperar, y me explicó que era tiempo para Él comenzar el proceso de publicación del libro.

Él también me recordó que le ha dado a la gente oportunidades para conocerlo, y les ha dado señales en un esfuerzo para ayudarles a comprender que Él es Dios. Continuó: *"Pero la gente no me teme, y muchos de esos que conocen mi Palabra no me creen lo suficiente para vivir de acuerdo a mis mandamientos. Pero les daré otra oportunidad a través de tu libro y muchas otras señales".*

Después que me habló estas palabras, un poder tan fuerte cayó sobre mí, que mis ojos se cerraron herméticamente y un sonido fuerte salió de mis adentros. Era tan fuerte el sonido, que podía ser escuchado en toda la casa, y esto me hizo llorar. El Señor me mostró una rápida visión de la tierra. Vi muchos edificios caer por todo el mundo. Después de esto, vi nubes oscuras, viento y relámpagos alrededor de toda la tierra, seguidos de lluvia, inundaciones y tornados por doquier. Después de esto, Él me dijo: *"Lee Isaías 64:3"*. Este pasaje profético habla acerca de las montañas que tiemblan ante la presencia del Señor.

Entonces, el Señor me dijo: *"Estoy advirtiendo a mi gente una vez más, que regreso por ellos antes de lo que ellos esperan"*. Y continuó explicando: *"El que esté listo para mi regreso, escuchará el sonar de la trompeta, y aquellos que no estén listos, atravesarán la tribulación, y muchos de ellos se volverán a Satanás. Les he dado suficientes oportunidades para que la gente se prepare para mi venida, pero ellos no ponen atención a mis palabras. No esperaré por ellos para siempre. Regresaré por quienes estén esperando por mí"*.

El Señor me repitió muchas cosas. Él desea que todos estén listos para su venida.

Capítulo 23

Un ministerio de
obrar milagros

*Y [Él] se transfiguró delante de ellos, y resplandeció su rostro
como el sol, y sus vestidos se hicieron blancos como la luz.*

MATEO 17:2

En la mañana del 15 de enero de 2000, el Señor me dijo: *"Tengo una
sorpresa para ti. Debes ir a la cama temprano".* Después de haber
orado para acostarme, mi cuerpo comenzó súbitamente a temblar muy
fuerte. Sentí una poderosa unción y una fuerte voz salió de mí por unos
instantes, seguida de la voz sobrenatural.

Vi al Señor con su corona y túnica doradas. Al momento de
contemplar su presencia, mi voz se hizo más fuerte. Comencé a llorar
mientras temblaba en reverencia delante de Él, al mismo tiempo que
experimentaba un gozo indescriptible.

Había visto al Señor con su túnica dorada en otras ocasiones, pero
la unción que acompañaba esta visión era mucho más fuerte. El Señor
me dijo que todas sus promesas estaban siendo liberadas para el ministerio final de obrar milagros para el cual Él me había preparado.

El Señor me repite las cosas con frecuencia. Estoy segura que esta
ha sido su manera de asegurar que yo entienda y recuerde la importancia de las cosas que tiene guardadas para mí. Sin embargo, ha podido
notar cuántas desilusiones he tenido que atravesar.

El Señor luego me indicó que extendiera mis manos hacia Él.
Lo hice inmediatamente. Entonces levantó su mano derecha y dijo:

"Libero tu trabajo". Después de esto, me explicó que mi ministerio había sido liberado el día que comencé a danzar. La presencia del Señor está conmigo durante cada danza. Los milagros abundan dondequiera que la presencia del Señor está.

Varias personas me han dicho que sienten una unción especial cuando danzo. Estos son cristianos llenos del Espíritu que saben cómo discernir el obrar y la presencia del Señor. Muchas personas me han dicho cuánto aprecian mi danza en el Espíritu, y algunas han experimentado el poder del Señor obrar milagros en ellos cuando danzo delante de Él.

MÁS PREPARACIÓN PARA EL MINISTERIO

Desde la primera mitad del mes de junio hasta diciembre del 2000, el Señor me mostró muchas de las visiones que ya me había mostrado. Muchas unciones especiales vinieron sobre mí, así como también varios movimientos de manos. Los movimientos de mis manos frecuentemente incluían tocar mis ojos incontables veces. También, el Señor me mostraba con frecuencia piedras preciosas, y me daba muchas enseñanzas de una manera sencilla y paso por paso. Cada una de sus enseñanzas era muy importante para mí.

Siento que cada día Él me da una voz de alerta. Cada vez que hago o digo algo malo de forma inconsciente, el Señor me lo deja saber de inmediato, para que no lo vuelva a hacer. Sé que nunca aprenderé lo suficiente de Él, pero trato lo mejor que puedo de aprender todo lo que pueda y seguirle en todos sus caminos.

No me siento feliz cuando no puedo hablar de mi Señor o leer su Palabra. Tal parece que a muchas personas no les interesa estar alrededor mío, a menos que se sientan como yo. Aún muchos cristianos llenos del Espíritu no quieren hablar de Jesús en todo tiempo. Para mí, sin embargo, Él es siempre primero, en todo momento. Aún cuando voy de compras les hablo a otros de Jesús.

Nunca me siento sola o en necesidad de otra compañía, porque hay tanto que disfruto de mi Señor cada día. Sus palabras son más dulces que la miel. Siento que he perdido mi tiempo cuando paso el día con otra persona sin que Dios sea el centro de nuestra conversación. Tengo un gran sentido de urgencia en cuanto a todo lo que concierne a Dios, porque sé que su venida está cerca.

Hay ocasiones cuando el poder de su unción en mis manos y

brazos es tan fuerte que siento como si mis manos fueran a partirse. Un domingo en la mañana, mis manos tocaron mis ojos treinta y seis veces, y previo a cada uno de estos toques, mis manos hacían siete movimientos diferentes.

Cada domingo en la mañana tengo que orar y tener al menos dos horas con el Señor antes de ir a la iglesia. Así me preparo para la danza de obrar milagros. Nunca estoy pendiente de la hora, pero Él siempre me dejar ir a tiempo para estar lista para la iglesia. Nuestro Señor conoce todo acerca de nosotros, y Él promete suplir todas nuestras necesidades (ver Filipenses 4:19).

A veces, mi cuerpo pierde las fuerzas mientras estoy en la presencia del Señor, y caigo al suelo delante de Él. Cuando esto sucede, siempre alabo al Padre y me humillo delante de Él. Sólo puedo levantar mi rostro cuando termina este tiempo de oración y pronuncio las palabras "en el nombre de Jesús".

Cada domingo en la mañana, lloro mucho en la presencia del Señor. Usualmente sucede cuando estoy orando en el santuario treinta minutos antes de comenzar el tiempo de adoración. Mis lágrimas me permiten humillarme delante de Él y darle las gracias para expresarle mi amor.

Durante estas sesiones de oración, antes de la danza de obrar milagros, contemplo la presencia del Señor en el púlpito o el altar. Él siempre me habla por aproximadamente diez minutos antes de yo comenzar a danzar. Esta es la razón por la que siempre lloro, y a veces me río mientras danzo.

El ayuno nunca fue parte de mi vida cristiana, hasta que comencé a recibir revelaciones del cielo. En un momento dado, quise ayunar por tres días, pero al segundo día mi cuerpo se sintió tan débil que casi no podía caminar, y el Señor me dijo que terminara el ayuno.

Él me dijo: *"No tienes que ayunar para mostrarme cuánto aprecias mis bendiciones en tu vida, porque ya conozco tu corazón".* Aún así, yo deseaba ayunar cada domingo para el Señor, sólo para demostrarle cuánto le respetaba y honraba por lo que ha hecho en nosotros. Deseaba sacrificar algo para Él, así que se lo dije a mi esposo.

Yo deseaba ayunar desde el sábado después de la comida, hasta el domingo a la hora de la comida. Este sería un ayuno de veinticuatro horas cada semana. Roger me indicó que él quería participar conmigo del ayuno, y desde entonces hemos estado ayunando de esta manera. Durante estos ayunos solamente tomo agua y Roger toma café.

Nos esforzamos en hacer de cada domingo verdaderamente el día del Señor, desde que nos levantamos, hasta que nos acostamos. El Señor me dijo que cuando comience mi ministerio debemos dejar de ayunar. Él me dijo: *"Necesitarás tus fuerzas para servirme"*. Él siempre sabe lo que es mejor para nosotros. Yo sólo sé cuán importante es para nosotros pasar cada minuto de nuestro tiempo del domingo con el Señor, en lugar de ir de compras o comer fuera y estar rodeados de personas inconversas en el día del Señor. Esto, a menos que tengamos la oportunidad de predicar el evangelio.

MI SANIDAD

Antes de conocer al Señor Jesús, tenía problemas físicos y emocionales. Después de dos meses de asistir a la iglesia, cada problema emocional que había experimentado fue sanado y borrado. Por ejemplo, no importa cuán enojada me sienta, ya no digo malas palabras. Este cambio realmente me sorprendió, porque yo ni siquiera pedí por esta sanidad, y en ese entonces no sabía que Dios pudiera hacer tal cosa.

Fue durante este tiempo que le pedí al Señor que sanara mis problemas físicos, y lo fue haciendo poco a poco. Al mirar atrás, puedo ver cómo yo pecaba en aquel tiempo, con o sin conocimiento de ello, y comprendo que por esa razón Él no podía sanarme rápidamente. Ahora comprendo que, en muchos casos, el pecado trae enfermedad.

Soy cristiana desde marzo de 1992. Desde entonces, sólo he ido al doctor en pocas ocasiones (para exámenes físicos), pero he ido al dentista muchas veces. Al comprender que el Señor Jesús sufrió treinta y nueve latigazos por nuestras enfermedades, someto cada una de mis dolencias a Él.

A veces siento dolor, pero Él siempre me sana. Algunas veces, Él me sana instantáneamente, pero en otras ocasiones, toma su tiempo. Cualquiera que sea el caso, he aprendido que nada es imposible para nuestro Señor. Dependo totalmente de Él, porque sé que Él me cuida.

Una vez, hace alrededor de cinco años, sufrí de una severa irritación en la garganta. Nunca antes había sentido tanto dolor debido a la garganta irritada. Apenas pude dormir por dos noches consecutivas debido al dolor, pero no tenía ningún deseo de tomar medicina o ir al doctor. Cada esfuerzo por tragar era increíblemente doloroso.

En mi dolor, pensaba en las heridas que Jesús tuvo que soportar por mí, y lloraba de amor por Él, al comprender que mi dolor no podía compararse al que Él había sufrido por mí. En comparación, mi dolor no era nada. Sentía que yo lo había crucificado. Desde que tuve esa maravillosa revelación y experiencia de sanidad, si me da catarro, no dura por más de uno o dos días, mientras que antes duraban de una semana a un mes.

Sé que tengo muchos dones de mi Señor y Dios, pero hasta ahora no he tenido la oportunidad de ministrarlos a otros, excepto cuando testifico y oro. Sin embargo, sé que tengo dones de sanidad, porque cada vez que siento algún dolor en mi cuerpo, simplemente pongo mis manos en ese lugar particular para sanidad.

Cuando hago esto, instantáneamente siento un calor que viene sobre mi cuerpo, y mi ser físico experimenta tal unción que mi cuerpo tiembla poderosamente. A veces, soy sanada inmediatamente, otras veces toma más tiempo.

Cuando el Señor no me sana instantáneamente, continúo suplicándole por mi sanidad hasta que Él la concede. El Señor me dijo: *"La oración persistente es contestada, porque aquellos que realmente creen esperan ser sanados por mí. Así que continuamente piden, hasta que reciben"*.

También me dijo: *"La oración impaciente nunca recibirá nada de mí"*. Quienes no conocen la Palabra de Dios lo suficiente no pueden tener la fe o la paciencia para recibir todas sus promesas. Cuando no conoces la Palabra de Dios ni sus promesas, no tendrás el deseo de orar.

DIOS ESCUCHA Y CONTESTA LA ORACIÓN

Lo primero que muchos cristianos hacen cuando están enfermos es ir al doctor, en lugar de echar fuera al diablo, orando al Padre en el nombre de Jesús, escudriñando sus corazones para ver si hay pecado en ellos y arrepintiéndose. Sin embargo, hay ocasiones en las que el Señor nos dirige a ir al doctor.

Tal ocasión tuvo lugar cuando mis muelas cordales me estuvieron molestando por un tiempo. El Señor no sanó esta condición por largo tiempo, así que le pregunté el porqué. Simplemente me dijo que me las sacara.

Obedecí y fui al dentista inmediatamente. El dentista me sacó una radiografía, y me extrajo las muelas. No hay nada imposible para Dios, pero en ocasiones Dios escoge no sanarnos.

Es importante para nosotros escuchar y conocer la voz de Dios en tales situaciones. A veces, sin embargo, es muy difícil entender lo que el Señor quiere que hagas. Ora siempre primero y pídele que te muestre lo que debes hacer. Entonces, no importa la decisión que venga a tu corazón, si sientes paz al respecto, obedece a Dios.

Recuerda siempre que Dios es paz. Si es una decisión de Satanás, tu mente será confundida. Pregúntale siempre al Señor cuando quieres o necesitas algo. Él se siente feliz de ayudar a aquellos que confían en Él. Nuestro Señor Dios desea que todos sus hijos dependan totalmente de Él. Si continuamente le pides por cualquier cosa que necesites o desees, tarde o temprano escucharás su voz, porque están dependiendo de Él. Es por esto que la oración persistente siempre es contestada.

Algunas personas piensan que debido a que no pueden escuchar la voz de Dios, Él no les está escuchando o no contestará sus oraciones. Al principio de mi caminar cristiano, no sabía cómo orar y nunca escuchaba su voz, pero era muy persistente en la oración y creía que recibiría lo que le pedía.

Durante los dos últimos años, casi todas mis oraciones han sido contestadas. Ahora el Señor y yo hablamos todo el tiempo, en todo lugar, pero parece que algunas oraciones toman mucho tiempo en ser contestadas. Creo que Dios contestará las oraciones de los salvados, si primeramente ellos son obedientes y sus corazones están limpios y cerca de Él.

Cuando me convertí, a pesar de que no sabía cómo orar, lo hacía muchas veces al día. Pedía por las mismas cosas una y otra vez, como una niña. En aquel entonces, necesitaba muchas cosas. Como dos meses más tarde, el Señor comenzó a contestar mis oraciones, una por una.

Como resultado, comencé a temerle a Dios de una manera reverencial y a humillarme delante de Él. Aprendí a orar con más frecuencia y leer la Biblia, a pesar de que no la entendía mucho. Comencé a hacer el hábito de leer la Palabra y orar muchas veces en el día.

El Señor nos bendice cada vez más y de continuo. Mientras más me bendice, más le temo. No podría hacer ninguna cosa en contra de su voluntad conscientemente. Esta comprensión y compromiso me guiaron a rendir las cosas mundanales que antes disfrutaba, especialmente las novelas de televisión que habían sido mi vida diaria. Una vez tomé la decisión en cuanto a esto, nunca más deseé volverlas a ver.

De manera similar, no podía sentirme feliz con nadie si la Palabra de Dios no estaba en él o ella. Todos los deseos mundanales comenzaron a morir rápidamente. Había aprendido que el Señor nunca nos obliga a hacer nada, pero cuando queremos servirle y dejar las cosas de este mundo, Él se acerca y remueve esos deseos y, en su lugar, pone deseos puros para que caminemos en total obediencia a Él. La total obediencia de sus hijos es una gran bendición para Dios.

Capítulo 24

LA OBEDIENCIA QUE
DIOS BENDICE

Vosotros sois mis amigos, si hacéis lo que yo os mando.

JUAN 15:14 (ÉNFASIS AÑADIDO)

Durante mis años de preparación, el Señor no me permitió hacer ningún tipo de trabajo ni dedicarme a ninguna otra cosa. Como parte de mi preparación, Él continuamente me instruía a enfocarme en Él y mantenerme orando para que sus promesas se cumplieran en mi vida. La presencia del Espíritu Santo comenzó a llenarme, ungirme y rodearme mientras danzaba delante del Señor.

Él no permitía que, en momentos de tan grande unción, mis manos tocaran a otras personas para orar. Aunque yo intentara tocar a otros, mis manos no lo hacían. De igual manera, cuando estoy bajo la unción de la danza, a nadie le es permitido tocar mis manos o mi cuerpo.

Mi deseo es poner las manos sobre otras personas al orar por ellos. Por ahora, sin embargo, cuando oro por los enfermos, mantengo cierta distancia. Durante esos momentos de intercesión, la unción cae sobre mí y mi cuerpo comienza a temblar. Siento tal empatía por la persona enferma por quien estoy orando, que es como si mi cuerpo sustituyera o tomara el lugar de ella en ese momento. Cuando esto sucede, veo la presencia del Señor junto a esa persona. Esto me sucede especialmente con los niños.

Creo que esto se debe a que el Señor quiere que mis manos se mantengan puras para que el Espíritu Santo pueda moverlas al danzar. Es por eso que al comienzo del trabajo en mi cuerpo, que describo en la segunda parte de este libro, el Señor me dijo: *"Cuando comiences a danzar, tus manos no podrán tocar otras manos o cuerpos para orar"*.

Mi personalidad completa ha cambiado a consecuencia de las revelaciones del cielo que he tenido el privilegio de experimentar. Todos mis pensamientos han cambiado. Lo que antes había deseado, ahora no significa nada para mí.

El amor de Dios

Todo aquél que ama las cosas del mundo y a sus familias más que al Señor, le hieren a Él y no le agradan. Es importante que comprendamos que no debemos herir a nuestro Señor Jesús. Él me dijo que sus sentimientos son heridos por muchos de nosotros. Él se siente tal como nosotros nos sentimos cuando uno de nuestros hijos nos hiere.

El Señor me ha dado un gran amor por los demás, el cual yo jamás había experimentado, a excepción del amor que siento hacia mi propia familia. Ahora siento un gran amor por la gente, especialmente por los pequeñitos. Cada vez que los veo, les sonrío y deseo tocarlos. Sé que este es el amor de Jesús en mí, porque Él ama a los niños.

Ahora también deseo abrazar y tocar a otros, aún a los extraños. Esta es una de las cosas que antes no deseaba hacer. De forma similar, mi deseo de predicar el evangelio de Jesucristo es incontrolable. Tal parece que no lo puedo evitar.

Antes de ver el cielo, siempre había deseado predicar, porque deseaba hacer feliz a mi Señor, e ir al cielo. Ahora mi motivación para desear predicar ha cambiado, porque conozco el lugar donde voy a ir.

Siento una gran compasión por las almas perdidas. De hecho, esta es una pasión que me consume. Antes sentía una gran compasión por las personas minusválidas que veía en la iglesia. Ahora ya no siento lástima por ellos. Me doy cuenta que ellos aman a Jesús más que otras personas que gozan de perfecta salud.

Creo que el Señor ha puesto una gran carga en mi corazón por las almas perdidas. Es por esto que Él me mostró a mis padres y las demás personas en el infierno. Todavía lloro por mi madre.

Antes de conocer al Señor Jesús, deseé estar con mi madre después de la muerte. Para ese entonces, pensaba que ambas iríamos al mismo lugar después de morir. No sabía que había un cielo y un infierno.

Ahora conozco cuán real ambos son. Son tan reales como el planeta Tierra.

Estoy muy agradecida del Señor por la paciencia que le ha dado a mi esposo, Roger. Su paciencia conmigo todos estos años, en su caminar conmigo en el Señor, ha sido una tremenda fuente de aliento para mí.

Mi esposo nunca se ha quejado por las cosas que yo haya deseado hacer para mi Señor. Él nunca está en desacuerdo conmigo en cuanto a las cosas relacionadas a mi vida espiritual. Le teme al Señor y le ama más que a la vida misma.

El Señor mantiene a mi esposo muy ocupado con su trabajo. Así que, me esfuerzo en tener buen cuidado de él, en la manera en que el Señor desea que una esposa cuide a su esposo. Como esposa, estoy supuesta a ser una corona para mi esposo (ver Proverbios 12:4).

La importancia de la obediencia

El 28 de mayo de 2000, después de mi oración de la mañana, el Señor me mostró el exterior del edificio de nuestra iglesia, y en la visión, luego me movió hacia el interior del edificio. Vi la presencia del Señor, con su corona y túnica doradas, parado frente al púlpito. El interior de la iglesia estaba lleno de luz. La luz era tan brillante como el sol. Fue entonces que el Señor me dijo que estaba liberando mi danza de obrar milagros al mundo.

Deseo ardientemente bendecir a la iglesia con esta danza y darle gloria a mi Señor. El Señor ha invertido incontables horas en mí para ayudarme estar preparada para este trabajo.

Verdaderamente, todo lo que deseo hacer mientras estoy en la tierra no es importante para mí. Todo lo hago para mi Señor, por mis hermanos y hermanas en Cristo, y las almas perdidas. El Señor nos ha bendecido con todo lo que necesitamos y deseamos en nuestra vida. Lo que más deseamos ahora es poner a Dios primero, sin importar cuál sea la situación. Deseo que otros sean bendecidos a través de mí. En realidad, soy una persona muy privada, y prefiero pasar inadvertida. A pesar de mi timidez, el Señor no me ha dejado escoger otra cosa que ser notada por otros.

No busco una vida cómoda, ni por una hora del día. Mi corazón siente un gran deseo por hacer el trabajo de Dios, y esta aspiración llena cada momento de mi día. Por largo tiempo, me he estado levantando antes de las cuatro de la mañana para orar. Si usted ora casi la mitad del día, cada día, realmente no dispone de mucho tiempo para otras cosas.

Desde que el Señor me mostró el cielo, no duermo como solía hacerlo. No tengo mucho tiempo para relajarme. Cada día, deseo aprender muchas cosas de la Palabra de Dios, y así prepararme para mi ministerio, a pesar de que mi ministerio al presente consiste simplemente en danzar. El Señor me ha dicho que hará todo por mí, pero aún así deseo conocer todo acerca de Él y su Palabra. Siento un hambre y sed insaciables por Dios y su Palabra.

No existe una manera fácil de servir al Señor. Para agradar al Señor, tenemos que someternos a Él totalmente, incluyendo aquellas cosas que no deseamos rendir. Lo hacemos porque lo amamos.

Cuando vienen tiempos difíciles, me enfoco en la cruz de nuestro Señor, y este pensamiento me ayuda a soportar todas las cosas. Cualquiera que desee estar con el Señor Jesús para siempre, debe velar por su salvación diariamente, todos los días de su vida. No podemos ser cristianos fluctuantes, porque no sabemos cuándo Él regresará por su pueblo.

Cuando usted se acostumbre a un estilo de vida de total obediencia, no deseará vivir de otro modo. Cuando nuestra vida está en total obediencia al Señor, no tenemos que preocuparnos sobre ninguna cosa. De tiempo en tiempo, tendremos que atravesar diversas pruebas y tribulaciones. A través de éstas, aprendemos que siempre podemos depender del Señor, y que no importa lo que pase, tendremos paz y gozo en Él.

LA AMISTAD CON EL MUNDO ES ENEMISTAD CON DIOS

Deseo decirles a todos los cristianos desobedientes del mundo que, por favor, no se sientan tan cómodos con el mundo. Manténganse alertas, porque nuestro Señor Jesús viene por nosotros. Esto puede suceder en cualquier momento. Tome un momento para leer Lucas 17:26–36. Si usted es un constante desobediente y disfruta el mundo más que al Señor Jesús, quien murió por usted, no puede esperar ver su rostro.

La obediencia es muy importante para nuestro Señor. Él me ha mostrado muchos cristianos que serán dejados atrás, incluyendo algunas personas que conozco personalmente. Él viene por aquellos que estén listos y que esperan por Él, y esto sucederá antes de lo que sabemos y esperamos.

El corazón de nuestro Señor se duele por personas desobedientes y por las almas perdidas. Su amor en mí me hace pensar en las almas perdidas y los cristianos tibios en todo lugar. El saber lo que les sucederá al final, si no despiertan, me hace permanecer en vigilante oración por ellos.

Si usted es un cristiano tibio, por favor, ponga especial atención a mis palabras. Usted no puede amar a nada ni a nadie más que al Señor Jesús, quien murió por usted. Si un predicador le dice que todos los cristianos que asisten a la iglesia irán al cielo, mejor busque otra iglesia a donde ir.

Cuando somos salvos, el Señor espera que nosotros oremos y estudiemos su Palabra continuamente. Así que, asegúrese de permanecer despierto espiritualmente, y no dependa de la enseñanza de los demás. Cuando estudie la Palabra y ore constantemente, entenderá las enseñanzas de la Biblia, porque el Espíritu Santo le mostrará todas las cosas (ver 1 Juan 2:27).

Después de ser salvos, debemos velar continuamente por nuestra salvación. Esto significa que debemos obedecer la Palabra de Dios y agradarle en cada área de nuestra vida. Este libro ha mencionado la obediencia muchas veces, porque ésta es muy importante para nuestro Señor. Él desea llevar a todos a su reino. Muchos cristianos tienen muchos problemas porque desobedecen al Señor en cuanto a los diezmos, las ofrendas y el dar a los necesitados. Ellos viven de la misma manera que vivían antes de ser salvos.

He estudiado la vida de muchas personas que diezman y ofrendan, incluyendo a nuestros hijos y amigos. Aquellos que diezman y ofrendan tienen vidas bendecidas en cada área. Por el contrario, los que no diezman, a pesar de ir a la iglesia y hacer muchas cosas por la obra de Dios, no son realmente bendecidos y tienen problemas de continuo. El Señor se siente muy triste con las personas que no diezman (ver Malaquías 3:8–10). El Señor me mostró y dijo claramente que todo aquél que no diezma no verá su rostro, porque ellos aman al dinero más que a Dios.

El diezmo es el diez por ciento de nuestro ingreso bruto, no del ingreso neto. Dios no necesita nuestro dinero, pero Él desea que cada creyente traiga sus diezmos a la casa de Dios para que la iglesia pueda hacer su obra. Las ofrendas son regalos de amor para los necesitados, una acción de gracias para la casa de Dios y las diferentes áreas del ministerio. Todo trabajo de Dios requiere dinero. Todo aquél que haga estas cosas con fidelidad será bendecido por el Dios Todopoderoso, porque es obediente y muestra amor. Estas dos cosas son mandamientos de Dios muy importantes. Si realmente desea estar con Jesús para siempre en el cielo y vivir una vida bendecida mientras esté en la tierra, por favor, ponga atención a lo que el Señor dice. Yo tengo una responsabilidad de escribir la verdad de las palabras de Dios. Escribo esto con toda claridad para que los nuevos creyentes y algunos cristianos que están confundidos en relación al diezmo y las ofrendas, puedan entender a cabalidad.

TESTIFICAR DE JESÚS

Cuando le testifico a otros, algunos consienten en recibir a Jesucristo como su Salvador personal, pero otros responden diciendo: "Ahora no". Regularmente, les exhorto a no esperar mucho tiempo, porque puede ser muy tarde. Cuando muramos, iremos a uno de dos lugares: al cielo o al infierno. Sé que, desgraciadamente, nunca volveré a ver a algunas de estas personas, porque en muchos casos su decisión de aceptar a Cristo llegará demasiado tarde.

Cuando le hablo a los demás sobre Jesús, frecuentemente comienzo diciéndoles lo que Él hizo por nosotros y cuánto nos ama. Todo aquél que crea que Él es el Hijo de Dios, vivirá por siempre con Él en el cielo. Después de esto, si se niegan a recibir el material de salvación que les presento, les digo que cuando el pueblo de Dios sea llevado al cielo, si ellos aún están vivos, no deben recibir el número de Satanás, el 666.

Si usted recibe este número, estará con Satanás, no con Jesús, y arderá en el lago de fuego por toda la eternidad. Si se niega a recibir el número de Satanás, le matarán, pero vivirá para siempre, porque murió por Jesús (ver Apocalipsis 13:15–18; 14:9–13).

Creo que el Espíritu Santo me dirige a decir estas cosas. Es por eso que tengo un valentía inusual y sobrenatural para hablar este mensaje a los demás. Como Jesús, no quiero que ninguna persona perezca. Comencé a ir a la iglesia porque no quería ir al infierno. Creí este mensaje, y sentía mucho miedo de morir antes de ser bautizada. Así que me bauticé sin haber estudiado la Palabra de Dios.

El infierno que el Señor me mostró es mucho peor de lo que había escuchado a otras personas describir. Deseo que toda persona que lea este libro continué creyendo y se mantenga alerta al mensaje de salvación. El hecho de asistir a una iglesia, no significa que vamos a ir al cielo.

Si no vivimos de acuerdo a los mandamientos de Dios, Él no se agradará de nosotros. Los cristianos desobedientes nunca podrán entrar en el reino de Dios. El cielo tiene muchos niveles y lugares diferentes. El Señor me ha mostrado y dicho estas cosas una y otra vez.

Una vez somos salvos por la sangre de Jesús, debemos hacer nuestro mejor esfuerzo para rendir todas las cosas mundanales y vivir para Él. Debemos estudiar la Palabra de Dios, porque es imposible vivir una vida santa sin conocer su Palabra. Comprendo que a muchos cristianos no les gusta escuchar la verdad de la Palabra de Dios, simplemente porque no desean cambiar.

Nacer de nuevo significa que ya no deseas las cosas mundanas que antes solías desear, sino que deseas solamente agradar a Dios. Escribo esto porque le amo. El amor de Jesús está en mí, y esa es la razón por la que digo todas estas cosas. No me importa lo que piense de mí. Sólo crea que usted me importa mucho.

Capítulo 25

ENFÓQUESE PRIMERO EN DIOS

Y David danzaba con toda su fuerza delante de Jehová...

2 SAMUEL 6:14

Mientras danzaba en el Espíritu durante el servicio del 4 de junio de 2000, esperaba una gran sorpresa de mi Señor, pero no sucedió nada fuera de lo común. Sin embargo, me sentía muy feliz, y no desalentada, como había sido el caso en otras ocasiones similares a esta.

En muchas ocasiones, me había desalentado con mi danza, pues había esperado que sucedieran milagros en la iglesia. Cuando los milagros no sucedían, me quejaba con el Señor. En mayo del 2000, sin embargo, le prometí al Señor que no volvería a quejarme sobre mi danza nunca más, sin importar lo que sucediera.

Cuando salí de la iglesia en este día de junio, comencé a sentirme desalentada otra vez. Cuando llegué a la casa comencé a orar, como lo hacía regularmente después del culto. Esta vez, sin embargo, me sentí peor. A pesar de mis sentimientos, oré. Mientras hablaba con el Señor, reprimía mis sentimientos. Sabía que el Señor conocía mi sentir, pero Él parecía ignorar mis sentimientos.

Creo que Él esperaba ver si yo mantenía mi promesa. Hablé con Él como de costumbre, y luego su presencia se alejó. Al alejarse, me sentí peor que nunca, así que reprendí al enemigo. Pero esto tampoco ayudó, y entendí que mis sentimientos no venían del diablo.

Unas horas más tarde, me senté y traté de orar, pero esta vez no deseaba pedir por sus promesas. (Usualmente oro cuatro veces al día, aproximadamente a las mismas horas.) Le dije al Señor que no quería orar por sus promesas. Era la primera vez que le negaba algo al Señor, pero su respuesta fue simple y directa: *"Debes obedecer"*.

A pesar de haber entendido su mensaje, mi mente estaba demasiado turbada para consentir, y el resultado de mi intento no fue una oración sincera. Le dije al Señor: "No quiero ninguno de tus dones, porque me hacen pecar contra ti. No pedí ninguno de estos dones, tú me los ofreciste. Todo lo que quiero hacer por el resto de mi vida es adorarte, agradarte y hacerte feliz".

"Todas tus promesas me hacen pecar contra ti, porque espero demasiado y mi deseo es que todos los hermanos y hermanas sean bendecidos por la danza. Desde que tuve que hacer esta danza no he podido centrar mi atención en ti mientras estoy adorando.

"Durante cada danza, me inquieto por ver ocurrir milagros en la iglesia. Deseo tanto que esta iglesia sea bendecida por esta danza, y la mayoría de las veces hasta he olvidado alabarte."

Después de estas palabras, vinieron otros pensamientos. Recuerda que yo hablaba con mi corazón, no con mi boca. Cuando estoy en la presencia del Señor, no puedo hablar con mi boca. De repente, comprendí cuántas cosas incorrectas había estado haciendo por largo tiempo. También, me había quejado muchas veces sobre mi desaliento. Al comprender estas cosas, me humillé delante del Señor y le pedí perdón.

Él respondió suavemente: *"Lo he olvidado, amada mía"*. Entonces, el Señor comenzó a hablarme: *"Te he dicho que debes centrar tu atención en tu Señor primeramente, entonces en tu trabajo. Tú no has estado haciendo esto. Durante cada danza estás preocupada por ver milagros en la gente, y te has olvidado de la gloria de tu Señor. Esta danza la creé para mi placer, no para que estés preocupada por los milagros".*

"Cuando yo me agrade, entonces los milagros sucederán. Son mis milagros, no los tuyos. Nunca debes olvidar cuán importante esta danza es para tu Señor."

Cuando el Señor me dijo estas cosas, me sentí avergonzada. Entonces comprendí cuánto esta danza significa para mi Señor. La práctica del movimiento de manos había tomado dieciséis meses, y todas las demás prácticas, así como la acumulación progresiva del poder del Espíritu Santo en mi cuerpo, habían tomado casi tres años, aún antes que comenzara a danzar en la iglesia.

DANZAR EN LA PLAYA

En capítulos anteriores, mencioné algunos de nuestros días en la playa. Cada lunes en la mañana, el Señor me despierta después de las doce, y mi cuerpo tiembla por exactamente treinta minutos. Él nunca llega un minuto antes, ni un minuto después. Si me quedo dormida por sólo cinco minutos, el temblor de mi cuerpo comienza otra vez.

Después de temblar por treinta minutos, la presencia del Señor aparece, y Él me dice: *"Hija, debemos ir a la playa"*. Al minuto de decir estas palabras, mi cuerpo tiembla más fuerte y una unción poderosa viene sobre mí, entonces puedo ver mi cuerpo transformado caminando de la mano del Señor Jesús en la playa. Caminamos por la orilla de la playa por unos momentos, entonces subimos una colina y nos sentamos en una enorme roca de forma alargada. Esta playa y esta roca fue el lugar donde me mostró la revelación del cielo.

Cuando llegamos allí y nos sentamos, pongo mi brazo derecho bajo su brazo, y entonces el Señor me dice: *"Debes ver el agua"*. Cuando dice estas palabras, puedo ver el agua de la playa frente a nosotros.

Esta misma escena tuvo lugar, momentos después de haberme explicado muchas cosas acerca de mi danza y su verdadero propósito. Luego de conversar unos momentos, me dijo: *"Debes cantar"*. Entonces canté. Después de cantar, hablamos por un rato, y me dijo: *"Ahora debes danzar"*. Instantáneamente, me arrodillé delante del Señor, y comencé a cantar y danzar.

El Señor siempre se sienta frente a mí con sus piernas cruzadas mientras yo danzo. No puedo ver su cara, pero sé cuando está alegre o triste. Con esta danza, Él siempre se ve alegre, y puedo saber que está sonriendo. Yo le sonrío continuamente mientras danzo.

Cada vez que estoy con el Señor en la playa, me siento igual que me sentí cuando Él me llevó al cielo. En momentos como ese, estoy completamente enfocada en el Señor. No puedo pensar en nada más. No hay palabras que puedan expresar mi alegría cuando estoy con Él. ¡Cuánto deseo que esos momentos de dulce comunión perduren por siempre!

Cuando estoy con Él en la playa, le digo al Señor que no deseo que ese tiempo termine. Ese lunes en particular, la danza duró por más de cuarenta minutos. Cuando termino de danzar, el Señor me hace muchos cumplidos maravillosos, y yo siempre me siento avergonzada, porque lo que Él me dice parece demasiado bueno para ser verdad.

Después de esos momentos de profundo aprecio, me dice: *"¡Debes ver esto!"*. Entonces yo comienzo a cantar otra vez, y veo todo el océano por unos instantes. Luego, la escena cambia a una vista de todo el mundo. Después de esto, hablamos otra vez, y me dice: *"Debo llevarte de regreso, para que puedas dormir"*. Con cada palabra que Él pronuncia, nuestros cuerpos se mueven como si fueran figuras en un vídeo.

Estos sucesos toman entre dos a dos horas y media. Al final de nuestro tiempo juntos, el Señor siempre me da un abrazo, entonces le veo caminando por la orilla del agua. Siempre puedo ver su espalda claramente mientras Él va caminando.

Todo lo que sucede en la playa envuelve mi cuerpo transformado. Mi cuerpo físico permanece acostado en la cama, participando en la danza y los cánticos. Recuerda, el Señor usa mi cuerpo espiritual, pero todos los pensamientos y sentimientos toman lugar en mi cuerpo físico. Esto significa que el cuerpo espiritual de Jesús y mi cuerpo espiritual están juntos. Si sentía dolor en mi cuerpo antes de su visitación, la mayoría de las veces mi dolor es sanado después estar con el Señor en la playa.

Quiero explicar todas estas experiencias con la mayor claridad posible, para que cuando los niños las lean, puedan entender claramente. Los niños tienen una maravillosa capacidad de entender por qué este libro es tan importante para el Señor, porque ellos son inocentes, confiados y abiertos a Dios.

Fue el lunes, 27 de mayo de 1996, cuando el Señor me llevó a esta playa y me dijo: *"Te traeré a esta playa cada lunes"*. Hasta ahora, Él nunca ha fallado ni una vez. Él dijo que esto continuaría sucediendo hasta el último día.

Finalmente, he comprendido que mi fe ha sido débil, y es por eso que me he desalentado y quejado ante el Dios Todopoderoso. Desde que comprendí esto, busco sólo el rostro del Señor, y no me preocupo por nada ni nadie más cuando estoy danzando.

Me había quejado de la danza, porque había pensado que con cada danza grandes sanidades y liberaciones ocurrirían en la iglesia. Había pensado esto porque Él me había mostrado muchas sillas de ruedas en la iglesia. Nuestro Señor Dios nunca explica con detalles. Sus palabras son breves y van al grano.

GRANDES PRUEBAS

El Señor comenzó a probarme en cada área de mi vida. La mayor prueba de todas tuvo que ver con mis seres queridos. También creo que mis quejas sobre la danza causaron que Él demorara el cumplimiento de sus promesas. El Señor pudo haberme dicho lo que yo estaba haciendo bien o mal, pero Él desea que yo aprenda a mi manera. Mi preparación para la obra que Él me llamó, no ha sido fácil.

He aprendido que Él no desea que alcancemos las cosas de manera fácil. Su Palabra nos dice que debemos atravesar muchas tribulaciones para entrar en el reino de Dios (ver Hechos 14:22).

DANZAR SOBRE LA PLATAFORMA

El 17 de junio de 2000, después de mi oración para acostarme, y al final de nuestra conversación, el Señor me dijo: *"Debes escuchar lo que yo digo acerca de la danza".*

Yo respondí: "Cualquier cosa que tú digas, Señor. Yo esperaré y lo recibiré".

Él dijo: *"Debes danzar sobre la plataforma mañana en la mañana. Debes ir a la iglesia temprano y hablar con el pastor, y decirle que vas a danzar en la plataforma".*

Cuando escuché esto, mi corazón decayó. Esto era algo que yo no quería hacer, hasta el momento en que los milagros comenzaran a suceder con mi danza. No obstante, le dije: "Te obedeceré, Señor".

Mi corazón estaba muy turbado en cuanto a esto, porque desde el 9 de enero de 2000, había estado haciendo la misma danza cada domingo, mirando hacia la congregación. Ya había escuchado de uno de los pastores que algunos miembros de la congregación estaban preguntando por qué yo no me volteaba hacia los adoradores. Le respondí que tenía que obedecer al Señor. No está en mí hacer esto. Mi mayor preocupación ha sido no molestar a los adoradores. Mi única respuesta debe ser obedecerle a Él.

Hace alrededor de tres meses, pensé: "¿Y si el Señor desea que yo suba a la plataforma a danzar?". Así que hablé con el pastor principal, el pastor Wolfson, y le pregunté si podía danzar en cualquier lado, aun sobre la plataforma.

El pastor me dijo que podía danzar en cualquier lugar, aun sobre la plataforma. Después de él decirme esto, yo pensé que no habría ningún problema si yo danzaba sobre la plataforma, si el Señor me lo pedía.

Cuando me levanté en la mañana del domingo 18 de junio, me sentí feliz de hacer cualquier cosa que el Señor me pidiera. Fui a la iglesia temprano esa mañana, pero no pude encontrar al pastor Wolfson. Mientras lo buscaba, me encontré con un pastor asociado, y le dije que el Señor me había dicho que danzara sobre la plataforma.

El pastor me dijo: "Eso no es posible".

Entonces le dije: "Pastor, usted está poniendo a la gente antes que a la palabra de Dios. El Señor me ha dicho que dance sobre la plataforma para bendición de la iglesia".

Entonces el Señor me dijo: *"No te preocupes por esto; yo me encargaré".*

Mientras oraba antes de comenzar a danzar, mi corazón decía, no importa la negativa del pastor, subiré a la plataforma a danzar, porque debo obedecer al Señor, y no me importa si me echan de la iglesia. Si no hay suficiente lugar al frente, me iré detrás de los adoradores, si el Espíritu Santo me lleva allí. Cualquiera que fuera el resultado, no quería desobedecer al Señor.

El Señor siempre conoce mis pensamientos. Su voz agradable y tranquilizadora me dijo: *"Hija, no tienes que ir a la plataforma hasta que yo esté listo para ti. Estoy agradado de tu obediencia. Siéntete feliz. Cuando te pares allí, lo harás al frente, nunca detrás de los adoradores. Toda la plataforma es tuya".*

El Señor sabía que yo no quería pararme en la plataforma a danzar con el grupo de adoración. Creo que Él quería asegurarse de cuán lejos yo estaría dispuesta a ir para obedecerle, agradarle y ponerlo a Él primero. Le obedecí, y todo salió bien.

ASISTIR A LA IGLESIA POR LAS RAZONES CORRECTAS

Después de construido el nuevo templo del Puget Christian Center (la iglesia que previamente asistíamos), ellos tuvieron que esperar por una ofrenda para cubrir los gastos del alfombrado. A mí se me ocurrió que Roger y yo podríamos ayudar a pagar por las alfombras, así que le pregunté al Señor acerca de este asunto.

Con una voz algo desagradable, me dijo: *"Hija mía, no te debes preocupar por esto. Yo no miro las alfombras de mi casa; yo sólo busco el corazón de la iglesia".*

"La mayoría de las iglesias tratan de invertir tanto dinero en la belleza

de la iglesia, pero no muchas de ellas tratan de agradarme a mí. Deseo que cada iglesia adiestre a su gente para predicar el evangelio y enviarlos a las misiones."

Él también expresó su desagrado por las personas que vienen a la iglesia sin enfocar su atención primeramente en Él. En este día en particular, mientras oraba por treinta minutos antes de comenzar la adoración, noté que podía escuchar a las personas hablando en voz alta y riéndose; compartían las experiencias de la semana los unos a los otros.

El Señor me habló: *"Ves, hija mía, en lugar de arrodillarse y orar delante de mí, ellos prefieren hablar sobre cosas triviales. Puedes ver por qué algunas iglesias nunca son bendecidas".*

Capítulo 26

EVANGELIZAR Y DAR

*Porque de tal manera amó Dios al mundo, que ha
dado a su Hijo unigénito, para que todo aquel que
en él cree, no se pierda, mas tenga vida eterna.*

JUAN 3:16

La visión del cielo que he sido tan bendecida en recibir, me impulsa
a testificar a otros. Compro Biblias y Nuevos Testamentos para dar
a los demás. Marco en sus páginas versos importantes, escribo notas
explicando acerca de Jesús, e incluyo una cinta concerniente a la salvación. Distribuyo este material cada vez que tengo la oportunidad de
salir a evangelizar.

Desde diciembre de 1999, incluyo también con este material que
distribuyo, el boletín de nuestra iglesia y la versión de audio del libro
de Mary K. Baxter, *Una revelación divina del infierno.* Formo varios
grupos de este material y, cada vez que salgo, llevo varios conmigo para
repartirlos. He estado distribuyendo este material según el Señor me
dirige a hacerlo.

Nunca traigo nada de regreso. Hablo con gente en todas partes, en
supermercados, estacionamientos, centros comerciales, el correo y las
líneas de espera en los bancos o cualquier otro lugar. ¡Qué gran privilegio es testificar de mi Señor dondequiera que voy!

Mi deseo de hablar de Jesús es tan irresistible que realmente no lo
puedo evitar. En ocasiones, esto suele ser irritante para los que están
conmigo; por eso, normalmente, salgo sola.

He aprendido que la mejor manera de testificar a los demás es simplemente preguntándoles si creen en Jesús. Muchos responden: "Creo en Dios". Esto, generalmente significa que ellos no conocen nada acerca de Jesús. Es entonces cuando comienzo a presentarles el mensaje del evangelio.

A veces, experimento rechazo cuando estoy evangelizando, pero esto no me es molestia. He encontrado que los jóvenes y los afroamericanos son personas muy fáciles de evangelizar.

Casi un noventa y nueve por ciento de los inconversos jóvenes a quienes les testifico, aceptan el paquete de materiales que les ofrezco. Hay ocasiones cuando el Espíritu Santo me dirige a orar por ellos en ese momento. Oro por salvación, y siempre echo fuera al enemigo. Cuando echo fuera al enemigo, una fuerte unción cae sobre mí y doy un brinco. Creo que esto sucede porque el Espíritu Santo se siente complacido conmigo. Nunca planifico lo que voy a orar; el Señor siempre me dirige.

Muchas de las personas con quienes hablo, conocen al Señor, pero no tienen tiempo para Él. Me he dado cuenta de que muchos cristianos trabajan los domingos. También me ha sucedido que al evangelizar en el estacionamiento de un centro comercial, que cuando menciono el nombre de Jesús, me responden: "No quiero escuchar nada de eso", y se van huyendo de mí. En una ocasión, una dama me dijo: "Es por personas como usted que no deseo ir a la iglesia".

Estoy segura que su respuesta se debió a que le mencioné el nombre de Jesús. Para ella, desgraciadamente, yo estaba haciendo algo terrible. No comprendió mi deseo de que ella fuese salva. Le pedí al Señor que la bendijera y la salvara.

Mi corazón se conduele por aquellos que no desean conocer acerca de Jesús. Nunca podré olvidar aquellos que vi en el infierno, tratando de escapar del fuego, sin poder hacerlo. Esto le ocurrió a mis padres, porque nunca tuvieron la oportunidad de escuchar acerca de Jesús. Esa es una de las razones por las que yo deseo compartir el nombre de Jesús y su evangelio en todo lugar. El mundo necesita conocerle. Gracias le doy a Dios, que muchos de los que no conocen a Jesús desean escuchar de Él, y reciben con gozo el mensaje y los materiales que les ofrezco.

El Señor quiso que yo incluyera la grabación del testimonio de Mary K. Baxter en el paquete de materiales que distribuyo. Esta es la versión en audio del libro *Una revelación divina del infierno*, que una persona de la iglesia me dio después de mi revelación del cielo. En aquel entonces, yo no sentía deseos de escucharlo, ya que recién había tenido las asombrosas experiencias del cielo y el infierno. En ese momento, pensé que una visión era suficiente para una vida.

Dos años más tarde, sin embargo, el Señor me recordó acerca de aquella grabación y sentí un fuerte deseo de escucharla. Cuando escuché las palabras de Mary, inmediatamente creí todas sus experiencias del infierno.

Escuché que el libro de Mary había sido traducido en varios idiomas. Supe que fue traducido al coreano. Uno de mis sobrinos en Corea lo leyó, y sintió un gran temor. Él creyó cada palabra del libro, y ahora asiste a la iglesia.

Creo el cien por ciento de la revelación que recibió Mary, porque es muy bíblica. La Biblia dice que los mentirosos no verán a Dios (ver Apocalipsis 21:8). El Señor también me dijo que cada palabra que habla Mary sobre el infierno, es verdadera. Él me dijo: *"El castigo de algunas personas será peor de lo que Mary ha dicho"*. Continuó diciendo: *"Es muy importante que todos lean el libro de la revelación de Mary, porque este castigo le puede suceder a cualquiera, aún a muchos creyentes"*.

Como resultado, siento un gran deseo de regalar esta grabación. He regalado cientos de ellas, y creo que muchas vidas serán tocadas por medio de su mensaje.

He aprendido mucho de las personas que les ministro en las calles. Les he regalado el material de evangelismo a muchos cristianos que no van o no pueden ir a la iglesia. También lo he regalado a algunos cristianos que van a la iglesia, para que puedan ministrar y compartir el material con otros.

Algunos católicos han recibido este material. Me sorprendió descubrir que algunos de ellos no se consideran a sí mismos cristianos. Por lo general, les digo: "Si crees en Jesús, eres cristiano".

De igual manera, he hablado con algunos mormones y Testigos de Jehová. Esta gente preciosa, sin embargo, nunca reciben mi material. Le hablo de Jesús a todo el que recibe mi material, y les digo de qué trata la grabación. Generalmente, la gente se siente a gusto con lo que les entrego. Aún algunos incrédulos han mostrado interés en tener la Biblia.

Debemos recordar orar por los cristianos que tienen que trabajar los domingos. Creo que la venida de Jesús está cerca, y que Satanás está tratando de mantener a los cristianos ocupados en el día del Señor. Mientras evangelizo, algunas personas me hablan acerca de su lugar de trabajo. He conocido de casos donde, por ejemplo, cinco personas trabajan juntas en un mismo lugar, y habiendo dos de ellos que son salvos, los que son inconversos nunca han escuchado hablar de Jesús.

En ocasiones, he hablado con personas que no conocen de Jesús, les explico acerca de la salvación y les ofrezco el material evangelístico. Muchos de ellos se sienten contentos de recibirlo. Algunos de ellos me han compartido que tienen un compañero de trabajo que es cristiano, pero que nunca le han escuchado hablar de su fe.

Necesitamos compartir nuestra fe con todos aquellos que conocemos, pues testificar es el trabajo más importante que podemos hacer por Jesús. Él murió por los pecadores. El Señor me dijo: *"Si los salvados no testifican, ¿cómo llegarán los incrédulos a conocerme?"*. Creo que Dios se entristece cuando los cristianos no comparten de su salvación con los incrédulos.

LOS DOS VALLES

Cuando vayamos al cielo, veremos que hay dos valles diferentes en las afueras de la entrada del reino. Yo no quiero caminar alrededor de estos valles para siempre. El Señor me mostró estos valles en dos ocasiones. Aquellos que van al valle, permanecen fuera del reino de los cielos.

La vida en el reino de los cielos será mil veces mejor que la vida en la tierra, aunque la hayamos vivido en el Señor. Él ha preparado todas las cosas para nuestro deleite, porque Él conoce lo que nos gusta. Recuerda, casi todas las cosas en el cielo son como en la tierra. La belleza de la tierra nunca se podrá comparar a la belleza del cielo. Algunos dirán que no pueden creer estas cosas porque no están en la Biblia.

Eso es cuestión de elección personal. Sin embargo, he descubierto que casi todo lo que el Señor me ha mostrado tiene sus raíces en la Biblia. El Señor me ha escogido para la profecía de los últimos días, para demostrar algunas cosas que no están claramente delineadas en la Biblia (ver Joel 2:28–30). Esto está sucediendo porque Él está listo para llevar su pueblo al cielo.

EL FIN DE MI MINISTERIO EN LAS CALLES

Después de seis meses de ministrar en las calles, el 30 de julio de 2000, el Señor me dijo que mi ministerio en las calles había terminado. Me produjo gran emoción escucharle decir que lo había hecho bien.

Mientras estuve ministrando en las calles, sentía un ardiente deseo de repartir los paquetes de material evangelístico a la gente, y casi toda lo aceptaba. Después del Señor decirme que mi ministerio en la calle había terminado, ya no experimentaba ese mismo deseo. Sin embargo, aún trataba de evangelizar y dar el material a la gente, pero siete personas me rechazaron en un mismo día. Sentí un gran consuelo de saber que todos los que recibieron el material eran escogidos de Dios, y confío que no perecerán.

Disfruté cada momento de mi ministerio en las calles. Aún testifico en cada oportunidad que se presente, pero ya no es el mismo ministerio que disfruté durante aquellos ocho meses. Después de evangelizar, sentía un gozo indescriptible. Caminaba con una sonrisa en mi rostro, y las personas me miraban con asombro.

Ahora entiendo por qué los ángeles se regocijan y danzan de gozo cada vez que un pecador se arrepiente. Oré continuamente, por seis días a la semana, por cada persona que tuve el privilegio de llevar al Señor. Esto me recuerda de un granjero que planta una semilla en la tierra, y él sabe que debe echarle agua, fertilizarla y cultivarla para que pueda dar fruto. La oración intercesora es una de las fuerzas espirituales más poderosas que existen.

EL DESEO DE OFRENDAR

Cada sábado en la noche, después de orar para acostarme, y cada domingo después de orar en la mañana, el Señor derrama sobre mí una especial y poderosa unción. Esta unción me cubre por completo, y cosas fuera de lo normal suceden en mi cuerpo durante esos momentos. Es difícil explicar con exactitud lo que toma lugar, porque tanto mi cuerpo como mi mente se sienten extraños para mí. Esta poderosa unción siempre me cubre cuando tengo que hacer la danza de obrar milagros los domingos en la mañana.

Desde que me convertí, mi deseo siempre ha sido el de dar. Al principio, envidiaba a quienes podían dar diezmos y ofrendas, porque en aquél entonces yo no podía hacerlo. Recién nos habíamos mudado de California y mi esposo no era salvo.

Fue un año y medio después, cuando Roger aceptó al Señor. En la segunda semana de conversión, él comenzó a dar los diezmos, porque le pedí que lo hiciera. En respuesta, nuestra bendición comenzó a aumentar más cada día. Hasta el presente, nunca hemos tenido que pedir ninguna cosa material. Dios continuamente nos bendice más de lo que esperamos.

No estoy presumiendo acerca de esto. Sólo deseo que cada hermano cristiano obedezca al Señor en cuanto a esto, porque sé que aquel que lo haga, será bendecido de la misma manera que nosotros hemos sido bendecidos. Nunca puedo dejar de dar al que está en necesidad.

Mi esposo y yo tenemos nuestras limitaciones cuando se trata de dar, pero quisiera dar aún más. Mis planes, cuando el Señor me bendiga con sus recursos económicos, son sostener ministerios de misiones y desamparados en el mundo. Le dije al Señor que cuando Él me haga rica, como Él ha prometido que hará, no habrá niños hambrientos en el mundo.

En mi crecimiento en el Señor, he aprendido una lección muy importante acerca del dar. Temprano en la mañana de un sábado en mayo de 2000, pasé por un lavado de automóviles que ofrecían unos niños, y me detuve para ayudarlos. Les hablé de Jesús y les entregué un paquete del material de evangelismo.

Al hacerlo, noté que había un grupo de personas adultas en otro lado vendiendo comida. Ellos eran muy amistosos e invitaban a las personas a acercarse. Les hablaban de Rusia y una campaña evangelística que tendría lugar en el mes de junio. Ellos colectaban ofrendas para la iglesia en Rusia.

Yo tenía cuarenta dólares conmigo, e inmediatamente se los di. Cuando llegué a mi casa sentí un profundo deseo de dar más. Mi esposo no estaba en la casa ese día. De repente, pensé en $500 que había ahorrado para emergencias. Así que le pregunté al Señor, y Él me dijo que debía darlos.

Cuando regresé al lugar del lavado de carros, les di el dinero, y me sentí muy feliz. Noté en la lista que había firmado, que mi ofrenda había sido la más grande del día.

Cuando regresé a mi carro, comencé a reír con un gozo tan grande que no pude parar de reír en todo el camino de regreso a mi casa. Cuando entré en la casa, comencé a reír más fuerte, y brincaba con un gozo indescriptible. Todo ese día experimenté una gran felicidad, y deseé dar aún más.

La razón por la que me sentía tan feliz es porque sabía que mi

Señor estaba feliz. Él me dijo que se sentía muy contento por lo que yo había hecho ese día. Desde ese mes, el Señor nos ha bendecido más de lo que pudimos haber imaginado. Por un tiempo, ni siquiera le dije a mi esposo, pero unos meses más tarde le conté lo sucedido, y él se sintió muy complacido.

Generalmente, mi esposo y yo nos ponemos de acuerdo en lo que damos, pero en esta ocasión lo hice con mis propios ahorros. Aprendí que cualquiera que da con amor, será bendecido al ciento por uno. La habilidad de dar me hace desear alabar a Dios cada vez más.

Le he dicho al Señor que quiero que todo el mundo tenga la oportunidad de leer mi libro, especialmente los niños y jóvenes. Puedo imaginar cuán emocionados se sentirán de descubrir lo que les aguarda en el cielo, donde habrá deleites por siempre.

Nuestro Señor tiene un amor especial por los niños, y yo comparto ese amor por ellos. Oro por los niños y adolescentes cada día, pidiéndole a Dios que los salve.

Mi esposo y yo no deseamos tener más de lo que ya tenemos. El Señor nos ha bendecido con todo lo que necesitamos aún antes de conocerle, y siempre hemos vivido cómodamente. Nunca hemos sido ricos, pero tampoco nos ha importado serlo. Nuestro deseo es ser ricos sólo para servirle a Él y para que nuestra vida efectúen un cambio en otros.

Por cierto, me sentiría muy incómoda si tuviera una casa y un auto costosos. Me sentiría así porque sé que hay muchos que están muriendo de hambre, y pareciera que no hay fondos suficientes para enviar a las misiones alrededor del mundo. Creo que, aunque no lo desee, el Señor me bendecirá con una mejor casa y auto, porque ya Él me ha mostrado esas cosas.

Antes de convertirme, mi mayor deseo y más agradable actividad era ir de compras. Ahora todo ese deseo ha muerto. Sin embargo, me gusta comprar ropa bonita para ir a la casa de Dios y adorar a mi Señor.

Sé que Él sólo mira los corazones, pero deseo rendirle honor y respeto en todo tiempo. Cuando estamos delante del todopoderoso Dios, debemos lucir lo mejor posible. Me sentía muy culpable cuando lucía joyas y ropa bonita para la iglesia, porque sabía que algunas personas no podían poseer tales cosas. Sin embargo, el Señor me dijo que no me sintiera culpable de usar las cosas con las que Él me había bendecido.

A pesar de que me comunico con el Señor en el Espíritu, siento que Él es real para mí y que cuida de mí tanto por dentro como por fuera. Por lo tanto, siento temor de desagradarle. Yo le digo: "Ya no me importa lo que yo deseo, porque agradarte a ti es todo para mí. Mi vida en esta tierra no significa nada para mí si no puedo agradarte".

Él ha contestado mi oración de esta manera: *"Hija, lo que dices me agrada mucho"*. Sus palabras son muy pocas.

Esto concierne a todo cristiano. Si usted tiene ropa bonita o joyas, no se sienta culpable de ponérselas. El Señor me ha dicho que no debemos esconder las cosas que Él nos ha dado para bendecirnos. Es bueno que los pecadores conozcan que los cristianos somos bendecidos. He notado que muchas hermanas cristianas se sienten culpables de usar lo que tienen para ir la iglesia. No nos preocupemos por las otras personas, porque mostrar las cosas con las que Dios nos ha bendecido, les da esperanza a ellos de recibir también las bendiciones de Dios para su vida.

Una cosa sé: El Señor se agrada cuando lucimos lo mejor para ir a su casa. Muchas veces el Señor me ha dicho: *"Mi amada, hoy te veías hermosa en la iglesia"*. Después de todo, ¿qué no conoce Él de nosotros?

Adorar al Señor

Después de llegar a la Iglesia Betel, dancé en sólo cuatro ocasiones durante el servicio de la mañana. Luego, de junio a noviembre de 1999, comencé a danzar sólo los viernes en la noche.

Al mudarnos a nuestro nuevo templo, la Iglesia Para Todas las Naciones, no hice la danza de obrar milagros por algún tiempo, pero en el tiempo de recoger las ofrendas, el Espíritu Santo llevaba mi cuerpo al altar para danzar. No había sido adiestrada para esta danza, pero el Espíritu Santo movía mis manos y mi cuerpo al son de la música. Cada movimiento era repetido tres veces.

Muchas personas no comprenden cuán importante es la adoración para nuestro Señor. Mientras adoramos, recibimos la unción, los frutos del Espíritu, la sanidad, los deseos de Dios, el bautismo del Espíritu Santo, el gozo inexplicable, la paz y la liberación. Quien adora con sinceridad de corazón, acción de gracias a nuestro Señor y busca su rostro sin distracciones, recibirá bendiciones asombrosas.

Un largo período de preparación

Le pregunté al Señor por qué cada una de sus promesas para mi trabajo y la publicación de libro estaban tomando tanto tiempo para ser cumplidas.

Él me dijo: *"Hija, te estoy demostrando con esto, que tu trabajo es muy importante para estos últimos días. Tu danza de milagros involucra muchas cosas y a muchas personas. De modo que, he tenido que preparar a todas estas personas que van a trabajar en tu ministerio, y poner otras cosas en su lugar. Y más importante aún, tuve que purificarte por completo, por dentro y por fuera. Tu compasión por los demás y las demás áreas de tu vida, están siendo transformadas para ser más como yo era cuando estaba en la tierra.*

"No importa la situación, tu corazón debe estar dispuesto para mí en todo momento, para que puedas obedecerme como yo obedecí a mi Padre cuando estaba en la tierra. Esta danza que creé para ti, debe ser completamente pura en todo momento, para que el Espíritu Santo pueda moverse. Tuve que adiestrarte en público todo este tiempo, para ayudarte a ser más atrevida, confiada y no tengas temor de pararte delante de ninguna persona.

"No importa cuanto ruido haya alrededor de ti o cuantas personas te rodeen, debes ser capaz de concentrarte solamente en mí. Ningún ruido ni ninguna persona debe interrumpir tu mente. Es por eso que tus ojos permanecen cerrados y te pones tapones en los oídos mientras danzas. Cuando esté completamente satisfecho con tu preparación para el ministerio, entonces podré mover todas las cosas como un arbusto ardiente. Nada estorbará el camino".

Capítulo 27

Lanzamiento del ministerio

*…no os hagáis perezosos, sino imitadores de aquellos
que por la fe y la paciencia heredan las promesas.*

Hebreos 6:12

Los días 22, 23 y 24 de diciembre de 2000, el Señor me despertó a las 3:30 a.m., y mi cuerpo tembló por treinta minutos. Entonces su presencia apareció y me habló por alrededor de treinta minutos, en todos y cada uno de estos días. Él me dijo que mi ministerio de danza para obrar milagros comenzaría pronto. También me dijo que este había sido un largo período de entrenamiento, y me dio las gracias por mi paciencia y obediencia.

Al mismo tiempo, yo sabía que había algunas personas en la iglesia que se estaban quejando de mi danza. Creo que si una persona está realmente llena del Espíritu Santo, no debe quejarse de lo que otros hacen bajo el poder o la unción del Espíritu Santo. Cuando el cuerpo de una iglesia recibe una unción especial, muchos miembros hacen cosas extrañas. La Biblia nos da muchos ejemplos de esto.

Mi esposo y yo deseamos que nuestra iglesia sea bendecida. Oramos fielmente dos veces al día, siete días a la semana. Mi esposo ora también antes de cada comida. Estamos muy agradecidos por nuestra iglesia haber permitido que el Espíritu Santo dance libremente con mi cuerpo, y el Señor continuamente me dice: *"Bendeciré esta iglesia. El pastor principal, el pastor Wolfson, es uno de mis hijos favoritos"*.

Él le agrada a Dios. Creo que esa es la razón por la que fui enviada a esta iglesia después que fui reprendida en la iglesia anterior.

Una danza feliz

La mañana del domingo, 24 de diciembre de 2000, mientras oraba en el santuario antes de danzar, sentí sobre mí una unción más fuerte de lo acostumbrado, entonces vi al Señor con su especial corona y atuendo de Navidad. Él estaba parado en el púlpito, sonriendo, y yo le sonreí también a Él.

Le dije: "¡Señor!".

Él respondió: *"Amada, estoy celebrando mi cumpleaños contigo"*. Inmediatamente lo vi, ya no pude orar más, porque mi mente y mis ojos estaban fijos en Él, y no podía enfocar mi mente en la oración. El Señor conocía mis pensamientos. Entonces su presencia desapareció. La danza de esta mañana en particular, fue más alegre que en otras ocasiones.

Cuando terminé esta danza feliz, el Señor me dijo que debía descansar por dos semanas. Me dijo que durante este tiempo no debía hacer la danza de obrar milagros, pero podría hacer la danza de las ofrendas.

Celebración de la Navidad

Era la noche de Navidad de 2000. Después de orar para acostarme, el Señor y yo hablamos por un rato, y, de repente, una unción especial vino sobre mí, y la voz sobrenatural surgió de mí por unos momentos. Vi al Señor vestido con su corona y túnica de Navidad. Él estaba parado frente a mí con una sonrisa en sus labios, y entonces me dijo: *"Amada, estoy celebrando mi cumpleaños contigo"*. Al momento de decir estas palabras, unos cánticos celestiales salieron de mí, y comencé a danzar por aproximadamente treinta minutos.

El gozo que experimenté esa noche fue verdaderamente indescriptible. La danza terminó y la presencia del Señor con su atuendo especial de Navidad desapareció. Entonces, la presencia del Señor apareció frente a mí con su túnica normal. Él me dijo: *"Amada, tú eres mi hija especial para estos últimos días"*.

Año Nuevo 2001

Después de orar antes de acostarme la noche de Año Nuevo de 2001, el Señor se me reveló ataviado con su corona y túnica doradas, como lo había hecho por cuatro ocasiones anteriores. Cada una de estas ocasiones, Navidad y Año Nuevo, era igual.

La única diferencia era que en cada una Él me daba diferentes canciones y danzas. En esta Navidad y Año Nuevo, pasé un largo tiempo danzando y cantando, más que en ninguna otra ocasión.

El presidente George W. Bush

Después del servicio del 4 de febrero de 2001, el Señor me dijo que muchas cosas debían cambiar. Él me dijo que no orara para que sus promesas se cumplieran en mi ministerio. Había estado orando las mismas palabras relacionadas con sus promesas por casi dos años.

Desde que el Señor me mostró la visión del cielo, hasta el día de hoy, oro cuatro veces al día, siete días a la semana. Nunca he fallado a mi tiempo de oración. No puedo dejar de hacer nada que Él no me lo pida. Esta es la razón por la que el Señor removió de mi vida a toda persona que conozco. Nada ni nadie podía turbar mi mente mientras Él me estaba preparando para el ministerio.

El Señor me había dicho durante el pasado año de elecciones nacionales en los Estados Unidos, que George W. Bush era su hombre escogido para ser presidente en los últimos días. Yo sabía la razón de que el proceso eleccionario fuera tan dificultoso, con tantas disputas y problemas tocante a los votos. Era porque Satanás sabía que George W. Bush haría una diferencia para los cristianos de nuestro mundo, y el enemigo estaba en contra de eso.

En la mañana del 27 de enero de 2001, el Señor me dijo que a través del presidente Bush, Él atraería muchas almas hacia Él en estos últimos días, y que el enemigo trataría de ganar. Por esto, el Señor me dijo que cada iglesia debía echar fuera al diablo y orar por el Presidente. Las personas que componen su gabinete oran por él diariamente, y yo estoy orando por él cada mañana como el Señor me dirige. Deseo que todo cristiano ore por él; también por los niños y todas las almas perdidas de este mundo en conflicto.

Danzas especiales y un vestido blanco

En la mañana del 11 de febrero de 2001, cuando entré al santuario de nuestra iglesia, mi cuerpo temblaba incontrolablemente. Era una unción muy especial para mí. Después de la danza, el Señor me dijo que le dijera al pastor Wolfson que la danza que yo hacía era muy importante para el Señor y para la iglesia, y que Él estaba desatando una bendición sobre la iglesia. Le dije que esperara y recibiera.

Después del servicio, el 4 de marzo de 2001, el Señor me dijo: *"Hija, debes conseguir un vestido blanco para el domingo, 11 de marzo"*.

La noticia me impresionó, pero no lo interrogué. Sé que al Señor no le gusta que le discuta cuando Él me manda a hacer algo. Me sentía muy emocionada, porque cuando el Señor comenzó su trabajo en mi cuerpo me había dicho que usaría un vestido blanco al comienzo de mi ministerio de obrar milagros. Él me mostró una visión en la que yo me veía parada sobre una gran roca y danzaba frente al océano vestida de blanco.

El Señor me había dado poco tiempo para conseguir un vestido blanco, pero yo sabía que era extremadamente importante para mí obedecerle en esta y todas las demás cosas.

Así que el 5 de marzo de 2001, fui a cuatro tiendas tratando de conseguir un traje blanco, pero fue muy difícil encontrar el tamaño apropiado, a menos que pudiera hacerse a mi medida. Finalmente, compré uno, pero no era mi tamaño.

El 11 de marzo, lloré todo el camino hasta la iglesia, en humillación delante de Dios. Me preguntaba como un Dios tan poderoso podía permitirle a alguien como yo llevar un vestido de novia para danzar delante de Él.

Entre lágrimas, le pregunté al Señor si sería posible que me raptara como a Elías, mientras danzaba. De esta manera, todos en la iglesia sabrían que estaba con el Señor. Sabía que mi esposo se ocuparía del libro *¡El cielo es tan real!*, y lo publicaría. Entonces todos creerían, y la gente en todos lados se prepararía para la venida del Señor. Pero el Señor me dijo que debía permanecer en la tierra hasta el último día.

Esa mañana, por primera vez, me sentí realmente bonita mientras danzaba delante del Señor con mi vestido blanco. Me sentí realmente como su novia. En ocasiones, he notado que cuando los cristianos se reúnen, una sola persona a la vez es ungida para el ministerio.

Cuando danzo, estoy bajo una fuerte unción de la presencia de Dios, pero nunca veo ocurrir ningún milagro, porque el Señor no me ha lanzado aún para este servicio. Él tiene que asegurarse de que yo esté lista para el mundo. Yo sentía que estaba lista para mi ministerio desde hacía mucho tiempo, pero mi opinión no cuenta.

No importa el costo, obedeceré a mi Señor y esperaré en Él hasta mi último suspiro o mi último día. Mi vida en esta tierra no significa nada para mí, sino para agradarle a Él. Hay muchas cosas que Él me pide que haga y yo no deseo hacer, pero lo amo tanto, que nunca le puedo desobedecer. Creo que cualquiera que realmente ama al Señor, no puede desobedecerlo.

Después del servicio del 11 de marzo de 2001, el Señor me dijo que en lo sucesivo, debería vestir solamente vestidos blancos para cada danza de milagros. Me dijo que no usaría ningún otro color, pero que en un principio no tenía que usar vestidos muy elaborados.

Soltar la promesa del ministerio

El 25 de marzo de 2001, después de haber orado en el santuario, vi la presencia del Señor en su vestido dorado parado en el púlpito. Al momento que lo vi, comencé a llorar. El Señor me dijo sonriendo: *"Estoy soltando la promesa de tu ministerio"*. Después, Él apareció en su vestimenta regular y comenzó a hablarme sobre otras cosas.

Después del servicio, el 27 de mayo de 2001, oré como de costumbre. El Señor me dijo: *"La próxima vez que ores, hablarás una nueva lengua"*.

Dos horas más tarde, comencé a orar otra vez. Una unción especial vino sobre todo mi cuerpo. No era común que yo recibiera una unción como esta durante el tiempo de oración de la tarde. Entonces recordé que esa tarde el Señor me había dicho que recibiría una nueva lengua durante mi tiempo de oración.

La unción era tan fuerte, que no podía hablar, y lo que salió de mí fue la nueva lengua que el Señor me había dado. Anteriormente había recibido varias lenguas, pero esta era una lengua muy extensa. Me fue necesario orar más tiempo que de costumbre. Al hablar esta nueva lengua, no podía entender nada de lo que decía. El Señor me dijo que no me preocupara por eso. Él me aseguró que Él entendía todo lo que yo decía, y me dijo que estaba abriendo puertas para cada área de mi ministerio de obrar milagros.

El Señor me dijo que de ese día en adelante, no oraría por quienes había estado orando por tanto tiempo. Él me dijo que debía orar solamente por mi familia, mi pastor y mi iglesia. Desde entonces, he estado orando por los demás en mi tiempo libre, en lugar de orar por ellos en mis períodos de oración regular.

NUEVAS CANCIONES CELESTIALES

A la siguiente mañana, comencé a adorar al Señor en mi casa de una manera diferente a lo acostumbrado. Después de orar, comencé a cantar los nuevos cánticos celestiales que Él me había dado el día anterior. Me dio también las palabras de la canción.

Entonces comencé a danzar una danza celestial. Yo siempre adoro en danza una vez al día antes del almuerzo, pero esta mañana, la adoración era muy diferente. Sentí que estaba en el cielo con el Señor. Creo que Él prefiere que yo le adore a Él, en lugar de orar por otros. También me dijo que ya había escuchado cada una de mis oraciones.

He estado orando los siete días de la semana por varios años. El Señor siempre me ha dicho que cuando comience mi ministerio de obrar milagros, debo enfocarme en Él primeramente, entonces en su obra, y por último en descansar, hasta el último día. Esto me hace comprender que nunca tendré una vida social. De hecho, mi ministerio, una vez comience, será uno muy corto.

DOS TIPOS DE DANZA Y CÁNTICOS

Desde esa mañana, he estado haciendo dos clases de danza y cánticos. La primera danza es en visión con Él en la playa en mi cuerpo espiritual. En esos momentos, canto sin palabras. El Señor y yo nos hablamos de corazón a corazón, y puedo alabarlo con entendimiento. Medito en lo que Él me ha mostrado, y en lo que me mostró en el cielo. También pienso en lo que deseo hacer cuando vaya al cielo.

Entonces Él me dice lo que significo para Él, y comparte muchas promesas conmigo, promesas que guardan relación al tiempo que yo esté en la tierra y mi futuro en el cielo.

La segunda danza contiene palabras que yo no puedo entender. Esta danza es exactamente igual a la danza que hice en la iglesia hace dos años atrás. El Señor la llama la danza de milagros. En cada una de estas danzas, la presencia espiritual del Señor está delante de mí. Durante cada danza, Él me dice que nada es más alegre que ese momento particular. Esto siempre me hace sentir tan feliz, que siento que puedo volar. Cada una de estas danzas toma alrededor de una hora.

UNA PUERTA ABIERTA PARA EL MINISTERIO

En la mañana del 30 de mayo de 2001, después de haber orado me dijo: *"Estoy depositando una unción especial sobre ti"*. Al instante, sentí un fuego sobre todo mi cuerpo, entonces la voz de visión surgió de mí, y pude ver la presencia del Señor con su corona y túnica doradas.

Fue entonces que el Señor dijo: *"Hija, estoy abriendo la puerta para cada área de tu ministerio".* Él me habló sobre muchas cosas, entonces me dijo que extendiera mis manos hacia Él. Cuando extendí mis manos, Él puso sus manos sobre las mías y dijo: *"Te bendigo".*

Para entonces, mi cuerpo ardía y estaba sin aliento, y mis manos estaban cerradas tan fuertemente que se pegaron a mi pecho. Después de esto, mis manos comenzaron a aplaudir de gozo por al menos diez minutos.

APLAUDIR DE MANOS

La noche del sábado, 16 de junio de 2001, después de orar para acostarme, el Señor movió mis manos de diferentes maneras. Al siguiente día, después de orar en la mañana, sucedió lo mismo, e hizo que mis manos tocaran mis ojos diez veces. El Señor me dijo que la danza de esa mañana sería diferente, y lo fue. Yo lloraba esa mañana, antes de comenzar la adoración, y lloré casi todo el tiempo que duró la danza. La danza fue la más alegre que jamás había danzado.

Al final de la danza, mis manos comenzaron a aplaudir incontrolablemente. Cuando este fluir cesó, comencé a decir: "Te amo, Señor". Decía esto una y otra vez, siempre con mis manos extendidas hacia Él.

El Señor me permitió descansar de la danza de milagros por dos semanas, desde el 8 hasta el 15 de julio de 2001. Pero Él me permitió danzar la danza de las ofrendas durante esos dos domingos.

Entonces el 22 de julio de 2001, el Señor me dijo que debía danzar sobre el primer escalón de la plataforma.

UN PASTOR COMPRENSIVO

El 19 de julio de 2001, después de haber orado en la mañana, mis manos tocaron mis ojos catorce veces. Veía muchos destellos. Mis manos y mis brazos se sentían en fuego. Inmediatamente que entré a la iglesia, pude sentir la presencia del Señor. Mientras oraba, vi al Señor sentado en el primer escalón sobre el cual yo estaba supuesta a danzar, y ambos sonreímos.

Una unción muy especial vino sobre mi cuerpo. Era la unción más poderosa que había sentido alguna vez al danzar. También me sentía diferente a como me sentía cuando danzaba sobre el piso.

Después del servicio, le dije al pastor Wolfson que había danzado en el primer escalón. Él no lo sabía, porque había llegado tarde, y me dijo: "Tienes que hacer lo que Dios dice". Él también me preguntó si alguna persona había dicho algo. Amo tanto a mi pastor. Sé cuánto él ama y teme al Señor. También me gusta su predicación. No muchos pastores pueden compararse con su predicación. Algunos dicen que él es una bola de fuego. Él tiene un amor especial para los jóvenes. El Señor siempre me dice cuán especial es este hijo para Él.

Le respondí que no, nadie había dicho nada. Le dije que había estado danzado desde que comenzó la adoración. No importa si hay alguien allí o no, tengo que ir al frente cuando el Espíritu Santo me mueve. Esta danza es sólo para agradar al Señor, no a la gente. Cuando Él esté satisfecho, entonces los milagros comenzarán a suceder. Él Señor pasó horas incontables en un esfuerzo por adiestrarme para esta danza. Cuando hago esta danza, Él siempre sonríe. Este libro menciona la danza con frecuencia, pero esto es muy importante para el Señor.

La noche del 4 de agosto de 2001, el Señor me dijo que la danza de la siguiente mañana sería mi danza final en el piso del santuario. Todas las danzas que había hecho en el piso era parte de mi entrenamiento.

Me dijo que se siente completamente satisfecho con mi entrenamiento. Continuó explicando: *"No podía hacer los milagros mientras te estabas entrenando para tu ministerio. La próxima danza será en la plataforma. Toda la plataforma tiene que ser para ti"*. Cuánto hubiera deseado que Él me hubiera dicho esto antes, para yo no haber estado a la expectativa de ver milagros ocurrir en cada danza.

Busca el rostro del Señor

La noche del 4 de agosto, después de haber orado, el fuego de Dios entró a través de todo mi cuerpo e hizo que mis manos tocaran mis ojos muchas veces. La voz evangelizadora surgió de mí, y comencé a ver nuestra iglesia. Mientras danzaba, la presencia del Señor estaba de pie delante de mí con una sonrisa. Él se veía más alto que en otras ocasiones, y me dijo: *"Mi presencia estará contigo durante cada danza de obrar milagros. Es para esto que te entrené, para que puedas enfocarte sólo en tu Señor mientras estás danzando"*.

Él también me dijo: *"En cada lugar donde dances, alguien le debe decir a la gente lo que esta danza significa. Diles que traten de no mirar la danza. Ellos deben cerrar sus ojos y buscar mi rostro y alabarme con todo su corazón desde el comienzo de la danza hasta el final, si quieren ser bendecidos".*

Él también me dijo que debo danzar cuando termine la adoración y que tuviera música de adoración instrumental. Me explicó que toda la plataforma debe estar llenar de su presencia, y que yo estaría danzando delante de Él. En cada danza que he hecho, he sabido que la presencia del Señor está delante de mí, pero era muy difícil verlo.

Yo solía orar: "No permitas que me caiga en el piso mientras danzo", porque cada vez que iba al altar, mi cuerpo deseaba caerse. El Señor respondió mis oraciones, porque durante cada danza, aún a pesar de la fuerte unción y que mi cuerpo se siente en fuego, nunca me he caído. Esta es una de las razones por las que el Señor estuvo acumulando el poder en mi cuerpo por tanto tiempo.

UNA DANZA DE GOZO

Después de haber orado, en la mañana del domingo, 5 de agosto de 2001, recibí una unción más especial de lo acostumbrado. Esto sólo sucede cuando tengo que danzar la danza de milagros los sábados en las noches y los domingos en la mañana antes del culto. En estas ocasiones, mis manos tocan mis ojos catorce veces. Después de cada toque, mis manos hacen el símbolo de la cruz.

Al llegar a la iglesia, a pesar de conocer que esta sería la última vez que haría la danza de milagros en el piso, me sentía en paz. Mientras danzaba, me sentía gozosa, y sentí un gran alivio de no tener que volver a danzar en el piso. Supe entones, como sé ahora, que el Señor tendrá perfecto cuidado de todas las cosas.

De hecho, el Señor ha trabajado muy duro y ha pasado miles de horas entrenándome para esto. Después de danzar, el Señor me dijo que lo había hecho bien, y que ya no tendría que danzar en el piso otra vez. Él me dijo: *"Ahora podrás pararte frente a millones, porque estás perfectamente entrenada".*

Desde el 9 de enero de 2000 hasta el 5 de agosto de 2001, descansé sólo ocho veces entre danzas, por dos semanas cada vez.

RISA SANTA

El domingo, 12 de agosto de 2001, durante el servicio de adoración, un fuerte poder vino sobre mí durante el tiempo que estuve en el altar, y no me podía poner de pie. Durante toda la adoración, sólo podía estar allí riendo. Aunque deseara parar de reír, lo que realmente no deseaba hacer, estoy segura que no hubiera podido hacerlo. Esto es porque era un don sobrenatural que llamo risa santa.

Capítulo 28

EL LIBRO, MI TESTIMONIO

Como casi todos saben, las Torres Gemelas del Centro de Comercio Mundial en Nueva York, fueron destruidas por terroristas el 11 de septiembre de 2001. Desde que esta tragedia ocurrió, he estado orando y llorando continuamente por aquellos que perdieron a sus seres queridos. Siento gran compasión por aquellos que quedaron atrapados y no pudieron escapar o que no pudieron ser encontrados, y también por sus familias. En un sentido, no me siento apenada por aquellos que murieron y que eran salvos, porque sé que están en un mejor lugar; pero siento tristeza por aquellos que murieron sin conocer al Señor Jesús, porque también sé dónde ellos están.

El 14 de septiembre, continuaba llorando profusamente, al pensar en cuánto dolor estas personas tenían que pasar. Pensaba especialmente en los niños que perdieron a sus padres, y al pensar en estas cosas, mi corazón sentía dolor por ese sufrimiento.

Mientras adoraba al Señor, comencé a llorar otra vez. Lloraba muy fuerte, y no podía parar de hacerlo. Una fuerte unción de la presencia del Señor vino sobre mí, y noté que mi Señor Jesús también lloraba conmigo. Pude entender que Él estaba muy triste, y sentía que su corazón estaba dolido por aquellos que sufrían.

Recuerde, nuestros pensamientos están en Cristo. Él comenzó a hablarme, y dijo: *"Hija, puedo ver cuanta compasión sientes por los demás. Mi corazón está dolido por aquellos que sufren la pérdida de sus seres queridos".*

Él me explicó: *"Debo decirte que ellos deben preocuparse por aquellos que aún están con ellos. Nadie puede vivir por sus muertos. Los que murieron y no me conocieron, no pudieron ser míos, pero a través de su muerte sus familias pueden ser salvas. Aquellos que murieron sin conocerme, tuvieron oportunidad de ser salvos, pero ignoraron mi evangelio. Está escrito, no vivas para mañana, vive de día en día.*

"El día de mi regreso por mi pueblo está muy cerca. Trato de salvar tantas almas como pueda, no importa lo que tome. Satanás sabe esto, y está tratando de destruir cuantas almas pueda, antes que sean salvos. La gente debe saber por qué hay tantos que están muriendo. Cada iglesia debe echar fuera al enemigo continuamente en oración. Mis iglesias han estado demasiado cómodas. Estoy muy insatisfecho con muchas de ellas.

"Quiero que todo el mundo conozca que soy un Dios temible. Amo a mis hijos, y es por eso que morí por ellos. Yo debo ser primero en la vida de cada uno. Todos necesitan arrepentirse y humillarse delante de mí. Lo que sucedió en Nueva York es un pequeño precio que pagar. Habrá destrucciones más grandes en todo el mundo, hasta que vuelva por mi pueblo. Ese día está más cerca de lo que muchos esperan".

Después de haber recibido esta poderosa palabra del Señor, pude entender un poco mejor por qué el Señor me mostró muchas montañas y edificios que eran consumidos por el fuego. El fuego vino del cielo y luego la nieve cayó hasta que todo el mundo fue cubierto por la nieve.

Él desea que todos se arrepientan diariamente y se purifiquen a sí mismos, para que Él pueda llevar a todos a su reino. Nuestro Señor Jesús nos ama tanto que Él no desea que ninguno se pierda. Él dijo que ninguno lo ama más a Él de lo que Él nos ama. Si yo le digo a Él: "Te amo un millón de billón de veces", Él sigue diciendo: *"Yo te amo más".*

La importancia de la humildad

La humildad es muy importante para nuestro Señor. Él ejemplificó la importancia de la humildad, al humillarse a sí mismo y hacerse humano cuando vino a este mundo. Estoy agradecida de Él por enseñarme y mostrarme la humildad de tantas maneras.

Por ejemplo, Él me guió a una costurera que podía coser mis vestidos blancos. Otras personas me la habían recomendado como una mujer de gran talento, que cosía de acuerdo a especificaciones. Sin embargo, cuando cosió mis vestidos, estos simplemente no se podían usar.

Me sentí desconcertada por esto, así que fui delante de Dios en oración. Él me dijo que le diera otra oportunidad, y yo le obedecí. En casi tres meses ella me hizo una chaqueta y un vestido. Compré más material y se lo llevé, pero ella no tenía tiempo para coser para mí. Así que le pedí que me lo devolviera. Yo pensé que ella no podría usar la tela blanca. Finalmente, le pedí que se encontrara conmigo en una tienda de telas, y compré algo que a ella le gustaba, y la invité a almorzar.

Tan pronto como ella accedió a coser mis vestidos blancos, comenzó a tener muchos problemas. Esto incluía problemas físicos que tanto ella como su esposo estaban experimentando. Fue un tiempo muy ocupado para ella, pero ella no quería dejar nuestra relación. Yo realmente sentía una gran empatía hacia ella, y creo que ella sentía lo mismo por mí.

Sin embargo, no podía ponerme las cosas que ella me hacía, y sentía que no podía señalarle sus faltas. En lugar de eso, me esforcé en demostrarle amor en todo tiempo. Ahora sé que esa fue una prueba de Dios para mí.

A pesar de que había memorizado su número de teléfono, después de ella devolverme los materiales, no lo pude volver a recordar. A través de esto, creo que el Señor me estaba enseñando paciencia y humildad.

Había estado orando por humildad, y todavía lo hago, porque deseo practicar humildad hacia cada ser humano. Quiero que cada aspecto de mi ser sea como Jesús. No importa cuál sea la situación, nunca quiero juzgar a otros. En lugar de juzgar a otros, deseo amarlos y orar por ellos. Eso es lo que nuestro Señor quiere de cada uno de nosotros.

Después de haber recibido una visión, el Señor me hizo sentir un gran deseo de leer 1 Corintios 13. Desde entonces, he estado leyéndolo seis días a la semana sin fallar, pero nunca trato de memorizarlo. Creo que el Señor pone su amor en mi espíritu a través de su Palabra. El Señor también me ha hecho sentir el deseo de orar la oración del Padre Nuestro todos los días, después de mi tiempo de oración regular.

MILAGROS DE SANIDAD

El 24 de diciembre de 2001, el Señor apareció vestido con su corona y túnica de Navidad, y el 31 de diciembre, en su corona y túnica doradas. Todo sucedió tal y como había sucedido en los días de Navidad y víspera de Año Nuevo de años anteriores. Este fue un tiempo de un gozo indescriptible, más que ninguna otra Navidad o víspera de Año Nuevo en mi vida.

Al final de este tiempo especial, el Señor me dijo: *"Tú eres la mejor celebración de mi cumpleaños y Año Nuevo, y te amo, mi amada, así que sé feliz"*. Inmediatamente, desapareció.

Desde que dejé de hacer la danza de milagros, el Señor me ha dirigido a orar en el altar cada domingo en la mañana antes de comenzar la adoración.

Comencé a sentir un sonido en mi oído derecho, y le pedí al Señor que me sanara. Él me aseguró que tomaría cuidado de ello. La sanidad se dio, pero tardó un par de semanas.

El 13 de enero de 2002, mientras iba de camino para la iglesia, le dije al Señor que quería que mi oído derecho fuera sanado ese domingo en la mañana en el altar. Cada domingo cuando voy a la iglesia, lo primero que hago es arrodillarme en el altar y alabar al Padre con acción de gracias. Entonces oro por los pastores de la iglesia y un avivamiento. Esa mañana en particular, al momento de haberme arrodillado, sin pensarlo, mi cara dio contra los escalones y el fuego del Espíritu Santo cayó sobre todo mi cuerpo, y me dejó sin habla.

Sin embargo, mi corazón decía: "Te amo, Señor. Ya tú sabes que te había pedido que hicieras esto por mí esta mañana". Desde esa mañana, el ruido cesó completamente en mi oído.

Otro milagro ocurrió el siguiente domingo en la mañana. Antes de salir para la iglesia, sentí un dolor repentino en el lado izquierdo de mi cuerpo y casi no me podía mover. Le dije al Señor: "No importa lo que sienta, voy a ir a la iglesia a alabarte, y espero que me sanes antes de salir de la iglesia".

Otra vez, mientras estaba arrodillada en el altar, mi cabeza dio contra los escalones, todo mi cuerpo se sintió en fuego, y comencé a llorar. Después de esto, comenzó la adoración y alabé al Señor durante todo el servicio. El dolor se me olvidó, y entonces me di cuenta que había sido sanada.

Yo había experimentado este dolor antes de conocer a mi Señor Jesús. Algunas veces tomaba dos semanas para recuperarme. Nuestro Señor Jesús recibió treinta y nueve latigazos en su cuerpo para que nosotros pudiéramos ser sanados. Cualquiera que crea verdaderamente en Él, le ame, obedezca y ponga en primer lugar en cada área de su vida, descubrirá que el Señor cuidará de él, tal como lo prometió.

Él pudo haberme sanado instantáneamente, como lo había hecho en muchas otras ocasiones, pero esta vez me estaba dando una lección de humildad en público, para que yo pudiera incluirla en este libro. A algunas personas se les hace muy difícil humillarse a sí mismos delante de Dios en el altar o en público.

Para el Señor es muy importante que sus hijos se humillen delante de Él y los demás. He experimentado la diferencia mientras alabo al Señor en mi asiento y el altar. La diferencia es que cuando me arrodillo delante del Señor en el altar, siento el fuego del Espíritu Santo caer sobre mí.

Cuando le pertenecemos completamente a nuestro Señor Jesús, no debemos preocuparnos por lo que la gente diga o piense. Lo más importante es agradar a nuestro Señor, quien murió por nosotros. Él es el Hijo del Todopoderoso Dios y experimentó grande humillación mientras estuvo colgado en la cruz por nosotros. Él se humilló a sí mismo, hasta la muerte, por nosotros.

LA IMPORTANCIA DE LA ALABANZA

En esa misma mañana, mientras levantaba mis manos y buscaba el rostro del Señor, una unción muy fuerte vino sobre mi cuerpo. Es importante que nosotros levantemos nuestras manos al Señor cuando lo adoramos y alabamos. Esta es una de las maneras clave que el Señor me mostró para recibir su unción sobre mi cuerpo.

Algunas personas podrán pensar que son tan bendecidas que no necesitan alabar al Señor. Este es un pensamiento peligroso. Dios nos creó para su gloria. Él desea que todo aquel que le llama Señor le glorifique continuamente. A sus ojos, ninguno es demasiado importante como para no necesitar adorarlo. La presencia de Dios aparece en la iglesia para recibir la gloria de su pueblo durante los servicios de adoración. Esa es una de las razones por las que Jesús nos dice que el Padre busca adoradores (ver Juan 4:23).

MARCAS DE SALVACIÓN

El Señor me recordó escribir sobre aquellos que dicen ser salvos, pero nunca van a la iglesia ni comparten con otros cristianos. Algunas personas piensan que el bautismo en las aguas es lo que los salva. El Señor me dijo que los únicos que son verdaderamente salvos son aquellos que viven de acuerdo a sus mandamientos y caminan en el Espíritu Santo.

Todo aquel que crea en Él, debe amarlo con todo su corazón y tener comunión con otros cristianos. Dios también espera que se congreguen y den sus diezmos y ofrendas. Aquellos que no pueden asistir a la iglesia deben dar sus diezmos y ofrendas a la iglesia local o cualquier otra iglesia cristiana.

Aquellos que trabajan los domingos, pero desean ir a la iglesia, deben buscar la manera de hacerlo. Jesús me dijo: *"Todo aquel que sea salvo debe compartir mi Palabra y adorarme con otros, como uno solo. Quienes no pueden ir a la iglesia, deben orar por los pastores, las iglesias y la salvación de los perdidos".*

JESÚS Y LOS NIÑOS

Aún cuando los niños están en una temprana edad, el Espíritu de Dios busca salvarlos. Cualquier padre que conoce la Palabra de Dios y no la enseña a sus niños ni los lleva a la iglesia, son culpables de grave pecado.

Aquellas mujeres que han tenido abortos o las madres cuyos niños murieron antes de la edad de siete años, necesitan saber que estos niños están con el Señor Jesús en su reino. No importa si los padres de los niños son creyentes o no, ellos están con Jesús. Todo padre o madre que vaya al reino de los cielos podrá ver a cualquier niño que haya perdido. Escribo todas estas cosas porque el Señor quiere que así lo haga.

ORDENADA POR DIOS

La mañana del 4 de abril de 2002, después de haber orado en la presencia de Dios, el Señor me dijo estas palabras: *"Te ordeno".* Al instante un fuerte poder vino sobre todo mi ser, y un gran ruido salió de mi boca. El ruido emanaba de mi estómago y sonaba muy fuerte.

Ambas manos se extendieron hacia la dirección donde el Señor estaba parado. Esto duró por unos momentos, entonces mis manos se posaron sobre mi pecho. En unos momentos, el poder salió de mi cuerpo.

El Señor me había dicho que me había ordenado para el ministerio. Entonces dijo: *"Es tiempo de que todas mis promesas para ti comiencen a cumplirse".* El Señor me había ordenado en muchas ocasiones. Este mismo día, después de haber orado por segunda vez, otra gran descarga de poder vino sobre mí y entró en mi cuerpo. Mis manos temblaban muy rápidamente, y luego de un rato comenzaron a aplaudir muy fuerte. Este temblor y aplaudir de mis manos duró por espacio de cuarenta minutos.

ACERCA DE LOS ÁNGELES EN EL CIELO

Tuve experiencias con dos ángeles diferentes, un varón y una fémina. Hace alrededor de dos años, al estacionar mi auto en un centro comercial, vi un hombre joven que venía directamente hacia mí, como si me conociera. Él se paró frente a mí. Le pregunté qué deseaba y me dijo que necesitaba una ayuda económica. Le dije que él era joven y de buena presencia, y le pregunté por qué no buscaba un trabajo. Él me dijo que venía de Canadá y le era muy difícil encontrar trabajo. Le pregunté si sabía acerca de Jesús, y me contestó afirmativamente. Así que le dije que yo asistía a la Iglesia Para Todas las Naciones, y lo invité a asistir para que alguien lo ayudara a conseguir un trabajo. Él me dijo que conocía mucho acerca de nuestra iglesia. Le hablé de Jesús, lo abracé y oré por Él. Le di algún dinero, y le dije que se asegurara de ir a nuestra iglesia. Nunca más lo volví a ver.

Él estuvo en mi mente por mucho tiempo y todavía lo recuerdo. Más tarde, el Señor me dijo que Él era un ángel. Él me dijo que muchas personas interactúan con individuos y aun los maltratan, sin darse cuenta que son ángeles.

Me encontré con una joven mujer hace alrededor de seis meses durante el servicio de adoración, al estar sentada en el altar alabando al Señor en su presencia. Yo estaba bajo una profunda unción, cuando alguien me tocó en el hombro. Abrí mis ojos, y esta joven mujer estaba sentada a mi izquierda con su cara inclinada, mirándome con una sonrisa tan tierna, como si me conociera. La toqué en su hombro. Regularmente nadie me toca o me habla durante la adoración. Cuando la adoración terminó, busqué a la joven, pero no pude encontrarla.

Después del servicio, al salir al vestíbulo, vi a esta joven mujer que se parecía mucho a ella. Me le acerqué y pregunté si ella me había tocado mientras estaba adorando en el culto. Ella me dijo que no, así que le pregunté si deseaba el manuscrito de *¡El cielo es tan real!*, y lo recibió con alegría. Desde ese momento, tuve un sentimiento especial por ella.

Su nombre es Julie. El siguiente fin de semana, llegó a la iglesia y se sentó al lado mío. Nunca antes la había visto, hasta el día que le di el manuscrito. Yo voy al servicio de las 9:00 A.M. y ella viene al de las 11:00 A.M. Ella me espera fielmente en el vestíbulo cuando salgo del santuario. Vive a una hora y media de la iglesia, y viene a esta iglesia porque ama los mensajes del pastor. Es una madre soltera con tres niños.

Un par de meses más tarde, me dijo que yo era su ángel. Le pregunté por qué, y ella me respondió que tres días antes de haberme conocido, ella se sentía muy triste, y estaba orando y llorando, pidiéndole a Dios que le enviara un ángel. Al cabo de tres días, me conoció y yo le di el manuscrito. Me dijo que ese fue el día más feliz para ella, y que, desde que me conoció, se siente muy feliz y tiene que verme cada fin de semana para sentirse satisfecha. Después de decirme acerca del ángel, me di cuenta de que la mujer joven que tocó mi hombro era un ángel que me guió a Julie. Nunca había visto una sonrisa tan tierna. El Señor me dijo que ella era un ángel para dirigirme a Julie, porque Julie necesitaba ayuda. El Señor también me dijo que Julie es una hija muy especial para Él. Me doy cuenta que Julie verdaderamente ama al Señor más que a nada ni a nadie en este mundo. Ella es una hermana muy bendecida. Yo la amo.

CÓMO EL SEÑOR COMENZÓ A PUBLICAR ESTE LIBRO

El Señor no mencionó la publicación del libro por muchos años, pero recientemente comenzó a hablarme sobre eso todos los días, después de mi tiempo de oración. Al final de julio de 2002, Él me dijo que enviara todos los manuscritos al escritor para que verificara todo y lo pusiera en orden para finalizarlo para la editorial.

Yo no sabía quién lo iba a publicar; Él no me lo dijo. Estoy segura que tenía que ser una editorial llena del Espíritu y con muchas conexiones, porque Él me había estado diciendo que este libro debía ser traducido a muchos idiomas. Él quiere que todas las iglesias lean este libro y se preparen para su retorno.

Jesús está listo para regresar por su Iglesia, pero muchos no están listos para recibirlo a Él, y Él no va a esperar por ellos para siempre. El Señor viene por quienes estén listos y esperando por Él.

El Señor también me dijo que enviara algunas partes de este manuscrito a mis compañeros de ministerio, todos los ministerios de televisión y a cualquier otra persona que sintiera el deseo de dárselo, para que pudieran compartirlo con otros. Yo titubeé en hacerlo, pero tenía que obedecer al Señor, así que envié el manuscrito a la mayoría de nuestros compañeros y ministerios de televisión que sostenemos. Envié sobre cien copias del manuscrito. También se lo di a muchas personas en nuestra iglesia y a muchos otros a quienes les testificaba. He escuchado que muchas vidas fueron transformadas. Muchos han compartido esta experiencia con otros. Algunos me han dicho que se sienten indignos de recibir tal revelación del cielo.

De los ministerios de televisión, recibí respuestas inesperadas de pastores que son muy reconocidos. Dios les bendiga por alentarme cuando más lo necesitaba, nunca los olvidaré. Yo seguía preguntándome cuándo el Señor publicaría el libro, pero no podía hacer nada con respecto a eso; el Señor no me permitía hacer nada en relación al libro.

Un sábado, cerca de un mes después de haber enviado los manuscritos, al llegar el correo, tomé uno de los sobres, y de repente todo mi cuerpo ardió en fuego. Abrí el sobre y era de la editorial Creation House (Casa Creación), que interesaba publicar el libro. El Señor me dijo: *"Te dije que tendría cuidado de ello"*. Fue un día muy feliz para mí. Enviamos el manuscrito, y cerca de un mes después me comuniqué con Creation House para verificar si todo estaba bien. Después de eso, no volvimos a escuchar de ellos por cinco meses. Mientras tanto, el Señor continuaba diciéndome que la editorial Creation House era la escogida de Él para este libro. Por su forma de expresarse, pensé que iba a escuchar de ellos en un día, pero tuve que esperar cinco meses. Durante ese tiempo, atravesé muchos períodos de prueba y desaliento. Me sucedieron muchas cosas inesperadas y tristes. Él me dijo que sin paciencia ninguno recibiría sus dones. Yo quería llamar a Creation House, pero el Señor continuaba diciéndome que iba a escuchar de ellos antes que yo llamase.

Durante este tiempo de espera, el Señor me dijo que el caso no era que Creation House estuviera tardándose; que todas las cosas estaban en sus manos, y que tenía una buena razón para retardarlas. El libro está en sus manos y su voluntad tiene que ser ejecutada. Al final, el Señor me dijo: *"Hija, has pasado una prueba muy importante. Estoy orgulloso de que nunca fuiste mal agradecida, sin importar cuantas veces te sentiste desalentada, y mantuviste todas las cosas guardadas en tu corazón en lugar de decirlas a otros"*. Es verdad; sin importar lo mal que me sintiera, nunca me quejé con los demás, ni siquiera con mi esposo. Finalmente, la mañana del 3 de marzo de 2003, después haber orado, sentí que el poder de Dios vino sobre mí, y mi voz era tan fuerte que me quedé sin aliento por unos momentos. De mi interior, salió una canción espiritual muy fuerte que duró un largo rato, y fui llena de un gozo indescriptible.

Después de esto, el Señor me dijo que las ventanas de los cielos habían sido abiertas para que sus promesas de publicar el libro se cumplieran. En la mañana del 6 de marzo de 2003, el Señor me dijo que ese día escucharía de Creation House. Durante la tarde, la secretaria de Creation House llamó para decirme que me iban a enviar una propuesta para el libro. Recibí la propuesta ese mismo día por correo electrónico. Me sentía muy emocionada.

No había sido fácil estos siete años de espera y entrenamiento. Aunque hubiera deseado rendirme, no podía. El Señor me había dicho que yo había sido la escogida para este trabajo de los últimos días, y que no había nada que yo pudiera hacer sino obedecerle.

Durante esos siete años, nunca salí del estado donde vivo. No sabíamos lo que era diversión. No podía ir a ningún lado sin el permiso del Señor, excepto a la iglesia y de compras. En par de ocasiones al año, visitamos a nuestro hijo en Federal Way, así como también a uno de nuestros amigos.

El Señor me dijo que cuando comenzara mi ministerio de danza para obrar milagros, mi vida seguirá igual que ahora. Esto requiere muchas horas de oración, y no tendré vida social hasta el último día. No importa cómo vivamos aquí en la tierra. Lo más importante es cómo vivamos la vida eterna con nuestro Señor Jesús. Su Palabra dice que no podemos tener ambas cosas. Yo escojo la vida eterna, sin importar el costo. Espero que la experiencia de mis siete años de resistencia motive a cada lector a vivir una vida santa. El Señor me dijo que muchas almas serán salvadas a través de este libro. Por favor, prepárate, Jesús viene por nosotros. He aprendido que esperar es la disciplina más difícil de todas. Mi esperanza es que cada cristiano sea levantado en el día del rapto y pueda entrar en el reino de Dios, en lugar de ser dejado atrás o que tenga que ir a los valles en el cielo.

El Señor me dijo en varias ocasiones que todo aquel que sea raptado, tendrá que comparecer ante el juicio del trono blanco antes que la cena de las bodas tome lugar. Lo peor que puede sucederle a un cristiano es que no sea levantado en el rapto o que no pueda ver el rostro de Jesús. Esta es la razón por la que el Señor me mostró los dos valles para aquellos cristianos que son desobedientes y pecadores.

Yo solía pensar que cualquiera que fuera "salvo" y asistiera a la iglesia, iría al cielo, y llevaría un precioso vestido de bodas blanco. Mi pensar no era correcto. Los únicos que verán el rostro de Jesús y llevarán el vestido de bodas serán aquellos cuyos corazones sean puros como el agua. Dios es tan santo que ninguna contaminación puede entrar en su reino. Esta es la razón por la que el Señor preparó los valles, para quienes no son lo suficientemente santos para entrar en su reino.

¡Yo quiero que usted esté listo para la venida de nuestro Señor! El anhelo de mi corazón es que ningún hermano cristiano o sus seres amados, se queden atrás. Cuando el Señor me mostró el rapto, muchos cristianos quedaron atrás. Él me mostró una visión en dos partes. En la primera visión, la gente subía en el aire como aves blancas. En la segunda visión, vi a la que se quedó atrás. La primera era muy emocionante y alegre, pero la segunda me hizo llorar. El ruido de la tierra mientras esto acontecía era horrible. Las visiones duraron más de treinta minutos. Él me mostró muchos detalles en ambas visiones. Nunca antes había visto rostros que reflejaran tanto horror. Fue terrible. Cuando terminó la visión, mi corazón sentía dolor por ellos. El Señor me dijo que lo que había visto no era nada comparado a lo que sucederá cuando esto acontezca.

Nuestro Señor nos ama tanto que Él no desea que ninguno se quede atrás o vaya a los valles en el cielo. Él quiere que todos crean y se preparen para su venida. Él continuamente me dice que esto sucederá más pronto de lo esperado.

Por favor, crea y escudriñe su corazón para ver qué clase de relación tiene con nuestro Señor Jesús. Lo más importante para el Señor es que tengamos una relación con Él. Si su corazón no está en rectitud con Él, haga algo en cuanto a eso, antes de que sea demasiado tarde. Espero que comparta este mensaje con otros, para que así se prepare y espere la venida de nuestro Señor Jesús. Oro para que se convierta en un mejor discípulo de nuestro Señor. También oro para que sea bendecido por Él mientras esté en la tierra, y para que vea su rostro cuando vaya al cielo.

POR SALVACIÓN

He escuchado muchas personas decir que creen en Dios, pero no en Jesús. Por favor, crea lo que estoy diciendo. Aunque crea en Dios, si no cree que Jesús es el Hijo de Dios, no tiene salvación. La salvación viene solamente a través de Jesús. Jesús murió por todos nosotros, porque nos ama en gran manera. Él dijo: *"Yo soy el camino, y la verdad, y la vida; nadie viene al Padre, sino por mí"* (Juan 14:6).

Jesús es el único que puede salvarle y perdonar sus pecados, para que pueda tener vida eterna con Él (ver Marcos 9:48). Si nunca antes le ha pedido a Jesús que le salve, ahora es el momento para que lo haga, antes que sea demasiado tarde. Simplemente repita esta oración en voz alta, y de todo corazón: "Señor Jesús, creo que eres el Hijo de Dios y que moriste por mí. Por favor, ven a mi corazón. Quiero que seas mi Señor y Salvador, y que perdones mis pecados. Toma control de cada área de mi vida de este momento en adelante. Jesús, lléname con tu Espíritu Santo, y úsame para tu gloria. Quiero servirte y amarte todos los días de mi vida. Gracias Padre, porque ahora soy tu hijo(a). En el nombre de Jesús, amén."

Después de haber hecho esta oración, ocúpese de leer la Biblia, para que se ejercite en su salvación. Lea la Biblia y ore continuamente. Asista a una iglesia para que escuche la Palabra de Dios y tenga comunión con otros cristianos. Su vida nunca será la misma; tendrá una vida plena mientras esté en la tierra, y vivirá para siempre con Jesús en los cielos. Dios le bendiga.

¡El cielo es tan real!

Recordará que al principio de este libro mencioné que escribía esto para compartir las experiencias que tuve con Jesús en el cielo. Ahora que usted ha llegado al final de *¡El cielo es tan real!*, sólo le pido que reciba este libro en la misma manera que fue escrito, totalmente abierto al Señor y su voluntad. Le invito a que evalúe mis experiencias a la luz de la Palabra de Dios.

Bajo la dirección del Señor, he hecho como hizo Habacuc, el profeta del Antiguo Testamento; he velado y esperado por Él, para ver lo que Él me dice:

> Sobre mi guarda estaré, y sobre la fortaleza afirmaré el pie, y velaré para ver lo que se me dirá, y qué he de responder tocante a mi queja. Y Jehová me respondió, y dijo: "Escribe la visión, y declárala en tablas, para que corra el que leyere en ella. Aunque la visión tardará aún por un tiempo, mas se apresura hacia el fin, y no mentirá; aunque tardare, espéralo, porque sin duda vendrá, no tardará".
> —Habacuc 2:1–3

Como Habacuc, he escrito mi visión y la he declarado, para que cuando la lea pueda "correr" de acuerdo al plan perfecto de Dios para usted, un plan que incluye un lugar que ha sido preparado para usted en el cielo, si solamente cree en su Hijo, y le recibe como su Señor y Salvador personal.

Mi oración por usted se encuentra en Isaías 40:31, que al esperar en Jehová usted renueve sus fuerzas, corra y no se canse, camine y no desmaye, se remonte en alas como las águilas y se eleve con Jesús. Porque de cierto, ¡Él viene pronto!

Acerca de la autora

Choo Thomas es coreanoamericana, criada en Corea. Es la única mujer de tres hijos nacidos de padres que no eran cristianos. Conoció a Jesús por primera vez en febrero de 1992. Abrazó al Señor con amor apasionado, y pasa todo momento en su presencia. Dos años más tarde, vio la presencia visible de Jesús por primera vez en la iglesia Neighborhood Assembly of God en Tacoma, Washington. Luego en 1995, comenzó a experimentar manifestaciones físicas del Espíritu Santo mientras estaba en la iglesia. En enero de 1996, una serie de viajes celestiales junto al Señor cambia su vida y destino, dando paso a este libro y al ministerio para el cual el Señor la prepara. El amor por Jesús que profesa la autora dio origen a una carga profunda por las almas, que resultó en llevar la salvación a toda su familia y tocar a todo aquel a quien conozca. Por tres años, el Espíritu Santo capacitó su cuerpo para danzar en sus viajes al cielo, y muchas de esas danzas las ha efectuado en la iglesia. Choo y su esposo, Roger, residen en Tacoma, Washington. Tienen dos hijos y cuatro nietos.

Si desea comunicarse con la autora, puede dirigir
su correspondencia por correo electrónico a:

GODISREADY@COMCAST.NET

LIBROS QUE INSPIRAN, APASIONAN Y TRANSFORMAN VIDAS

978-1-61638-107-3

978-1-61638-080-9

978-1-61638-089-2

978-1-61638-120-2

978-1-61638-083-0

978-1-61638-108-0